Psicologia Positiva
aplicada à
Psicologia Clínica

PSICOLOGIA POSITIVA aplicada à PSICOLOGIA CLÍNICA

Conheça como utilizar os temas da
Psicologia Positiva em Processos Terapêuticos

Coordenação editorial:
Andréia Roma

Organização:
Ana Clara Gonçalves Bittencourt
Andréa Perez
Renata Livramento

1ª edição

São Paulo, 2018

Copyright© 2018 by Editora Leader
Todos os direitos da primeira edição são reservados à **Editora Leader**
Diretora de projetos: Andréia Roma
Diretor executivo: Alessandro Roma
Marketing editorial: Gabriella Pires
Gerente comercial: Liliana Araujo
Atendimento: Rosângela Barbosa

Diagramação: Roberta Regato
Capa: Raul Rangel
Revisão: Miriam Franco Novaes

Dados Internacionais de Catalogação na Publicação (CIP)
Bibliotecária responsável: Aline Graziele Benitez CRB8/9922

P969	Psicologia positiva aplicada à psicologia clínica / [coord.] Andréa Perez Correa, Andréia Roma. – 1. ed. – São Paulo: Leader, 2018.
	ISBN: 978-85-5474-017-7
	1. Psicologia. 2. Psicologia aplicada. 3. Psicologia clínica. I. Roma, Andréia. II. Título.
	CDD 150

Índices para catálogo sistemático: 1. Psicologia

EDITORA LEADER
Rua Nuto Santana, 65, 2º andar, sala 3
02970-000, Jardim São José, São Paulo - SP
(11) 3991-6136 / contato@editoraleader.com.br

Agradecimentos

Este livro é dedicado a todos aqueles profissionais que contribuem, diariamente, para a transformação da vida de milhares de pessoas que procuram os consultórios dos psicoterapeutas em busca de melhoria para o próprio sofrimento, com o desejo e a esperança de se tornarem pessoas mais felizes. A Editora Leader tem a honra de apresentar mais uma obra que fará parte da Coletânea Biblioteca Positiva, um projeto idealizado por Andréa Perez e a fundadora da Editora Leader, Andréia Roma, que tem como missão disseminar a Psicologia Positiva através de livros no Brasil. Gostaríamos de agradecer à Ana Clara Gonçalves Bittencourt - psicóloga clínica, com vasta experiência -, por nos permitir colocar sua ideia em prática através desta obra. Nosso agradecimento à Renata Livramento por estar conosco e abraçar esta causa.

E por fim nosso agradecimento especial para a Andréia Perez por nos permitir, por meio de obras como esta, a chance de mudar a história da literatura brasileira com a Psicologia Positiva.

Desejamos a todos uma ótima leitura!

Andréia Roma
Fundadora da Editora Leader e diretora de projetos

Em primeiro lugar agradeço a Deus pela dádiva da vida, pela inspiração e a fé que me move em acreditar que sonhos podem tornar-se realidade.

Agradeço aos coautores que acolheram a proposta do projeto deste livro com entusiasmo, depositando confiança em nossas sugestões e orientações, dedicando horas de suas vidas à prática da escrita durante a qual a ética e o respeito pelos seus clientes foi o fio condutor dos estudos que compõem esta obra.

Um agradecimento especial se faz necessário: aos meus queridos Paulo Bittencourt, meu marido, ao amado Dudu, um menino que me estimula a ser uma pessoa melhor a cada dia, e ao doce Tony, um menino otimista que vê a vida com leveza. A vocês a minha eterna gratidão pela tolerância em suportarem minhas ausências por longos períodos na busca da realização do meu sonho.

Agradeço, especialmente, à Andréa Perez Corrêa por compartilhar seus conhecimentos comigo, por me incentivar a buscar cada vez mais a excelência e por ter investido em meu sonho. À querida Renata Livramento pela generosidade e mansidão com que trocou suas experiências comigo durante todos esses meses de construção desta obra.

Agradeço, também, aos clientes que confiaram suas histórias de vida a mim, permitindo-me adentrar e desvendar "seus segredos", por vezes muito bem escondidos ou camuflados por serem tão temidos e assustadores. A todos meu sincero agradecimento, sem vocês eu não teria aprendido tanto, pois são o motivo e a inspiração de toda a minha dedicação acadêmica.

À Editora Leader, representada pela pessoa da Andréia Roma, a qual é uma "investidora das potencialidades humanas" de novos escritores, sem deixar de estimular os talentosos escritores já firmados no campo editorial.

Ana Clara Gonçalves Bittencourt

O exercício da gratidão ao concluir as obras tem sido um momento de reservas de grandes emoções, pois contemplam o reconhecimento da essencialidade das contribuições que permitiram que se chegasse ao fim, como diria meu filho Lucas, espelhando-se em Clarisse Lispector, se é que podemos falar em fim, sempre início de tantos outros momentos e histórias.

Dessa forma, agradecer, nesta obra, me enleva a um sentimento de que tudo é processual e que a gratidão não se finda à sua mera expressão, pois sempre, por mais que tentemos, algo ou alguém ficará de fora, ou a algo ou a alguém sempre perpetuará o agradecer.

Tentando esmerar-me em tornar minhas expressões de "muito obrigada" focais e diretivas, reservo minha atenção primeira à Ana Clara Gonçalves Bittencourt, que me ofereceu o partilhar de seu sonho, creditando a possibilidade de publicação desta obra, com meu apoio e colaboração. Sem ela, esta obra, como foi contemplada, não seria esta obra.

Já destacando um sentido colaborativo e apoiador, dedico minha gratidão à Renata Livramento, por estar lado a lado, na construção desta obra, abraçando de igual forma carinhosa o sonho de nossa Ana.

Andréia Roma será sempre daquelas "figurinhas carimbadas", em todos os meus agradecimentos, pois é ela quem, literalmente, completa meus "álbuns de sonhos"; que permite conduzir os projetos da Coletânea Biblioteca Positiva, almejando, não apenas nossa exequível atribuição de produção editorial de qualidade, mas, acima de tudo, a concretização da realização de vida de muitos autores.

Agradecer aos entes que nos envolvem e acolhem - com seu amor imensurável, com sua paciência colaborativa, com sua dedicação logística, com sua consciência para o despertar dos momentos do exagero, com seu carinho afetuoso e apoiador - sempre será muito pouco. Por isso, meu imenso desejo de poder agradecer sempre e em tudo à minha mãe, Maria Isabel, ao meu filho Lucas Perez e ao meu filho Gabriel Perez, parceiros de eternidade.

E como nada e tudo existem e inexistem, na magnitude, em nós e além de nós, dedico a minha gratidão às graças que o mundo espiritual me concede, com suas demonstrações de que as conexões e as energias que nos envolvem, todas elas, têm uma razão sublime do Ser.

Andréa Perez

Tudo que sou e faço é resultado de todas as pessoas que estão ou passaram por minha vida, todas as histórias que comigo foram compartilhadas e se tornaram parte da minha própria história. Assim sendo, agradeço a tudo e a todos que deixaram em mim parte de si, pois foi da união dessas sementes que eu floresci.

Neste momento em especial, agradeço a contribuição preciosa de Ana Clara Gonçalves Bittencourt, que generosamente dividiu seu sonho comigo e me recebeu de braços e coração abertos para a construção conjunta deste livro. Mais do que uma coorganizadora, Ana é uma amiga, uma pessoa que partilha comigo o que de mais valioso há, a sua vida e seu coração.

Igualmente importante é a contribuição de Andréa Perez, nesta obra e em minha vida, a quem agradeço por todos os projetos cocriados, todo conhecimento partilhado e por dividir comigo a missão de disseminar a

Psicologia Positiva de qualidade no País e no mundo. Como ela mesma diz, juntos somos melhores!

Agradeço, também, a todos os coautores que entregaram um pouco de si, de seu conhecimento e de sua experiência nesta obra.

Por fim, agradeço àqueles que, por dividirem suas vidas comigo e me ensinarem cotidianamente o significado do amor, fazem parte de uma categoria especial: meu marido, Marcelo, e meus pais, Roberto e Ana Lúcia. Não há palavra que expresse suficientemente a minha gratidão e amor por vocês.

E nada teria sentido sem agradecer a Deus, Amor maior.

Renata Livramento

Índice

Prefácio 15

Introdução 19

PARTE I - **O que é Psicologia Positiva** 25
Andréa Perez

PARTE II - **Psicologia Positiva e Psicoterapias** 57

    Abertura - Ana Clara Gonçalves Bittencourt 59

    Capítulo 1 - Adriana Santiago 64
    Terapia do Esquema e Psicologia Positiva

    Capítulo 2 - Ana Clara Gonçalves Bittencourt 74
    A construção do vínculo terapêutico sob o prisma da Psicologia Positiva

    Capítulo 3 - José Roberto Ribeiro Bastos 82
    O campo das Psicoterapias e a Psicologia Positiva

    Capítulo 4 - Verônica da S. Rodrigues Hipólito 90
    Uso das forças de caráter para o aumento da
    autoestima no processo terapêutico

PARTE III - **Psicologia Positiva, ansiedade e depressão** 99

    Abertura - Renata Livramento 101

    Capítulo 5 - Ariadne Nunes 110
    A força do perdão no atendimento clínico de adolescentes com depressão

    Capítulo 6 - Bianca Silva Janssens 120
    A gratidão como favorecedora de bem-estar

    Capítulo 7 - Elaine Machado Chagas 130
    Estratégias *mindfulness* no atendimento a crianças ansiosas

Capítulo 8 - Sofia Bauer 140
Minha nova visão como psiquiatra a partir da prática com Mindfulness

Capítulo 9 - Sônia Ramos 150
Intervenções da Psicologia Positiva – "Exercício das Três Bênçãos"no tratamento do Transtorno de Ansiedade Generalizado (TAG)

Capítulo 10 - Wani Aida Braga 160
O trabalho terapêutico com as forças de caráter no tratamento da depressão

PARTE IV - **Outras aplicações da Psicologia Positiva na Psicologia Clínica**....171

Capítulo 11 - Angelita Corrêa Scardua 172
Os mecanismos de defesa saudáveis e o desenvolvimento adulto positivo

Capítulo 12 - Beatriz de Paula Machado 182
Resiliência familiar transpondo a crise do desemprego

Capítulo 13 - Isabella de Lemos Gelli 192
Compaixão e parentalidade positiva: um programa de treinamento para pais

Capítulo 14 - Joy Stedile..202
SEERR: os elementos do bem-estar na prática clínica

Capítulo 15 - Marcia Cristina Oliveira Fernandes 214
Emotionalset - Cenário emocional positivo no contexto terapêutico

Capítulo 16 - Rosane Velloso 224
O otimismo favorecendo emoções positivas em pacientes que sofreram AVC

Conclusão..234

Coautores 238

Referências Bibliográficas..248

Prefácio

Têm nas mãos um livro íntegro, completo, de mangas arregaçadas na antecipação da esperança que é fazer Psicoterapia de formas mais comprometidas com a descoberta e a expansão do anel de perfeição humano – mesmo, ou precisamente, quando estamos perante os nossos momentos de maior imperfeição.

A obra deixará um reluzente e límpido rasto neste futuro científico que hoje fazemos na Psicologia Positiva de língua portuguesa. Primeiro abre as portas ao vibrante mundo dessa disciplina científica guiando o leitor na compreensão das raízes do que é abordar a experiência humana pelo foco positivo. Continua com uma moldura sobre como aplicar a Psicologia Positiva a modelos psicoterapêuticos e ao progresso humano, tocando temas diversos que vão da autoestima ao vínculo, e destes às perturbações de depressão e ansiedade - flagelos ardentes do nosso tempo atual. A última parte enriquece a publicação com uma criativa diversidade de aplicações a diversos momentos e experiências de vida, dos mais complexos, como o desemprego ou o AVC, aos mais relevantes socialmente, como a parentalidade.

Sinto por isso gratidão oceânica pelo trabalho das coordenadoras e dos autores. Assim se faz história.

Ambas as disciplinas – Psicologia Clínica e Psicologia Positiva - criticaram-se mutuamente, e só neste milénio a ligação entre perturbação e bem-estar se estreitou, não apenas porque muitas vezes aquele é um caminho para este, como o horizonte da felicidade (ou a consciência da sua perda) pode enriquecer-nos incomensuravelmente um caminho de futuro. E não falamos de formas superficiais de sermos positivos, nem de negligenciar ou desrespeitar o sofrimento e a negatividade da vida. Falamos sim de um diálogo profícuo, enriquecedor, que fará da Psicologia Positiva uma disciplina mais fecunda, e da Psicologia Clínica um domínio mais eficaz e fértil.

Entendo a aplicação da Psicologia Positiva à Prática Clínica simultaneamente como uma libertação e um imperativo ético.

Libertação porque convida a sair de uma longa tradição – ainda que altamente contributiva para a vida coletiva e regeneradora de incontáveis superações de doença em inumeráveis seres humanos pelo mundo afora – condicionada pelo modelo médico. A mesma colocou no centro das atenções da Psicologia o ato de tratar dos problemas psicológicos humanos a partir das suas enfermidades, perturbações e fragilidades, deixando pouco espaço para que a intervenção clínica também se debruçasse sobre a promoção e otimização do melhor das pessoas. Absolutizados pelo tratamento do sintoma como finalidade vital, a maioria dos clínicos foi treinada a explorar e mergulhar de forma indispensável no diagnóstico e na patologia para chegar à cura. Ainda que deixando as pessoas melhoradas, esse modelo não as deixou necessariamente florescer pessoalmente, nem frutificar socialmente. Sem querer, e ainda que fundado na confiança das melhorias, a Psicologia Clínica convencional descredibilizou uma fundamental latitude da humanidade – a da sua própria admirável humanidade.

De fato, o modelo ontológico e a retórica subjacentes são muito diferentes nos dois domínios da Psicologia – o psicoterapêutico e o positivo. A Psicologia Positiva completa o que acontece tendencialmente no espaço clínico com uma visão do ser humano em todo o seu potencial de valor, virtuosidade, superação e beleza, numa menos reducionista e mais expansiva visão do Outro.

Por isso este laço entre Psicologia Positiva e Psicoterapia é para mim também um imperativo ético, porque completa e reclama, com um fôlego gozoso, todos os ângulos de que somos feitos. Somos doença e saúde, fraqueza e força, sintoma e transcendência. A Psicologia Clínica não deve apenas mergulhar no humano quando a vida declina, nos momentos do desconcerto, nem limitar-se a esquadrinhar a dor – mesmo que o faça para chegar à luz. Seremos mais livres se a narrativa que nos devolve uma boa e nova identidade decorrer de um poderoso sentido inclusivo e integrativo e de uma irresistível abertura a perspectivas do mundo que juntam a qualidade redentora do sofrimento à consciência da presença dos dons, talentos, forças, virtudes, potencialidades, transcendências, ou seja, da graça humana. No coração do real habitam juntos sofrimento e graça, e se a paisagem for mais ampliada, de maior foco angular, seremos mais inteiros e a intervenção será mais miraculosa.

Helena Águeda Marujo, PhD

Chair da Cátedra Unesco em Education for Global Peace Sustainability; coordenadora adjunta da Unidade de Coordenação de Gestão de Recursos Humanos; coordenadora executiva do Mestrado em Políticas de Desenvolvimento dos Recursos Humanos; coordenadora executiva do Executive Master em Psicologia Positiva Aplicada; coordenadora da Unidade de Missão ISCSP-Wellbeing, Instituto Superior de Ciências Sociais e Políticas, Universidade de Lisboa.

Lisboa, 19 de março de 2018

Introdução

Os leitores, quando se deparam com um livro pronto, na maioria das vezes, não imaginam, provavelmente, como foi a sua construção; como se deu a dedicação dos organizadores; quais foram as decisões tomadas pelos autores; e, acima de tudo, o que inspirou o surgimento da obra.

Acreditando ser importante dar conhecimento a você, leitor, sobre como chegamos a esse momento, reservaremos algumas linhas para transcrever, se é possível traduzir sentimentos plenamente em palavras, como foi a nossa trajetória como organizadoras e como coautores.

"Tenho em mim todos os sonhos." Fernando Pessoa, grande poeta português, não apenas em sua voz, como ortônimo, mas também nos malabarismos de seus heterônimos, sempre traduziu em palavras, com imensa precisão, a abstração do cotidiano de nossas vidas e de nossas concepções humanas e uma forma de olhar o mundo, nutrido, possivelmente, por seu viés como filósofo. Essa sua frase nutre muitos de nós com um sentido de realidade e de convicção, ainda que não tenhamos todos os sonhos como na voz do autor.

Esta obra, de forma originária, nasceu de um sonho; um sonho único, concedido em Ana Clara Gonçalves Bittencourt - psicóloga, com vasta experiência que soma 22 anos de profissão no campo da Psicoterapia e cinco anos de aplicação da Psicologia Positiva - sem a mesma totalidade expressa por Fernando Pessoa - mas nem por isso menos valoroso, verdadeiro ou admirável. Nutrida por sua convicção de que a Psicologia Positiva, mais especificamente suas aplicações favoráveis ao contexto da Psicologia Clínica, precisava chegar a mais profissionais dessa área, Ana visualizava, em sua imagem futura, a possibilidade de oferecer aos psicoterapeutas uma condição de entendimento maior de como utilizar a Psicologia Positiva para o favorecimento das pessoas que buscam ajuda psicológica. Ana queria, veementemente, oferecer, ao cenário da Psicoterapia, a certeza de que a subjetividade dos temas da Psicologia Positiva pode tornar-se objetiva e favorecedora no tratamento de transtornos e sofrimento emocional, já que era isso que presenciava em seu contexto de trabalho como psicoterapeuta.

Munida de seu sonho e crédula sobre a importância da publicação de uma obra com esse propósito, numa conversa casual, revela seu desejo a Andréa Perez, amiga de especialização em Psicologia Positiva, idealizadora e coordenadora do projeto Coletânea Biblioteca Positiva[1], juntamente com Andréia Roma, CEO da Editora Leader, que imediatamente, ao tomar conhecimento da proposta, sensibiliza-se com a ideia da obra, mas, acima de tudo, com o propósito nobre do sonho de Ana, que assim como Fernando Pessoa contemplou sua existência. Convicta sobre a demanda de público leitor para a obra, a proposta é acolhida de imediato pela editora e o sonho torna-se nesse momento um objetivo nutrido de concretude, a partir de sua construção pela escrita.

Nessa etapa, é o momento de arregaçar as mangas e partir para a construção do projeto: sua configuração, seu formato, suas estratégias de captação de profissionais, sua capa e seu prefaciador, quando, neste ponto, chega-se ao convite de Renata Livramento, profissional com ampla experiência em Psicoterapia com aplicação das temáticas da Psicologia Positiva, para agregar ainda mais conhecimento e contribuições, para que a obra seja regada com ainda mais qualidade, seriedade e precisão quanto à aplicação das intervenções e práticas da Psicologia Positiva na Psicologia Clínica.

---
[1] A Coletânea Biblioteca Positiva é um projeto para publicação de obras com os temas da Psicologia Positiva, idealizado e coordenado por Andréa Perez e com Coordenação Editorial de Andréia Roma, da Editora Leader, que pretende acolher projetos de livros, solos ou de coautoria, com o objetivo maior de disseminação da Psicologia Positiva no Brasil e incremento das publicações nessa área por autores nacionais.

Aceito o convite por Renata, a obra é conduzida, a partir desse ponto, com três organizadoras, para um dos pontos mais cruciais de todas as obras de coautoria: a identificação de profissionais que pudessem relatar estudos de casos, práticas próprias, novas concepções, reflexões, pensamentos críticos, entre outras configurações de pensamento e práticas sobre a aplicabilidade dos temas da Psicologia Positiva na Psicologia Clínica.

Sensibilizadas a todo tempo pelo sonho original e pelo respeito aos futuros leitores da obra, a escolha de coautores é cuidadosa, meticulosa e criteriosa, para que a construção dos capítulos e da obra como um todo atinja o seu objetivo de favorecer a melhora de pacientes no contexto clínico da Psicoterapia, e, ainda, de permitir um novo olhar ao profissional sobre as possibilidades de melhora de sua condução terapêutica com a Psicologia Positiva.

E por que isso? Porque ainda existe muito ceticismo quanto à aplicabilidade com resultados positivos das temáticas, foco da Psicologia Positiva no campo da Psicologia Clínica. Muitos psicólogos, ainda, talvez por falta de um conhecimento mais apurado sobre as temáticas, vislumbram o foco nos aspectos positivos do ser humano e na sua condição para a felicidade como assunto do campo da autoajuda, sem entender que a Psicologia Positiva se alicerça em rigor científico, com base em pesquisas empíricas, cujos resultados permitem generalizações.

Nesse sentido, esta obra contempla o que a ciência aponta até este momento sobre possibilidade de aplicações com sucesso nos ambientes clínicos de Psicoterapia, valendo-se de temáticas centrais de pesquisas sobre as qualidades humanas positivas e as emoções positivas, dois dos três pilares sobre os quais é concebida a Psicologia Positiva.[2]

Mas ainda não podíamos prosseguir sem antes identificar quem seria o prefaciador da obra, que pudesse, com seu conhecimento e *expertise*, no campo da Psicologia Positiva aplicada à Psicologia Clínica, apresentar a obra aos leitores, concebendo uma expressão crítica legítima, e apresentando o livro ao público leitor. De forma uníssona, as três organizadoras da obra convidam Helena Marujo, figura ímpar sobre o conhecimento profun-

---

2 Na Parte I desta obra, será apresentada a Psicologia Positiva, quando os pilares serão descritos de forma mais ampla.

do da Psicologia Positiva e Clínica, sem falar em sua notoriedade no campo acadêmico na Universidade de Lisboa, em Portugal, e sua participação no Conselho de Administração da Associação Internacional de Psicologia Positiva – IPPA, que aceita com toda a sua generosidade e humanidade assinar nosso prefácio, trazendo mais brilho a esta obra.

Concebido o projeto, escolhidos os coautores e presenteadas com a prefaciadora, o livro começa a sair dos consultórios e toma corpo nas páginas deste exemplar que está nas suas mãos, e que acreditamos trará novas possibilidades a quem atua com a Psicologia Clínica e deseja conhecer como a Psicologia Positiva pode favorecer os seus pacientes.

O livro é dividido em quatro partes distintas: Parte I – O que é a Psicologia Positiva; Parte II – Psicologia Positiva e Psicoterapias; Parte III – Psicologia Positiva, Ansiedade e Depressão; e Parte IV – Outras Aplicações da Psicologia Positiva na Psicologia Clínica.

A **Parte I – O que é a Psicologia Positiva** dará ao leitor uma visão geral do que é a Psicologia Positiva, seu surgimento, seu arcabouço teórico, suas principais teorias e estudos e suas aplicações, elaborada pela organizadora/coautora Andréa Perez Corrêa. Trata-se de uma parte reservada a oferecer, ao leitor leigo, uma apresentação breve do que se trata a Psicologia Positiva, para que possa compreender as temáticas abordadas ao longo da obra pelos diversos coautores, cujos capítulos se distribuem nas outras três partes do livro.

A **Parte II – Psicologia Positiva e Psicoterapias** é introduzida pela organizadora/coautora Ana Clara Gonçalves Bittencourt, que discorrerá sobre a aplicabilidade da Psicologia Positiva no campo das Psicoterapias, trazendo ao leitor uma breve explanação sobre a sua aplicabilidade em alguns modelos de Psicoterapia. Nessa parte, estão incluídos os capítulos que contemplam aspectos e reflexões sobre essa abordagem, elucidando os leitores sobre como conceber uma avaliação da aplicabilidade da Psicologia Positiva na condução psicoterapêutica. Nesse momento, os leitores encontram os capítulos: Terapia do Esquema e Psicologia Positiva, de Adriana Santiago; A Construção do Vínculo em Psicoterapia, de Ana Clara Gonçalves Bittencourt; O Campo das Psicoterapias e a Psicologia Positiva, de José Roberto R. Bastos; e O Uso das Forças de Caráter para o Aumento da Autoestima no Processo Terapêutico, de Verônica Rodrigues.

Na **Parte III - Psicologia Positiva, Ansiedade e Depressão**, Renata Livramento concebe uma apresentação breve sobre os transtornos de ansiedade e depressão e formas de aplicações possíveis da Psicologia Positiva nesses casos, para favorecer o leitor sobre o entendimento das propostas dos capítulos que compõem essa parte, os quais são os seguintes: A Força do Perdão no Atendimento Clínico de Adolescentes com Depressão, de Ariadne Gomes; A Gratidão como Favorecedora do Bem-Estar, de Bianca Silva Jassens; Estratégias Mindfulness no Atendimento a Crianças Ansiosas, de Elaine Machado Chagas; Minha Nova Visão como Psiquiatra a Partir da Prática de Mindfulness, de Sofia Bauer; As Contribuições da Intervenção Três Bênçãos no Transtorno de Ansiedade Generalizada, de Sônia Ramos; e O Trabalho Terapêutico com as Forças de Caráter no Tratamento da Depressão, de Wani Aida Braga.

Chegando à **Parte IV**, a qual se apresenta por seu título, **Outras Aplicações da Psicologia Positiva na Psicologia Clínica,** e que não requer uma introdução, o leitor irá encontrar os capítulos: Os Mecanismos de Defesa Saudáveis e o Desenvolvimento Humano Adulto, de Angelita Corrêa Scardua; Resiliência Familiar Transpondo a Crise do Desemprego, de Beatriz de Paula Machado; Compaixão e Parentabilidade Positiva: Um Programa de Treinamento para Pais, de Isabella de Lemos Gelli; SEERR: Os Elementos do Bem-Estar na Prática Clínica, de Joy Stedile; *Emotionalset* - Cenário Emocional Positivo no Contexto Terapêutico, de Márcia Cristina Oliveira Fernandes; e O Otimismo Favorecendo Emoções Positivas em Pacientes que Sofreram AVC, de Rosane Velloso.

Antes de conhecer os perfis dos autores e as referências bibliográficas, que poderão facilitar as pesquisas do leitor sobre as temáticas abordadas em cada parte e capítulo, apresentamos a Conclusão, com nossa percepção sobre o que a obra pode trazer de contribuição para que o campo de aplicabilidade da Psicologia Positiva na Psicologia Clínica possa ampliar-se, a fim de que mais profissionais, sejam psicólogos ou psiquiatras, abracem os temas da ciência da felicidade e das qualidades humanas para favorecer mais vidas.

PARTE I
O que é Psicologia Positiva

Andréa Perez

> *"O que aconteceria se estudássemos o que está certo com as pessoas?"*
> Donald Clifton

Falar sobre um campo científico, sem destacar o devido valor que os questionamentos de mentes brilhantes e reflexivas produzem, é simplesmente não falar sobre ciência. A inquietação, o incômodo e o descompasso que pesquisadores brilhantes desenvolvem diante da observação da realidade à sua volta é que dá origem ao desenvolvimento do conhecimento humano ao longo da história da Humanidade. Abrir esta parte da obra com a pergunta de Donald Clifton, na minha concepção, revela o âmago do estudo da Psicologia Positiva, à medida que busca o entendimento dos indivíduos em sua totalidade, resgatando o olhar sobre nossos aspectos positivos, menos destacados ao longo do tempo, diante de nosso instinto de sobrevivência, que reservou a indiscutível necessidade de relevância de aspectos e emoções negativas.

Partindo dessa premissa, fica mais fácil entender a importância e a premência que o estudo científico da felicidade e das qualidades humanas positivas apresenta. Isso porque estamos vivendo diante de um momento social, não apenas no Brasil - que quase se desfigura diante de tantas impropriedades, violência, crise política, desonestidade e desequilíbrio socioeconômico – mas também em muitos outros lugares do mundo, assolado por conflitos civis desumanos, por desrespeito às circunstâncias de gênero, sexo, idade, religião, condição econômica, raça, entre outros, por violência desmedida, pela fome e pela incompreensão sobre a essencialidade de um olhar sobre o desenvolvimento sustentável para as próximas gerações.

Desde que conheci a Psicologia Positiva, sempre percebi, ou, acima de tudo, senti que, com base em seus estudos científicos sólidos, seria possível favorecer: a compreensão de que podemos produzir mudanças sociais positivas; o desenvolvimento individual a partir do "autoconhecimento positivo"[1]; a potencialização do constructo do Capital Psicológico Positivo[2]; a restruturação na forma de como educar crianças e jovens, seja nas instituições de ensino ou no âmbito familiar; a remodelação da gestão dos processos e dos recursos humanos nas organizações; a ressignificação do sentido nos domínios da vida; a melhora da qualidade de vida; e uma particular significância ao tratamento, também com foco em aspectos positivos, de clientes nos contextos psicoterapêuticos, apesar de não exercer a profissão, mas fascinada pela bravura dos profissionais dessa área.

Está parecendo inverossímil? Pode até parecer, mas não é! Assim, são as inúmeras contribuições que a Psicologia Positiva pode gerar em nossas vidas, quando desenvolvida e aplicada por profissionais sérios, com conhecimento aprofundado, postura ética e condução congruente. E a preocupação com a qualidade desta obra e com os projetos que compõem a Coletânea Biblioteca Positiva, como o que você tem em mãos, visa exatamente trazer ao público muita consistência teórica e amostras de aplicabilidade de sucesso e reflexões coerentes, em nosso caso, do campo da Psicologia Clínica.

Como tudo começou?

Foi em 1998, quando Martin E. P. Seligman já havia sido eleito presidente da *American Psychological Association* – APA (SELIGMAN, 2011), que esse movimento começou a ter seus estudos disseminados e a atrair a atenção da comunidade acadêmica.

A partir de sua eleição em 1997, Seligman (2009) precisava criar um tema central como proposta e, ainda, reunir pessoas simpáticas à ideia

---

[1] Autoconhecimento Positivo apontado pela autora refere-se, em linhas gerais, a um processo de conhecimento dos próprios indivíduos sobre suas qualidades humanas positivas e suas formas e estratégias de florescimento humano. (CORRÊA, Andréa Perez. Positive Upgrade Coaching. In: CORRÊA, Andréa Perez; LEVY, Daniela; LIVRAMENTO, Renata. Coaching de Psicologia Positiva. São Paulo: Editora Leader, no prelo.)

[2] Capital Psicológico Positivo é definido como: "Um estado psicológico positivo de desenvolvimento do indivíduo que é caracterizado por (1) ter confiança (eficácia) para assumir ou colocar o esforço necessário para assumir e ter sucesso em tarefas desafiadoras; (2) fazendo uma contribuição positiva (otimismo) sobre ter sucesso agora e no futuro; (3) perseverando rumo às metas e, quando necessário, redirecionando trajetórias a metas (esperança) a favor do sucesso; e (4) quando assolado por problemas e adversidades, sustentar e até mesmo saltando para trás (resiliência) para alcançar o sucesso". (LUTHANS; YOUSSEF; AVOLIO, 2007, p. 3)

para colocá-la em prática e o máximo que ele conseguia chegar próximo era um tema sobre "prevenção"[3]. (SELIGMAN, 2009).

Foi quando, num momento com sua filha Nikki de cinco anos[4], chegou mais próximo da visão do que seria a sua missão e do tema na gestão da APA. E entre vários questionamentos que o envolveram, destaca-se: *"Pode haver uma ciência psicológica que se concentre nas melhores coisas da vida?"* (SELIGMAN, 2009).

Impulsionado por desvendar a resposta a essa questão, Seligman, num plano audacioso, que emergiu em poucos anos mundialmente, começou a reunir estudiosos que estavam trabalhando com o estudo de forças humanas, mais que focando exclusivamente em problemas humanos, o que gerou a atenção de muitos outros pesquisadores. (DIENER, 2011).

Desde essa época, Seligman dedicou intensamente seus esforços para promover conferências e campanhas de financiamento para pesquisas e para as aplicações da Psicologia Positiva, cuja espinha dorsal seria: ser uma boa ciência. (SNYDER & LOPEZ, 2009).

Apesar de Seligman ser considerado o pai da Psicologia Positiva, quem inicialmente cunhou a expressão Psicologia Positiva foi Abraham Maslow, usando-a num título de um dos capítulos de seu livro "Motivação e Personalidade", em 1954. (SNYDER & LOPEZ, 2009; LOPEZ & GALLAGHER, 2011). Contudo, como já afirmado, é a Seligman que é dada a notoriedade sobre o início do uso do termo.

E essa origem da Psicologia Positiva, com ênfase em aspectos positivos da vida humana, reflete-se em estudos desenvolvidos por humanistas como Maslow, mas que acabaram por tratar as temáticas sem o rigor científico necessário para que a academia reconhecesse a pertinência dos resultados do uso de suas temáticas. (CSIKSZENTMIHALYI & SELIGMAN, 2000).

No ano 2000, em continuidade aos esforços de Seligman, aos quais Snyder e Lopez (2009) afirmam que devemos ter uma dívida de gratidão, é publicada a edição *"Special Issue on Happiness, Excellence, and Optimal*

---

[3] Nas páginas seguintes a temática será abordada.
[4] A história que se deu com a filha de Martin Seligman é narrada no livro "Felicidade Autêntica" (2002) do autor.

Human Functioning - da American Psychologist", revista da *American Psychology Association*, tendo como editores convidados Martin E. P. Seligman e Mihaly Csikszentmihalyi e como tema a Psicologia Positiva.

E é nessa edição exemplar que a Psicologia Positiva se configura no campo acadêmico, sendo apresentada com sua definição, proposta, pilares, situando-a no contexto da Psicologia onde se deu o seu surgimento, o que será apresentado no item a seguir.

Definindo a Psicologia Positiva

Conceituar a Psicologia Positiva, necessariamente, perpassa por um longo caminho e, neste momento, a intenção é oferecer uma exposição clara sobre as missões da ciência da Psicologia, para então compreender como surge esse estudo.

A Psicologia, anteriormente à Segunda Guerra Mundial, tinha três missões distintas, a saber:

• curar doenças mentais;

• tornar a vida das pessoas mais produtiva e cheia de satisfação; e

• identificar e desenvolver talentos. (CSIKSZENTMIHALYI & SELIGMAN, 2000).

Após a Segunda Guerra Mundial, dois eventos mudaram o cenário da Psicologia: a fundação, em 1946, da *Veterans Administration,* levando inúmeros psicólogos a se dedicarem ao tratamento de doenças mentais; e a fundação, em 1947, do *National Institute of Mental Health*, quando os acadêmicos consideraram que poderiam obter recursos para suas pesquisas em doenças mentais. (SELIGMAN, 1998; CSIKSZENTMIHALYI & SELIGMAN, 2000).

Essa concentração trouxe um avanço grandioso na reparação dos danos das doenças psíquicas e para o entendimento das terapias dos transtornos mentais, mas as duas outras missões da Psicologia foram praticamente esquecidas (CSIKSZENTMIHALYI & SELIGMAN, 2000) e aspectos sobre o que está certo nas pessoas e do que favorece uma vida boa foram absolutamente negligenciados. (PETERSON, 2006).

Nesse contexto, a Psicologia Positiva surge tendo como intenção começar a catalisar o foco da Psicologia da preocupação focal de reparar as piores coisas da vida para a construção de qualidades positivas. (CSIKSZENTMIHALYI & SELIGMAN, 2000).

Assim, em 1998, Seligman, em seu mandato como presidente na Associação Americana de Psicologia, afirma que a Psicologia não é apenas o estudo da fraqueza e do dano, mas ainda o das qualidades e das virtudes humanas. (SELIGMAN, 1998). Csikszentmihalyi e Seligman (2000) reiteram que os tratamentos não devem apenas retificar o que os indivíduos têm de errado, é preciso nutrir o que há de melhor, devendo ser a Psicologia um pouco mais, agregando o estudo de forças e virtudes. (CSIKSZENTMIHALYI & SELIGMAN, 2000).

É importante destacar que a intenção não é desconsiderar a importância e a necessidade de curar e tratar o que vai mal nas pessoas e em suas saúdes emocionais e mentais. Procura-se aglutinar, completar, contribuir para que o ser humano seja encarado como detentor de qualidades humanas positivas que permitam uma vida melhor e mais feliz.

Para Peterson (2013), esse é um chamado para que o estudo e a prática da Psicologia sejam tão preocupados com as forças como com as fraquezas, em construir as melhores coisas da vida como em reparar o pior, e em agregar a nossas vidas significado além de combater doenças. (PETERSON, 2013). Para Csikszentmihalyi e Seligman (2000), a Psicologia Positiva é uma ciência:

> - **No nível subjetivo**: das experiências positivas subjetivas, que inclui, no passado, o bem-estar, o contentamento e a satisfação, no futuro, a esperança e o otimismo, e, no presente, o engajamento (*flow*) e a felicidade;
> - **No nível individual**: dos traços individuais positivos, que inclui capacidade e vocação para amar, coragem, habilidade interpessoal, sensibilidade estética, perseverança, perdão, originalidade, mente aberta, espiritualidade, talentos elevados e sabedoria; e
> - **No nível de grupo**: das instituições positivas, que inclui as virtudes cívicas e as instituições que levam as pessoas a uma melhor cidadania, como: responsabilidade, altruísmo, civilidade, moderação, tolerância e trabalho ético. (CSIKSZENTMIHALYI & SELIGMAN, 2000, p. 5).[5]

---

[5] Tradução livre da autora.

Ao lado desses três pilares de pesquisa e aplicabilidade apontados como base da Psicologia Positiva, de acordo com o que indicam Solano e Solano e Perugini (2010; 2014), no *First World Congress on Positive Psychology* em 2009, Seligman propôs em sua apresentação um quarto pilar da Psicologia Positiva: RELACIONAMENTOS POSITIVOS, com origem nas pesquisas sobre o bem-estar psicológico das pessoas extremamente sociáveis como as mais felizes. Contudo esse pilar apresenta raríssimos estudos e indicações e não está tão sistematizado como os pilares preliminares (SOLANO & PERUGINI, 2010; 2014)

Como definição, Gable e Haidt (2005, p. 104) afirmam que a Psicologia Positiva é "o estudo das condições e processos que contribuem para o florescimento e o funcionamento ótimo das pessoas, dos grupos e das instituições".

De acordo com o *site Authentic Happiness* (2013), a Psicologia Positiva é um ramo da Psicologia que foca o estudo empírico de certas coisas, por exemplo: emoções positivas, forças de caráter e instituições saudáveis e é definida como: "O estudo científico das forças e virtudes que permitem aos indivíduos e às comunidades prosperarem"[6].

Acrescentam ainda que:
> O campo se fundamenta na crença de que as pessoas querem conduzir uma vida significativa e de realizações, para cultivar o que há de melhor nelas mesmas e para elevar suas experiências de amor, trabalho e diversão. (AUTHENTIC HAPPINESS, 2013).[7]

De forma a concluir este item, considerando que a amplitude da Psicologia Positiva extrapola, já no momento, as fronteiras da ciência da Psicologia, em função de sua transdisciplinaridade, e inspirada por Linley e colegas (2009), que indicam que restringir a Psicologia Positiva apenas à Psicologia seria restringir a condição de poder mudar o mundo e a vida das pessoas, apresento, a seguir, uma nova definição reformulada da apresentada por Corrêa (2013):

---

[6] Tradução livre da autora.
[7] Tradução livre da autora.

> "A Psicologia Positiva é a ciência da felicidade que contempla o estudo das características, aspectos e emoções humanas, com foco em teoria, medição, intervenções e práticas que potencializem, no âmbito individual e coletivo, o bem-estar."

A Psicologia Positiva e sua contribuição nas intervenções de prevenção e de potencialização

Neste item, o leitor será apresentado a duas significativas contribuições da Psicologia Positiva.

Tratando-se o foco da presente obra a Psicologia Clínica, é essencial destacar as contribuições da Psicologia Positiva na abordagem sobre prevenção de potencialização de Snyder e Lopez (2009).

Para os autores, as **prevenções**, que afirmam ser "interromper o que é ruim" (SYNDER & LOPEZ, 2009, p. 313), envolvem esforços para prevenir que coisas ruins aconteçam posteriormente. Essas são divididas em:

PREVENÇÃO PRIMÁRIA - "Interromper o que é ruim antes que aconteça" (SNYDER & LOPEZ, 2009, p. 303):

– ações que reduzem ou eliminam os problemas físicos ou psicológicos antes que aconteçam. Essas prevenções podem acontecer em nível governamental por meio de campanhas, a exemplo de campanhas de vacinação; (SNYDER & LOPEZ, 2009), e

PREVENÇÃO SECUNDÁRIA - "Consertar o Problema" (SNYDER & LOPEZ, 2009, p. 303):

– ações que reduzem o problema após já ter surgido, sendo chamado de Psicoterapia. (SNYDER & LOPEZ, 2009)

No campo das **prevenções secundárias**, temos as abordagens da Psicologia Positiva, tais como a teoria do otimismo apreendido de Seligman, uma estrutura de retreinamento de atribuições para desenvolver uma abordagem terapêutica à depressão e a teoria da esperança que se propõe a ensinar a buscar objetivos na vida atual, especialmente quando se encontram obstáculos. (SNYDER & LOPEZ, 2009).

De acordo com os autores, a categoria das **potencializações**, que seriam "produzir mais coisas boas" (SNYDER & LOPEZ, 2009, p. 303), significa potencializar tudo que as pessoas querem de suas vidas e podem ser divididas em:

POTENCIALIZAÇÃO PRIMÁRIA – "Tornar a Vida Boa" (SNYDER & LOPEZ, 2009, p. 324):

– ações que geram um bom funcionamento e uma boa satisfação; é o esforço para estabelecer funcionamento e satisfação ótimos; (SNYDER & LOPEZ, 2009), e

POTENCIALIZAÇÃO SECUNDÁRIA – "Fazer da Vida o Melhor Possível" (SNYDER & LOPEZ, 2009, p. 330);

– ações que partem do que já é um funcionamento e satisfação bons para se chegar a experiências máximas. (SNYDER & LOPEZ, 2009).

Constata-se, a partir das prevenções ou potencializações, o enriquecimento das intervenções e propostas que podem ser aplicadas para o favorecimento do bem-estar na vida das pessoas. Atualmente, com a Psicologia Positiva, se pode identificar o que gera maior felicidade nas pessoas, a fim de poder colaborar com clientes, no sentido de intensificar as atividades que lhes favoreçam a cura e o bem viver.

Já como dizia Martin Seligman (2002) em seu capítulo *Positive Psychology, Positive Prevention, and Positive Therapy*: "Como um efeito colateral do estudo dos traços humanos positivos, a ciência vai aprender como tratar melhor e prevenir doenças mentais, assim como as físicas"[8] (p. 67) e "Como um efeito principal, nós aprenderemos como construir as qualidades que ajudam os indivíduos e as comunidades, não apenas a suportar e sobreviver, mas também a florescer"[9] (p. 67).

---
8 Tradução livre da autora.
9 Tradução livre da autora.

Só teoria não basta, é preciso aplicar

A prática da Psicologia Positiva é sobre facilitar a boa vida ou sobre possibilitar que as pessoas sejam o seu melhor. É uma abordagem de um determinado domínio de investigação. (LINLEY et al., 2009).

A Psicologia Positiva tem aplicações que abrangem quase todas as áreas da Psicologia aplicada e outras. Além do alívio da psicopatologia, a Psicologia Positiva aplicada também tem visto o desenvolvimento de felicidade por meio do aumento de intervenções específicas. (LINLEY et al., 2009).

Transitando em áreas e abordagens tais como: Jornalismo, Psiquiatria, Educação, Coaching, organizações, tecnologia, Economia, políticas públicas, Psicologia, recursos humanos, mentoria, Medicina, entre tantas outras, a Psicologia Positiva renova-se com resultados de inúmeras pesquisas, o que é extremamente construtivo e favorecedor a toda a sociedade, pois permite atalhos para atingir de forma positiva e significativa a vida de mais pessoas.

Complementando essas indicações iniciais, Warren e Donaldson (2017) destacam a orientação da Psicologia Positiva se estendendo longe da Psicologia, em campos díspares como: Sociologia, Filosofia, Ciências Políticas, Engenharia, legislação, criminalidade, Forças Armadas, Oncologia, Farmacologia, Epidemiologia, religião, Antropologia, Linguística, *design*, trabalho social, sem mencionar todos.

Quem, pela primeira vez, depara-se com essa temática da Psicologia Positiva, talvez como você, leitor, espanta-se e com razão diante de tamanha dimensão de aplicação. E isso considerando um estudo científico que acabou de sair da "maioridade". O que quer dizer isso? Quer dizer que suas temáticas permeiam a nossa vida, quem somos, o que desejamos, o que vislumbramos de significado e sentido em nossa existência, o que fazemos e, acima de tudo, o nosso direito de sermos todos felizes, independentemente de qualquer aspecto que nos iguale ou diferencie uns dos outros.

Joseph (2014) afirma que, por ter a Psicologia Positiva capturado o interesse sobre o que a Psicologia pode oferecer tanto academicamente como profissionalmente, isso promoveu a atenção sobre as aplicações no "mundo real". Para ele: "Ao contrário de muitas áreas tradicionais da Psicologia, a Psicologia Positiva tem aplicação clara e direta na vida cotidiana". (JOSEPH, 2015, p. 2).

Apesar de sua origem nos Estados Unidos, vem crescendo e se popularizando em trabalhos desenvolvidos por acadêmicos e profissionais em países como Austrália, Canadá, França, Alemanha, Israel, Suécia, Suíça e Reino Unido. (JOSEPH, 2014).

Conforme aponta Corrêa (2016), no segmento de clínica, aconselhamento, terapia da saúde e Psicoterapia existem práticas com uso da Psicologia Positiva, a saber: (LINLEY *et al.*, 2009)

- ***Well-beingTherapy***: é uma Psicoterapia de curto prazo com aproximadamente oito sessões de 30 a 50 minutos cada uma, que enfatiza a auto-observação. (LINLEY *et al.*, 2009).

- ***Mindfulness-Based Cognitive Therapy***: baseada na abordagem da prática dos *mindfulness* em função dos benefícios que promove e há crescente evidência para apoiar a eficácia dessa abordagem. (LINLEY *et al.*, 2009).

- ***Quality of Life Therapy***: fornece uma coleção de técnicas terapêuticas cognitivas que o terapeuta pode usar para ajudar os clientes a moverem-se em direção a uma felicidade maior. Os clientes são encorajados a mudar suas circunstâncias, pensar diferentemente, estabelecer novos padrões, mudar suas prioridades sobre o que é importante na vida e pensar sobre outras áreas da vida. (LINLEY *et al.*, 2009).

- ***Positive Psycotherapy***: utiliza os principais dogmas e princípio da Psicologia Positiva. Apoia-se na premissa central de que a construção de emoções positivas, forças e significado são eficientes no tratamento psicopatológico. Trabalho preliminar indicou que é ao menos tão eficaz para a depressão como um tratamento farmacológico tradicional. (LINLEY *et al.*, 2009).

Um ponto interessante ao leitor é destacar que a Psicologia Positiva tem aplicação tanto na Psicoterapia como no Coaching, tendo sido considerado este último como o processo mais bem casado com a proposta da Psicologia Positiva. (SELIGMAN, 2011).

Dessa forma, destaca-se a prática do *Life Coaching* com uso da Psicologia Positiva. Segundo Linley *et al.* (2009), a área que a Psicologia Positiva achou como uma casa pronta e bem-vinda é o Coaching, destacando algumas razões: ambos são explicitamente preocupados com o aprimoramento do bem-estar e da *performance*; ambos implicitamente desafiaram os profissionais a questionar as premissas fundamentais que detêm sobre a natureza humana; a Psicologia Positiva provocou um interesse na Psicologia das forças humanas, uma área que proporciona potencial significativo para *coaches* em aproveitar o potencial dos clientes a serviço de suas metas e desejos e houve muitas cobranças para uma base de evidências para sustentar o Coaching e, nesse sentido, a Psicologia Positiva está bem colocada para fornecer apoio às intervenções do Coaching. (LINLEY *et al.*, 2009).

Ratificando a multidisciplinaridade da aplicação da Psicologia Positiva, deve-se dar importante destaque a quem é delegável o uso dos estudos e intervenções da Psicologia Positiva. Segundo Linley *et al.* (2009), a Psicologia Positiva não é restrita nem deve vir a ser apenas para a Psicologia. Tratando-se de uma abordagem de questões relacionadas ao ser humano e ao bem viver, transpassa por várias outras instâncias.

E isso significa também que as aplicações da Psicologia Positiva não devem restringir-se apenas às esferas acadêmicas ou ficar nas mãos dos profissionais da Psicologia. Preferencialmente, os avanços progressivos das suas aplicações virão por meio da parceria e da colaboração com áreas nas quais possamos ter as maiores diferenças e atingir um grande número de vidas, no trabalho, na educação, por meio da saúde, tanto quanto através da política, e das abordagens populacionais. (LINLEY *et al.*, 2009).

Para concluir este item, destaco o que afirma Corrêa (2013):

> Com certeza, muitos são os avanços, integrações e parcerias pelas quais as aplicações da Psicologia Positiva ainda passarão no futuro, considerando ainda o alicerçamento necessário de sua maturidade, mas é importante que cada pessoa, acadêmica ou não, profissional ou não, da área, mas conhecedora dos benefícios que as intervenções da Psicologia

Positiva podem produzir, faça a sua parte, não apenas aplicando-se essas intervenções, mas, acima de tudo, vivendo congruentemente com esses princípios, de forma a envolver positivamente nessas práticas outras pessoas pelo mundo afora e gerando benefícios para toda a humanidade. (CORRÊA, 2013, p. 60).

Concluída essa exposição sobre a aplicação da Psicologia Positiva de forma breve, destacam-se a seguir as principais teorias produzidas no campo, que permitirão uma compreensão das temáticas abordadas pelos autores em seus capítulos.

Teorias e estudos principais da Psicologia Positiva

A escolha pelas teorias que serão apresentadas neste item justifica-se pela disseminação que essas concepções apresentam em inúmeros estudos e desdobramentos, inclusive em outras ciências, em especial as que se enquadram de forma ajustada à proposta do pilar das instituições positivas, cujas teorias e estudos bebem da fonte dos outros dois pilares, das emoções positivas e das qualidades humanas positivas.

- ### Teoria Ampliar-e-Construir

Publicado em 2009, o livro "Positividade", de Fredrickson, apresenta a Teoria Ampliar-e-Construir ao público, em geral, abordando a temática das emoções positivas. Nesse momento, a teoria recebe uma ampla divulgação, mas, no contexto acadêmico, porém, para chegar nesse ponto, Fredrickson já vinha há muitos anos se dedicando aos estudos das emoções positivas, inclusive com diversos artigos publicados[10], que trazem muitas informações e dados sobre pesquisas, bem como a própria teoria ampliar-e-construir, criada inicialmente por Fredrickson no final de 1998. (FREDRICKSON, 2009).

Conforme resume Corrêa (2016), a positividade, segundo Fredrickson (2009), apresenta algumas características importantes de serem destaca-

---

10 O *What Good are Positive Emotions?* de 1998, o *The Role of Positive Emotion in Positive Psychology: The Broaden-and-Build Theory of Positive Emotions* de 2001 e o *The Value of Positive Emotions – The Emerging Science of Positive Psychology Coming to Understand Why it's Good to Feel Good* de 2003.

das. A positividade é boa: é a centelha de sentir-se bem que desperta a motivação para mudar; ela muda a forma como a sua mente trabalha: ela muda o conteúdo de sua mente trocando pensamentos maus por bons e ainda aumenta o raio de alcance ou os limites da sua mente; a positividade transforma o seu futuro: enquanto as suas emoções se acumulam, elas constroem reservas; a positividade coloca um freio na negatividade: funciona como um botão de *"reset"* para a negatividade; a positividade obedece a um ponto de equilíbrio: com a sucessão de cada momento bom, você sente-se para cima, para fora, não para baixo e para dentro; você pode aumentar a sua positividade: você pode pender a sua balança e libertar seu potencial para florescer.

Fredrickson (2009) afirma que, devido a sua transitoriedade, é preciso gerar sempre mais positividade, destacando a importância do que chama de quociente de positividade, definido como: "O seu quociente de positividade é a frequência de felicidade em um dado espaço de tempo dividida pela frequência de negatividade durante o mesmo espaço de tempo". (p. 23). Partindo de um ponto de equilíbrio que cada pessoa possui, Fredrickson (2009) aborda as espirais: a espiral descendente, quando a negatividade puxa o quociente para baixo e do outro, o defendido em sua teoria, a espiral ascendente, quando decolamos numa espiral energizada pela positividade.

Mesmo sendo imensamente respeitado o trabalho de Fredrickson e de sua argumentação teórica sobre as emoções positivas, como apontado por ícones como Daniel Gilbert, Daniel Goleman e Martin Seligman, por exemplo (BARLETT, 2013), sua concepção acabou sofrendo críticas (BROWN, SOKAL; FRIEDMAN, 2013; BROWN, SOKAL & FRIEDMAN (2014), consideradas pertinentes, gerando a exclusão – digamos assim, matemática - de um aspecto de sua teoria, o quociente de positividade de 3 para 1, o que quer dizer: para cada emoção negativa que aconteça ou que você viva em sua vida, produza ao menos três emoções positivas sinceras. É esse o quociente de equilíbrio que descobriu ser o ponto de equilíbrio e que demonstra se as pessoas murcham (espirais descendentes) ou florescem (espirais ascendentes).

Fredrickson (2013) mantém sua concepção sobre os benefícios de mais emoções positivas e menos emoções negativas, mesmo descartando a proporção original da razão, e estudos estão sendo realizados para permitir que seja identificado o quociente de positividade.

Não se limitando seu trabalho apenas ao quociente de positividade, suas descobertas são amplamente aplicadas em diversos contextos.

Fredrickson (2009) propôs que, ao contrário das emoções negativas que limitam a ideia de ações possíveis, as emoções positivas ampliam o julgamento sobre elas, abrindo nossa consciência para uma ampla gama de pensamentos e ações, surgindo assim o que ela chama de primeira verdade: "a positividade nos abre". (p.28). Concluiu que as emoções positivas e negativas eram importantes em momentos diferentes para os nossos antepassados. As atitudes oriundas das emoções negativas eram importantes nas situações ameaçadoras à sobrevivência e as atitudes inovadoras e criativas das emoções positivas eram importantes em longo prazo, por construir recursos, encorajando o desenvolvimento da versatilidade, habilidades e características úteis, funcionando esses como o que a autora chama de reservas. E aí surge a segunda verdade: "a positividade nos transforma para melhor". (p.31). Com esses pressupostos define-se a teoria **ampliar-e-construir** de Fredrickson (2009).

Firmada a concepção da teoria sobre a positividade, Fredrickson (2009) discorre sobre as **dez formas de positividade: alegria, gratidão, serenidade, interesse, esperança, orgulho, diversão, inspiração, admiração e amor**, tendo sido identificadas para a abordagem em função da quantidade de pesquisas sobre cada uma delas. (FREDRICKSON, 2009).

É importante destacar que é bastante relevante a teoria ampliar-e-construir de Fredrickson para o campo da Psicologia Positiva, podendo afirmar que se trata de uma concepção de imensa contribuição para desdobramento de novos estudos, conceitos, pesquisas e teorias. Isso é perceptível claramente nas 11.900 indicações somente do Google Acadêmico que mencionam a temática, ao lado de 61.500 *links* na plataforma Google em 2017.

- **A Ciência da Felicidade**

Em 2007, a Teoria A Ciência da Felicidade foi divulgada ao público em geral pelo livro "A Ciência da Felicidade – Como atingir a felicidade real e duradoura", de Sonja Lyubomirsky. Contudo, os estudos a respeito dos aspectos em torno dessa teoria já vinham sendo feitos ao longo de vários anos, não apenas por Lyubomirsky, como também por outros estudiosos.

Apesar de constar também no livro publicado em 2007, já em 2005, no artigo *Pursuing Happiness: The Architecture of Sustainable Change*, Sonja Lyubomirsky, Ken M. Sheldon e David Schkade identificaram os fatores mais importantes que determinam a felicidade, conforme ilustra a figura abaixo (LYUBOMIRSKY *et al.*, 2005; LYUBOMIRSKY, 2008).

Fatores que determinam a Felicidade

- Circunstâncias 10%
- Ponto decisivo 50%
- Atividades intencionais 40%

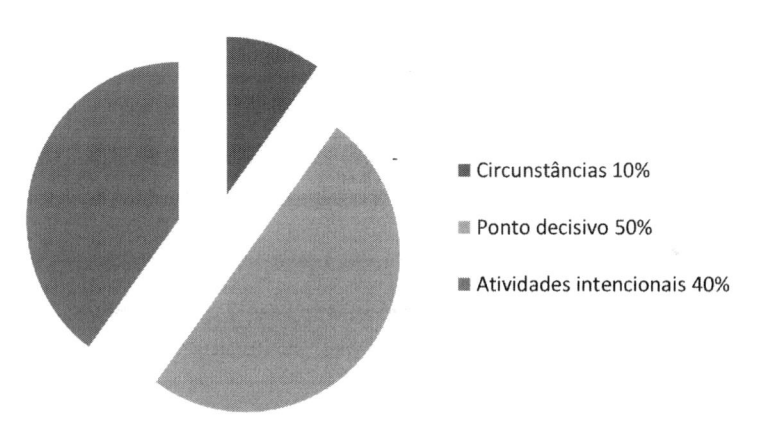

Figura elaborada com base no artigo Pursing of Happiness: The Architeture os Sustainable Change (2005), de Sonja Lyubomirsky, Ken M.Sheldon e David Schkade e no livro Ciência da Felicidade – Como Atingir a Felicidade Real e Duradoura (2008), de Sonja Lyubomirsky, indicada em Corrêa, 2016.

A Teoria da Ciência da Felicidade está alicerçada, se assim podemos dizer, no que a autora chama de Solução dos 40%, como detalhado na imagem.

Segundo os autores, as circunstâncias variam nossos níveis de felicidade em apenas 10% e o ponto decisivo, que se refere à nossa carga genética, definirá, num percentual de 50%, o quanto poderemos ser felizes ou não ao longo de nossas vidas. (LYUBOMIRSKY, 2008).

Lyubomirsky (2008) destaca como sendo o melhor é que se chegou à conclusão de que 40% de nossa felicidade está em nossas mãos, por meio da promoção de atividades intencionais que recaem em nosso comportamento, na nossa forma de agir e de pensar. (LYUBOMIRSKY, 2008).

No que tange às ações intencionais a serem produzidas com o percentual da Solução 40%, a partir de estudos e pesquisas com comportamentos de pessoas felizes, chegou-se à conclusão de que determinadas estratégias são comprovadamente eficazes para o aumento da felicidade para as pessoas. (LYUBOMIRSKY & LAYOUS, 2013).

Merece destaque que a eficiência dessas estratégias pode variar de pessoa para pessoa e, por isso, torna-se essencial que cada um possa identificar o que funciona melhor para elevar a sua felicidade, levando em consideração aqui que cada pessoa tem suas necessidades, interesses, valores, recursos e inclinações singulares que nos predispõem a nos empenharmos mais ou menos em determinadas estratégias de ação. Nesse sentido, um ponto que a autora coloca como uma exigência vital é fazer escolhas sensatas na hora de formular um programa individual de felicidade. (LYUBOMIRSKY, 2008).

No contexto da Psicologia Clínica, foco desta obra, de igual forma, psicoterapeutas devem dar atenção significativamente à identificação de quais práticas geram resultados mais positivos para seus clientes, reservando grande atenção sobre o momento de substituição de alguma prática por outra que venha trazer mais melhoria de bem-estar ou remissão de sintomas.

Na proposta apresentada pela autora, a fim de dar início a uma estratégia de ações intencionais de sua teoria, Lyubomirsky (2008) apresenta como proposta alguns passos: Autoaplicação da Escala de Felicidade Positiva[11]; Análise dos Pontos Possíveis de Ajustes de acordo com o perfil

---

11 Divulgada pelo artigo *A measure of subjective happiness: Preliminary reliability and construct validation* (1999), este em conjunto com Lepper, H.

da pessoa; Aplicação de Ajuste de Diagnóstico de Atividades às Pessoas; Questionário Oxford de Felicidade e Aplicação das Ações Intencionais, as quais são as seguintes, e que se relacionam de forma harmoniosa com as indicadas entre parênteses.

1) Expressar gratidão (4 e 7)

2) Cultivar o otimismo (9 e 7)

3) Evitar cismar e fazer comparações sociais (6 e 10)

4) Praticar gestos de cortesia (9 e 8)

5) Cultivar as relações sociais (4 e12)

6) Desenvolver estratégias de superação de dificuldades (10 e 7)

7) Aprender a perdoar (6 e 2)

8) Aumentar as experiências de fluxo (*flow*[12]) (9 e 10)

9) Saborear as alegrias da vida (8 e 10)

10) Comprometer-se com seus objetivos (9 e 6)

11) Praticar a religião e a espiritualidade (12 e 6)

12) Cuidar do corpo e da alma (10 e 9)

Outro artigo com indicações favorecedoras para que psicoterapeutas possam ajustar de forma adequada as ações intencionais a seus clientes foi publicado em 2013, intitulado *"How Do Simple Positive Activities Increase Well-being?"*, de autoria de Lyubomirsky e Layous, no qual são apresentados estudos e pesquisas recentes sobre a análise de condições ideais sob as quais as atividades intencionais positivas aumentam a felicidade e os mecanismos pelos quais funcionam. (LYUBOMIRSKY & LAYOUS, 2013)

O *"Positive-Activity Model"* (Modelo de Atividade Positiva), que tem como objetivo explicar como e porque realizar atividades positivas torna as pessoas mais felizes, é apresentado nesse artigo e se baseia em evidências teóricas e empíricas para descrever: uma visão global das características das atividades e das pessoas que tornam uma atividade positiva otimamente efetiva; e os mecanismos que fundamentam a melhoria do bem-estar

---

[12] A teoria do *flow* será apresentada a seguir nesta parte.

das atividades positivas. Além disso, em que medida que qualquer característica de uma atividade positiva, que gera sucesso, depende da ligação entre a pessoa (exemplo: sua personalidade ou cultura) e as características da atividade (exemplo: dosagem ou suporte social; que representam ajuste pessoa-atividade). (LYUBOMIRSKY & LAYOUS, 2013). Acrescenta-se ainda que as características de atividades positivas (por exemplo, a dosagem e variedade) e da pessoa (por exemplo, de motivação e de esforço) influenciam o grau em que as atividades melhoram o bem-estar. Destaca-se ainda a identificação das condições em que as atividades positivas são mais eficazes e os processos pelos quais elas trabalham. Além disso, o modelo também revela lacunas na evidência empírica (por exemplo, sobre o papel do apoio social) e os resultados conflitantes (por exemplo, sobre o papel do próprio estado afetivo inicial) que esperam por novas pesquisas, e ainda pode ser estendido para prever a extensão da persistência dos que praticam atividades positivas para poder continuar a colher os benefícios. (LYUBOMIRSKY & LAYOUS, 2013).

Os autores afirmam também que, como os pesquisadores começam a entender o como, o quê, quando e o porquê das estratégias de aumento de felicidade, eles poderão fornecer conselhos com base empírica para os milhões de pessoas em diversos segmentos que anseiam por serem mais felizes. (LYUBOMIRSKY & LAYOUS, 2013).

Em consonância com a teoria de Lyubomirsky, outro artigo que traz contribuições aos psicoterapeutas é o *"Positive Activities as Protective Factors Against Mental Health Conditions",* de Kristin Layous, Joseph Chancellor e Sonja Lyubomirsky, de 2014, onde os estudiosos propõem que atividades positivas possam servir como fatores de proteção que atenuem fatores de risco, descrevendo exemplos de como elas podem mitigar dois fatores de risco, as ruminações e a solidão, e contrariar desencadeadores ambientais (ou seja, moderadores) que possam ampliá-los. E incluem ainda a argumentação de que as atividades positivas podem ser ensinadas aos jovens para desenvolver padrões positivos de conceitos, pensamentos e comportamentos que podem vir a servir como fatores de proteção ao longo de suas vidas, além de proporem outras atividades que possam ser adequadas para certos indivíduos e fatores de risco específicos.

- **Teoria Felicidade Autêntica**

Divulgada por meio da publicação do livro "Felicidade Autêntica - Usando a Psicologia Positiva para a Realização Permanente", a teoria da Felicidade Autêntica foi apresentada ao público no ano de 2002, por Martin E. P. Seligman. Toda a investigação nessa teoria concentra-se na felicidade que é feita por meio de três elementos: Emoções Positivas; Engajamento (*flow*); e Sentido. (SELIGMAN, 2002; SELIGMAN, 2011).

Como critérios para cada um dos três elementos, o autor destaca: escolhemos cada elemento por eles mesmos e esses podem ser definidos e devidamente medidos.

O **primeiro elemento, a emoção positiva**, representa o que sentimos, a saber: prazer, entusiasmo, êxtase, calor, conforto e sensações afins. Uma vida conduzida com êxito acerca desse elemento é o que Seligman chama de **"vida agradável"** (*pleasant life*). (SELIGMAN, 2011). Estão ligadas ao presente (prazeres físicos, prazeres maiores, como enlevo e conforto), ao passado (satisfação, contentamento, orgulho e serenidade) e ao futuro (otimismo, esperança, confiança e fé).

O **segundo elemento, o engajamento**, está ligado a uma posição de entrega: entregar-se completamente sem se dar conta do tempo transcorrido, e ocorre quando se perde a consciência de si mesmo numa atividade envolvente. Seligman (2011) afirma que no engajamento é como se nos fundíssimos com o objeto. Destaca que, para esse engajamento, é essencial utilizarmos nossas forças pessoais[13]. As pessoas que vivem com esse objetivo têm o que o autor chama de **"vida engajada[14]"** (*good life*). (SELIGMAN, 2011).

O **terceiro elemento, o sentido**, significa que é essencial vivermos com sentido e propósito com vistas a pertencer e servir a algo maior que nós mesmos. Através de algumas instituições criadas pela humanidade pode-se vivenciar isso: a religião, o partido político, a família, movimento ecológico, entre outros. (SELIGMAN, 2011). Nesse sentido, Seligman (2009) define a **"vida significativa"** (*meaningful life*), que considera como a "utilização

---
[13] Essa temática será abordada mais à frente nesta parte.
[14] Seligman (2009) também usa para este caso o termo "vida boa".

das suas forças e virtudes pessoais a serviço de algo maior". (SELIGMAN, 2009, p. 384).

Na Teoria Felicidade Autêntica, o tema é a felicidade, o objetivo da Psicologia Positiva é aumentar a quantidade de felicidade na vida das pessoas e do planeta e o padrão de mensuração é a satisfação com a vida que é feita a partir de um relato subjetivo e, dessa forma, o seu objetivo é aumentar essa satisfação. (SELIGMAN, 2011).

- **Teoria do Bem-Estar**

A Teoria do Bem-Estar foi divulgada no ano de 2011, com a publicação do livro "Florescer (*Flourish*) – Uma nova Compreensão sobre a Natureza da Felicidade e do Bem-Estar" de Martin E. P. Seligman. Diferentemente do tema felicidade, foco de sua primeira teoria, na Teoria do Bem-Estar o tema passou a ser o bem-estar (SELIGMAN, 2011) e esse é considerado um construto, sendo composto por diversos elementos, todos eles mensuráveis. Cada um desses elementos é real e contribuem para o bem-estar, mas não o definem. (SELIGMAN, 2011). O autor utiliza a sigla PERMA, formada pelas iniciais dos nomes dos cinco elementos:

Elementos da Teoria do Bem-estar	
P	Positive Emotion (Emoção Positiva)
E	Engagement (Engajamento)
R	Relationships (Relacionamentos)
M	Meaning (Significado)
A	Accomplishiment (Realização)

Adaptado do livro "Florescer – Uma Nova Compreensão sobre a Natureza da Felicidade e do bem-estar" de Martin E. P. Seligman, de 2011.

Segundo a Teoria do Bem-Estar, seus elementos, cada um deles, precisam apresentar as seguintes propriedades: contribuição para a formação do bem-estar; os indivíduos buscam o próprio elemento, e não apenas para obter algum dos outros quatro. (SELIGMAN, 2011).

Quanto aos elementos das emoções positivas, do engajamento e do sentido, Seligman (2011) não aponta diferenciações com relação ao que apresenta na Teoria Felicidade Autêntica.

O quarto e novo elemento, a realização, que é buscada por ela própria, consiste em perseguir o sucesso, a vitória, a conquista e o domínio por eles mesmos, ainda que não gere emoção positiva, sentido ou relacionamentos positivos. Seligman (2011) menciona o termo "vida realizadora" na forma ampliada da realização.

O quinto e novo elemento, os relacionamentos, refere-se ao fato de que "as outras pessoas são o melhor antídoto para os momentos ruins da vida e a fórmula mais confiável de bons momentos". (SELIGMAN, 2011, p. 31).

Na **Teoria do Bem-Estar,** o tema é o bem-estar, o objetivo é aumentar o florescimento humano pelo aumento das emoções positivas, do engajamento, do sentido, dos relacionamentos positivos e das realizações. E o padrão de mensuração é de cada um dos elementos separadamente. (SELIGMAN, 2011).

Neste ponto, destaco que o entendimento preciso da Teoria do Bem-Estar pode possibilitar ao psicoterapeuta a identificação de rotas de florescimento humano e bem-estar de seus clientes, favorecendo a indicação e criação de estratégias e ações intencionais que mais sejam produtivas à potencialização dos elementos que melhor representam a felicidade do cliente.

- *Flow*

Na obra *"Flow - The Psychology of Optimal Experience"*, Mihaly Csikszentmihalyi (1990) define a experiência ótima baseada no conceito de *Flow* como o estado no qual as pessoas estão envolvidas numa atividade em que nada parece importar; a experiência por ela mesma é tão agradável que as pessoas irão fazer isso mesmo a qualquer custo pelo simples fato de fazer isso. (CSIKSZENTMIHALYI, 1990).

Segundo o autor, o nosso cotidiano é formado por atividades que realizamos ao longo do dia, e que absorvem toda a nossa energia psíquica, as quais divide em três categorias:

- **Atividades Produtivas:** a primeira e maior, que inclui aquelas atividades que objetivam a sobrevivência e o conforto (exemplo: trabalho, estudo);

- **Atividades de Manutenção:** manter o corpo em forma (exemplo: comer, descansar, cozinhar, limpar);

- **Atividades de Lazer:** o tempo livre estaria enquadrado nestas atividades e seria dividido em três tipos de atividade - a primeira, o consumo de mídia (a maioria em ver televisão, pinceladas no jornal e leitura de revistas); - a segunda, a conversa; e - a terceira, que é o uso mais ativo do tempo livre, que seriam as atividades como *hobbies*, fazer música, prática de esportes e exercícios. O autor destaca que essas atividades fornecem as informações que vão à nossa mente ao longo do dia, dia após dia e que, na essência, nossa vida consiste dessas experiências. (CSIKSZENTMIHALYI, 1997).

Um ponto importante é que Csikszentmihalyi (1997) aponta a concentração como essencial para adquirir controle sobre a sua vida psíquica, que é o combustível básico do pensamento e acrescenta que concentrar a atenção é fundamental para executar operações mentais com algum tipo de profundidade. O que é comum nesses momentos de imersão é que a consciência é cheia de experiências e essas estão em harmonia umas com as outras. E é a esses momentos excepcionais que o autor dá a definição de *Flow*. (CSIKSZENTMIHALYI, 1997). Nesses momentos, nós nos sentimos no controle de nossas ações e mestres de nosso próprio destino; sentimos um senso de hilaridade, um profundo senso de prazer; é a esses momentos excepcionais, a que ele se refere como experiência ótima, que denomina como experiência de *Flow*. (CSIKSZENTMIHALYI, 1990; CSIKSZENTMIHALYI, 1997).

As atividades que propiciam o *Flow* apresentam os seguintes componentes:

- **Metas:** o *Flow* acontece quando as pessoas encaram determinadas metas claras e compatíveis que requeiram respostas apropriadas.

- **Feedback:** a atividade deve fornecer *feedback* imediato. Elas deixam claro o quanto você vai bem no que está fazendo; e
- **Habilidade:** o *Flow* tende a acontecer quando as habilidades da pessoa estão inteiramente envolvidas na superação de um desafio. (CSIKSZENTMIHALYI, 1997).

As experiências ótimas usualmente envolvem um bom equilíbrio entre a habilidade para agir e as oportunidades disponíveis para a ação, os desafios. E é quando ambos, habilidade e desafios, são altos que se dá a experiência de *Flow*, conforme demonstra a figura a seguir.

HABILIDADES E DESAFIOS NO ESTADO DE FLOW

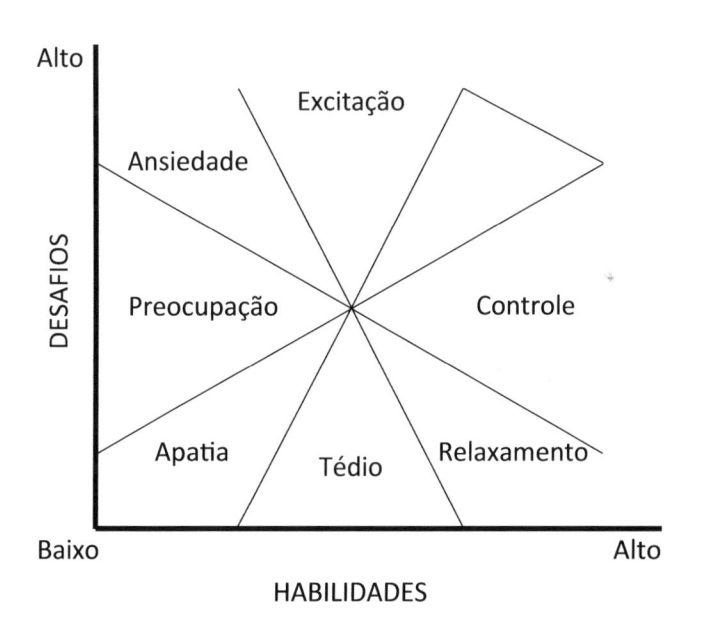

Diagrama retirado e traduzido da obra *"Finding Flow - The Psychology of Engagement with Everyday Life"*, de CSIKSZENTMIHALYI, Mihaly. 1997.

Além disso, trata-se necessariamente de uma experiência compensadora e requer concentração na sua execução. Inclui, ainda, uma perda da consciência do tempo, e a ausência da autoconsciência, com perda momentânea do ego, desaparecendo o autorreconhecimento, transformando a pessoa em parte da atividade. E durante a atividade dá-se o paradoxo do controle, ou seja, a atividade envolve um senso de controle; existe uma despreocupação com a perda do controle, já que há elementos que podem ou não ser controlados. Acrescenta-se que há a fusão da ação e da consciência, à medida que a pessoa está tão envolvida que a realiza no automático, tornando-se espontânea. (CSIKSZENTMIHALYI, 1997).

As atividades que induzem o estado de *Flow* são chamadas de **atividades de *Flow*,** já que elas favorecem que esse aconteça. (CSIKSZENTMIHALYI, 1997). O autor elenca em suas obras diversas atividades que podem propiciar o estado de *Flow*, tais como: fazer música, escaladas, dançar, caminhar, ler, artes, velejar, jogar, entre outras. Destaca que o importante é identificar as atividades que compõem o nosso dia e elencar aquelas que nos colocam em estado de *Flow,* pois estas elevarão nossas vidas.

- **Virtudes e Forças de Caráter**

A primeira tentativa de definir um conjunto de virtudes humanas está contida nos ensinamentos de Confúcio, que datam de 500 a.C. e, até os dias de hoje, ainda nenhuma classificação de qualidades ou resultados positivos humanos conseguiu utilização ou aceitação mundial. (SNYDER & LOPEZ, 2009). Contudo, grandes esforços e resultados já vêm sendo alcançados para se obter um inventário para definir as qualidades humanas. (SNYDER & LOPEZ, 2009). Esses esforços sustentaram-se relevantemente com a iniciativa do dr. Neal H. Mayerson que, em 1999, procurou Martin Seligman com o seguinte questionamento: "Podemos manter a esperança de que a Psicologia Positiva será capaz de ajudar as pessoas a evoluir em direção ao seu maior potencial?" Mayerson e Seligman chegaram rapidamente à conclusão de que duas questões prioritárias deveriam ser respondidas e essas acabaram por moldar o projeto do início até o final: "Como podemos definir os conceitos de forças e de potencial máximo? Como se pode saber que um programa de desenvolvimento positivo de jovens atingiu seus objetivos?" (PETERSON & SELIGMAN, 2004).

Para responder a essas perguntas por meio de pesquisas e estudo, em

2001, a Fundação Manuel D. e Rhonda Mayerson criou o **Value in Action (VIA) Institute**, uma organização sem fins lucrativos dedicada ao desenvolvimento de uma base científica do conhecimento das forças humanas. (PETERSON & SELIGMAN, 2004; VIA INSTITUTE ON CHARACTER, 2013a).

À frente do projeto, Seligman foi designado diretor científico do *VIA Institute* e convidou Christopher Peterson para ser seu diretor de Projeto. Em três anos, a partir do ano 2000 e com a participação de mais de 150.000 pessoas que participaram das medições, Seligman e Peterson, com a assistência de diversos prestigiosos acadêmicos e profissionais, conceberam uma classificação de forças de caráter e virtudes e os meios de medi-las. (PETERSON & SELIGMAN, 2004; VIA INSTITUTE ON CHARACTER, 2013).

Essa classificação foi apresentada no livro "*Character Strengths and Virtues – A Handbook and Classification*", em 2004, de autoria de Seligman e Peterson, não traduzido para o Português, e o *VIA Classification on Character Strengths* serve como antítese do DSM e é promissora para estimular e entender as qualidades psicológicas. A classificação proporciona uma linguagem comum para descrever as qualidades humanas e estimula um enfoque ao diagnóstico e ao tratamento voltados a potencializar as qualidades. O inventário VIA identificou 24 forças de caráter, organizadas sob seis virtudes. (SNYDER & LOPEZ, 2009). As virtudes, segundo os autores, são as características fundamentais valorizadas por filósofos e religiosos e as forças de caráter são os ingredientes psicológicos que definem as virtudes. (PETERSON & SELIGMAN, 2004).

Classificação de Forças de Caráter

VIRTUDES	FORÇAS
Sabedoria e Conhecimento	Criatividade
	Curiosidade
	Abertura
	Amor por Aprender
	Perspectiva
Coragem	Bravura
	Persistência
	Integridade
	Vitalidade
Humanidade	Amor
	Gentileza
	Inteligência Social
Justiça	Cidadania
	Imparcialidade
	Liderança
Temperança	Perdão e Compaixão
	Humildade/Modéstia
	Prudência
	Autorregulação
Transcendência	Apreciação da Excelência e da Beleza
	Gratidão
	Esperança
	Humor
	Espiritualidade

Quadro – Adaptado de PETERSON, C. & SELIGMAN, M. E. P. *"Character, Strengths and Virtues. A Handbook and Classification"*. p. 29 - Table 1.1.: Classification of Character Strenghts

Para a medição deste sistema de virtudes e forças de adultos, foi criado o *Values In Action Inventory of Strengths (VIA-IS)* ou *VIA Inventory of Strengths*, ou ainda conhecido mais popularmente como *VIA Survey* (Inquérito VIA) que é uma avaliação de forças cientificamente validada. (VIA INSTITUTE ON CHARACTER, 2013b). O *VIA Survey* foi postado na *internet* sem nenhum custo para as pessoas, e atualmente já conta com mais de 5 milhões de respondentes ao *assessment* das forças de caráter. (VIA INSTITUTE ON CHARACTER, 2017).

Trata-se o *VIA-IS* do único levantamento de forças no mundo que é gratuito, *online* e psicometricamente válido, e, além da versão original com 240 itens, dez para cada uma das forças de caráter, na atualidade, encontra-se disponível uma nova versão da avaliação original *VIA-IS* chamada *New* VIA Survey-120 que leva em torno de 15 minutos para ser preenchida com 120 itens apenas. (VIA INSTITUTE ON CHARACTER, 2013b).

Conforme destaca Niemiec (2017), devido a problemas que foram identificados na versão do *VIA Survey* que vem sendo utilizada, estudos sobre o *assessment* começaram a ser desenvolvidos desde 2014, para melhorar, substancialmente, a medição das forças de caráter e para algumas outras adequações. Isso inclui uma revisão profunda do *VIA-IS* com análise de todas as escalas, com dois formulários curtos (*The Signatures Strengths Survey* e o *Virtues Survey*), e um punhado de outras medições de forças de caráter, num estudo desenvolvido por McGrath (2017), indicados a seguir. A essa série de pesquisas, para atualização do *VIA-IS*, como parte de um conjunto de *assessments*, foi dado o nome de *VIA Assessment Suite for Adults* e o uso desses novos instrumentos são gratuitos e direcionados a uso por pesquisadores com propósito de pesquisas, as quais devem ser submetidas ao VIA formalmente. (MCGRATH, 2017). Além disso, itens das escalas foram adequados de forma a extrair com maior precisão, o que efetivamente contemplam as descrições de algumas forças – exemplo: para a Espiritualidade/Senso de Significado foram retirados os itens relacionados à religiosidade, mantendo apenas itens relacionados a crenças sobre uma realidade não-física. (MCGRATH, 2017).

O *VIA-IS* tem opções de diferentes tipos de relatórios que podem ser escolhidos pelos respondentes. Ao preencher o questionário, o respondente tem acesso a uma lista/relatório gratuito com o *ranking* de suas forças em ordem de classificação. O seu relatório de *feedback* destaca as cinco forças que são chamadas de forças principais, mas também apresenta as demais forças de caráter em ordem decrescente de pontuação. (SNYDER & LOPEZ, 2009). Já estão disponíveis no *site* há algum tempo o *VIA®Me! Character Strengths Profile*, o *VIA PRO Character Strengths Profile* e o *VIA PRO Team Report*. Novos relatórios encontram-se disponíveis, atualmente, para aquisição ao lado do *VIA PRO Character Strengths Profile*, como o *Peer Comparison Report*, que faz um comparativo do resultado do respondente com o público de características demográficas semelhantes e o *Lesser Character Strengths Report*, que apresenta uma revisão aprofundada das forças que pontuaram mais baixo, com uma análise de como as pesquisas interpretam esses resutados e que intervenções podem ser favorecedoras para sua potencialização. (VIA INSTITUTE ON CHARACTER, 2017).

Além da versão de inventário para adultos, foi criado o *Value In Action (VIA) Inventory of Strengths For Youth (VIA-Youth)*, popularmente conhecido como *Youth Survey VIA*, que mede forças do respondente através de uma pesquisa, atualmente com 96 itens. Ele leva aproximadamente 15 minutos para ser concluído e é projetado para jovens entre 11-17 anos de idade, sendo oferecido em 20 línguas e em Português (Portugal). (VIA INSTITUTE ON CHARACTER, 2017). Assim como o *VIA Survey*, o *VIA-Youth* gera uma lista *"rank"* de suas forças de caráter em ordem de classificação, sendo gratuito. (VIA® ME, 2013). Só que não para por aí. Ao lado dos relatórios principais (*VIA-IS 120* para adultos e *VIA-96* para a juventude), oferecidos para o público em geral, o *VIA* também oferece outros instrumentos disponíveis para pesquisadores como um meio para avançar a ciência sobre as forças de caráter. São eles: o *VIA Youth*-198; *VIA-IS*; *VIA-72*; *VIA-IS-R*; *VIA-IS-M*; *VIA-IS-P*; *VIA-IS-V6*; *VIA-IS-V3*, para uso em pesquisas; os *Global Assessment of Character Strengths - 24* (GACS-24); *Global Assessment of Character Strengths-72* (GACS-72); *Signature Strengths Survey* (SSS), de domínio público, dos quais pode ser feito o *download* no *site* da versão, em Inglês, para aplicação como pesquisa; e o *Overuse, o Underuse & Optimal-Use (OUOU) of Character Strengths*, este último em pesquisas iniciais para uma aplicação específica. (VIA INSTITUTE ON CHARACTER, 2017).

A temática das forças de caráter tem imensa aplicabilidade e é considerada a espinha dorsal da Psicologia Positiva. Com a proposta da *strengths-approach,* as forças de caráter são utilizadas em contextos organizacionais, da Educação, do Coaching e da Psicoterapia.

Considerando a temática desta obra concentrada na Psicologia Clínica, a título de observação, destaco um trabalho inacabado de Christopher Peterson, o qual considero que traria imensa significância à melhoria de diagnósticos e tratamento de clientes no contexto psicoterapêutico. No Terceiro Congresso Mundial da Associação Internacional de Psicologia Positiva de 2013, Seligman lançou um desafio aos presentes, com vistas ao desenvolvimento e conclusão de uma proposta de estudo, não finalizada por Peterson[15], sobre a teoria de que a saúde psicológica é a presença de resistência e que ser mentalmente doente significa a ausência, o excesso de, ou oposição a uma ou mais das forças de caráter. (NEWS DAILY, 2013).

Nessa proposta de estudo, parte-se da premissa de que as 24 forças de caráter existentes poderiam ter 72 patologias relacionadas. Parte do desafio desse estudo é o de considerar como essas 72 patologias se relacionariam com os transtornos e patologias elencados no DSM. Algumas perguntas foram apresentadas que talvez pudessem ser respondidas a partir da conclusão do estudo. Por exemplo, o Desespero pode ser tratado com terapia cognitiva? Solidão com o treinamento antitimidez? Será que a compreensão dos transtornos mentais dessa forma pode levar a escolhas mais efetivas de terapias? Poderia o fortalecimento de forças de caráter oferecer proteção contra os transtornos mentais? Seligman concluiu que Peterson havia deixado o seu maior projeto desfeito. (NEWS DAILY, 2013).

Conforme narra Niemiec (2017), em 2009 e 2010, com apoio de Peterson, foi sugerida por ele uma linguagem sobre essa temática a um grupo de estudiosos e profissionais das forças de caráter, o que foi considerado incipiente para a aplicação prática, sendo difícil para usos com alunos, clientes e empregados. Com a ajuda de estudiosos renomados, a partir desse momento, Niemiec (2014), tentando manter-se o mais próximo da concepção de Peterson (2006), concebe uma abordagem para um modelo

---
15 Falecido em 9 de outubro de 2012.

de um *continuum* entre *overuse* (uso em excesso), uso ideal e *underuse* (subutilização), para cada uma das forças de caráter. Além de ser uma proposta abraçada por inúmeros estudiosos, já é considerada uma abordagem útil e apurada para predizer desordens psicológicas, especialmente transtorno de ansiedade social, como apontam Freidlin e colegas (2017), conforme indicado por Niemiec (2017).

Considerando as explanações acerca desses estudos, é importante destacar que as forças de caráter, para serem consideradas moralmente apreciáveis, precisam manifestar-se em seu âmago, em sua manifestação ideal e apreciável. Contudo, cada uma delas apresenta significados distintos quando se apresentam com *overuse* (uso excessivo) ou *underuse* (subutilização) dessa medida ideal. Fora isso, as forças de caráter apresentam maiores similaridades com algumas das demais forças de caráter. (NIEMIEC, 2017). Destacam-se esses pontos, pois é essencial que o psicoterapeuta que deseje atuar com a Psicologia Positiva aprofunde-se na compreensão da totalidade de aspectos que envolve a temática das forças de caráter, com vista a favorecer o entendimento de seus clientes, quanto a suas qualidades humanas e a como potencializá-las em prol de seu bem-estar ou melhoria de seus quadros emocionais.

Esta explanação apresenta, de forma ínfima, informações sobre essa temática, sem pretender de forma alguma sugerir que um psicoterapeuta possa atuar com forças de caráter apenas a partir desta breve leitura.

Neste ponto, conclui-se a Parte I desta obra, cumprindo sua proposta de subsidiar o entendimento mais claro das temáticas que serão indicadas nos capítulos das Partes II, III e IV.

PARTE II
Psicologia Positiva e Psicoterapias

Ana Clara Gonçalves
Bittencourt

As fronteiras da Psicologia estão constantemente num processo de mudança e a sua expansão, historicamente, deu-se de forma contundente por época da inserção dessa ciência no mercado de trabalho após a Segunda Guerra Mundial. A Psicologia tinha como um dos seus pilares cuidar das doenças mentais, fazer diagnósticos e estabelecer meios para tratar os transtornos mentais, sendo essa, então, uma das suas três importantes missões. As outras duas missões da Psicologia - tornar boa a vida das pessoas e elencar os talentos superiores dos indivíduos – ficaram negligenciadas por longos anos (SNYDER & LOPEZ, 2009). Não se faz necessária uma explanação muito delongada sobre esses aspectos, uma vez que já foram revelados na Parte I, que apresenta a Psicologia Positiva, então, por ora, nos deteremos a explanar sobre a inserção da Psicologia Positiva com suas aplicabilidades no contexto da prática clínica psicológica.

A Psicologia Positiva instaura um novo paradigma no que se refere ao entendimento sobre as potencialidades humanas, a felicidade e o bem-estar. (SELIGMAN, 2011). Esses estudos se encontram em expansão no Brasil e estão ganhando notoriedade cada vez maior ao serem propagados em diversos segmentos nos quais suas aplicabilidades são possíveis. A Psicologia Positiva que é composta por três pilares - **o nível subjetivo,** relacionado aos estudos dos conteúdos sobre felicidade e bem-estar; **o nível individual**, que diz respeito aos traços e características individuais positivas e **o nível coletivo,** voltado para as virtudes cívicas e instituições com funcionamento positivo (SELIGMAN & CSIKSZENTMIHALYI, 2000) - vem ganhando espaço também no contexto da Psicologia Clínica.

Inúmeros estudiosos da Psicologia Positiva apontam os aspectos saudáveis – potencialidades, virtudes, forças de caráter, pontos fortes, emoções positivas, felicidade, otimismo, esperança, resiliência, dentre tantos outros aspectos funcionais - como sendo fatores preditivos da saúde mental e física (SNYDER & LOPEZ, 2009), além de serem verdadeiras molas propulsoras para o alcance de mudanças positivas na vida.

O movimento científico da Psicologia Positiva foi retratado na edição especial de 2000 do periódico *American Psychologist*, mostrando que esse movimento é uma "tentativa de levar os psicólogos contemporâneos a adotarem uma visão mais aberta e apreciativa dos potenciais, das motivações e das capacidades humanas". (SHELDON & KING, 2001, p. 216).

Psicologia Positiva e seu crescimento no Brasil

Encontramos relatos dos avanços da Psicologia Positiva e de suas aplicações no Brasil quer seja no contexto individual ou coletivo, desenhando um novo panorama onde os psicólogos mostram interesse em conhecer essas abordagens científicas com a intenção de usá-las para tornar melhor a vida das pessoas. No Brasil, a porta de entrada para a Psicologia Positiva, aplicada ao contexto clínico, ocorreu com os estudos sobre resiliência, em função dos fatores de vulnerabilidade e das situações de risco existentes no contexto brasileiro, destacando sua importância para a determinação de novos horizontes para pesquisas nas áreas das ciências humanas e sociais. (YUNES, 2003).

A expansão da Psicologia Positiva no Brasil foi retratada através de um estudo realizado por Paludo e Koller no ano de 2007. À época, já consideravam que a Psicologia Positiva estava em processo de expansão dentro da ciência psicológica, ganhando mais relevância no Brasil apenas mais recentemente. De acordo com o entendimento dessas estudiosas, acima referenciadas, é importante compreender o surgimento da Psicologia Positiva no Brasil para que exista uma maior e melhor apropriação dos seus princípios pelos psicólogos em âmbito nacional.

De acordo com Pureza *et al.* (2012), foi realizada uma pesquisa de revisão sistemática da literatura científica em Psicologia Positiva no Brasil. Essa pesquisa considerou o período das primeiras publicações (anos 90) até 2012. Os fundamentos psicológicos que receberam destaque nessa pesquisa foram: o bem-estar, a felicidade, os pontos fortes e as virtudes humanas. O descritor utilizado foi "Psicologia Positiva" e a revisão foi realizada com base nos dados de publicações nacionais SciELO, BVS e BDTD.

Através dessa pesquisa, no que se refere aos construtos teóricos, observou-se que o bem-estar continua sendo o tema central da maioria dos estudos e, também, foram identificados sete diferentes instrumentos de pesquisa utilizados para avaliação de diferentes construtos da Psicologia Positiva.

Como o leitor pode perceber, a Psicologia Positiva vem fazendo um caminho promissor no Brasil, a partir de investigações sobre as potencialidades humanas com suas aplicações, também, no contexto da Psicologia Clínica.

Contribuições da Psicologia Positiva e sua interface com a Psicologia Clínica

Entre as principais contribuições da Psicologia Positiva para a Psicologia Clínica destacam-se a construção de instrumentos de avaliação, métodos preventivos, aprimoramento de técnicas de avaliação psicológica destinadas a identificar as virtudes e os aspectos positivos humanos. (SELIGMAN, 2002).

Esse saber científico pode ser estendido a diversas áreas do conhecimento, tendo em vista que abrange as potencialidades humanas em qualquer segmento da vida do indivíduo e, por esse motivo, há que se falar da multidisciplinaridade desse saber. Uma multidisciplinaridade legitimada não somente no tocante ao campo da Psicologia, mas, também, em outras tantas áreas. Essa multidisciplinaridade contribuiu para a dimensão da Psicologia Positiva tanto no contexto de pesquisa quanto da prática dos seus preceitos, demarcando a proposta de desenvolver um campo da ciência voltado para uma "vida que vale a pena". (CORRÊA, 2016).

E, de acordo com Pureza *et al.* (2012), as investigações apontam a efetividade de intervenções através dos construtos propostos pela Psicologia Positiva, sugerindo a aproximação desta com as áreas da Psicologia Clínica, da Saúde e da Educação. (PUREZA *et al.*, 2012).

No que se refere ao campo da Psicologia Clínica, a Psicologia Positiva pode ser empregada para a prevenção e a promoção de saúde focando a melhora da qualidade de vida. Portanto, as contribuições desse novo saber científico para a Psicologia Clínica são significativas, pois possibilitam a identificação e o desenvolvimento dos aspectos positivos e preservados do indivíduo no contexto psicoterapêutico. Esses aspectos, uma vez potencializados, tornam-se um fator de proteção para o próprio indivíduo e levam à ampliação da sensação de bem-estar e à conquista de uma vida mais feliz.

Em um sentido mais completo, a aplicação da Psicologia Positiva na Psicoterapia tem como objetivos principais: abordar os recursos positivos dos clientes, por exemplo, as emoções positivas; possibilitar a mudança de estruturas cognitivas pessimistas para pensamentos otimistas; estimular o aumento da resiliência para o enfrentamento; desenvolver e fortalecer as forças de caráter, além de tratar as queixas apresentadas pelos clientes. (SELIGMAN, RASHID & PARKS, 2006).

Seligman, Rashid e Parks (2006) desenvolveram a Psicoterapia Positiva elaborada a partir de atendimentos para pacientes deprimidos. E de acordo com esses estudos a Psicoterapia Positiva agrega um conjunto de técnicas que possuem mais eficácia se utilizadas associadamente com os princípios terapêuticos básicos propostos pelas abordagens teóricas da Psicologia. (SELIGMAN, 2011).

Nesse sentido, imbuído do desejo de mostrar aos indivíduos a importância de se viver bem, Seligman (2011) propõe que o bem-estar depende de uma busca constante de viver com mais emoções positivas, ser engajado naquilo que se faz, ter relacionamentos significativos, encontrar sentido na vida e ter realização. A proposta da Teoria de Seligman sobre o Bem-Estar (2011) se adequa e pode ser perfeitamente funcional no trabalho psicoterápico, uma vez que conduzir os clientes para a descoberta de suas próprias potencialidades sem, é claro, negligenciar as disfuncionalidades e fraquezas, favorece experiências positivas e transformadoras uma vez que se cria, nesse sentido, um círculo virtuoso onde a vivência de emoções positivas no *setting* terapêutico tende a aumentar o grau de comprometimento do cliente em tornar-se uma pessoa melhor e mais saudável.

De acordo com Paludo e Koller (2007), a Psicoterapia Positiva visa fortalecer os aspectos saudáveis dos indivíduos. Nesse sentido, focar nas virtudes e forças de caráter é uma das propostas que se aplica perfeitamente a esse contexto, pois, segundo esses estudiosos, ao ampliar as forças pessoais dos clientes possibilita a eles a busca por mudanças mais saudáveis na vida. Como se pode perceber, alavancar esses recursos internos positivos nos clientes, no contexto da Psicoterapia, é de total relevância, uma vez que funcionam como fatores de proteção para problemas futuros, para a saúde e o bem-estar. (SCORSOLINI-COMIN & POLETTO, 2016).

A relação das descobertas do movimento científico da Psicologia Positiva com a Psicologia Clínica encontra-se no cerne dos objetivos da Parte II desta obra. Objetivamos mostrar aos psicoterapeutas: que os princípios desse "novo olhar" podem ser aplicados no processo de Psicoterapia para ajudar os seus pacientes a se desenvolverem e se fortalecerem para lidar com o momentos adversos da vida tornando-os mais resilientes; que ao identificarem, maperarem e aprimorarem os aspectos positivos dos seus pacientes estão instrumentalizando-os, de forma mais palpável, para que se tornem pessoas mais felizes; que os pacientes ao edificarem uma visão mais positiva de si mesmos estarão facilitando a construção de uma vida com mais sentido; e que estarão proporcionando experiências com maior bem-estar.

Como o leitor pode perceber, o campo investigativo acerca das contribuições da Psicologia Positiva para que as pessoas alcancem uma vida melhor vem crescendo e ganhando um espaço que, aos poucos, está consolidando-se. E, no contexto da Psicoterapia, essas contribuições mostram que são crescentes as possibilidades dessas aplicações com o intuito de ajudar os clientes a se desenvolverem e se fortalecerem não somente para enfrentarem os transtornos pelos quais são acometidos, mas também para buscarem viver com maior bem-estar e ter uma vida mais satisfatória e plena.

Dessa forma, os capítulos que compõem a segunda parte deste livro estão voltados para a apresentação de intervenções inovadoras que "descortinam" as capacidades humanas, jogando luz à cegueira psíquica e aos conflitos psicológicos no campo da Psicoterapia. Esse é o nosso maior desejo: mostrar que o espaço da Psicoterapia é um contexto no qual os princípios da Psicologia Positiva podem ser empregados, de forma contundente, contabilizando resultados significativos favorecedores do desenvolvimento de pessoas mais felizes. Mostrar aos clientes que todos nós somos dotados de características positivas que nos tornam mais funcionais e proativos, proporciona o aumento do otimismo, da esperança, da motivação e de vários outros sentimentos positivos, além de estimular o comprometimento desses para buscarem os resultados na Psicoterapia e, consequentemente, a evolução satisfatória das queixas.

Capítulo 1

Adriana Santiago

Terapia do Esquema e Psicologia Positiva

Junção que potencializa o trabalho psicoterapêutico

Em qual ponto a Terapia do Esquema e a Psicologia Positiva se encontram? Como se tangenciam e de que maneira uma potencializa e complementa a outra no tratamento das questões mentais e comportamentais? Como podemos utilizar os instrumentos propostos pela Psicologia Positiva na clínica pautada em Terapia do Esquema? Essas são as questões que pretendo discutir neste capítulo, discorrendo, teoricamente, sobre a Terapia do Esquema e demonstrando, com o uso de um estudo de caso, como a Psicologia Positiva pode favorecer esse modelo.

Psicologia Positiva e Terapia do Esquema nasceram nos Estados Unidos, na década de 1990, e tiveram como berço o "movimento cognitivista", iniciado em 1956 por Ulrich Neisser. A chamada "Ciência Cognitiva" traz de volta à cena ideias que há muito tinham sido negligenciadas pelos pesquisadores do comportamento humano: consciência, vontade, sentimento, imagem e mente. (SCHULTZ & SHULKTZ, 1981, p. 411). Influenciada pelo advento do computador, trouxe o entendimento de que a mente funciona para o cérebro como o processamento para a máquina. Segundo o seu fundador, a Psicologia Cognitiva "se refere a todos os processos pelos quais um *input* (entrada) sensorial é transformado, reduzido, elaborado, armazenado, recuperado e usado". (NEUFELD *et al.*, 2011).

Nessa medida, fica subentendido que os indivíduos podem organizar, ativa e criativamente, os estímulos recebidos do ambiente. Também são capazes de participar da aquisição e do uso do conhecimento, atentando deliberadamente para alguns aspectos da experiência e escolhendo guardá-los na memória. Por isso não respondem mais passivamente, como um joguete, às forças que vêm do externo nem do interno. Não são mais considerados folhas em branco nas quais a experiência sensorial pode ser escrita, como afirmavam os behavioristas no início do século XX.

Com o cognitivismo, a Psicologia traz de volta a consciência para a posição central que tinha quando se separou da Filosofia em 1879 (SCHULTZ & SHULKTZ, 1981). Diferentemente do Behaviorismo, que põe ênfase no ambiente externo, e da Psicanálise, que inclui o inconsciente como determinante nas nossas ações, com o cognitivismo, o eu passa a ter voz e vez e se torna agente na história de vida pessoal.

Psicologia Positiva e Terapia do Esquema se encontram aí, quando definem o sujeito como detentor do poder de mudar a sua vida a partir de ações intencionais. Os indivíduos, segundo essas duas concepções, não podem mais ser considerados produtos do inconsciente ou do ambiente. São autores dos seus destinos e podem, intencionalmente, construir uma boa existência.

Essa nova concepção nos possibilita, como psicoterapeutas, entender as dificuldades de processamento inerentes ao tornar-se humano e nos dá esperança de cura quando empoderamos nossos pacientes com ferramentas que facilitam seu desenvolvimento na intenção do bem-estar individual no mais amplo aspecto.

A Terapia do Esquema

Criada por Jeffrey Young (YOUNG, 2008), a Terapia do Esquema não é exclusivista, a meu ver, como as linhas psicoterapêuticas que se desenvolveram do final do século XIX até hoje. Ela mescla elementos de várias escolas e teorias sem o menor pudor: teoria do apego (BOWLBY, 1989), da Gestalt (KOFFKA, 1975), das relações objetais (OGDEN, 2004), Construtivismo (PIAGET, 1959) e Psicanálise (FREUD, 1939). Lançamos mão de todas, com a intenção de tirar o paciente da "lama subjetiva" na qual foi tragado. Concebida para tratar transtornos de personalidade considerados difíceis pela Terapia Cognitivo-Comportamental tradicional, como o transtorno de personalidade *borderline* e o transtorno de personalidade narcisista, se mostrou também extremamente eficaz no tratamento de distúrbios alimentares, problemas difíceis de casal, dificuldades duradouras na manutenção de relacionamentos íntimos satisfatórios, ansiedade, uso excessivo de álcool e drogas, sentimento constante de baixa autoestima e depressão. (YOUNG, 2008).

Ao ampliar a Terapia Cognitivo-Comportamental tradicional, dá ênfase à investigação das origens infantis e adolescentes dos problemas psicológicos, às técnicas emotivas, à relação terapeuta-paciente e aos estilos desadaptativos de enfrentamento. O modelo terapêutico proposto por Young identifica a trajetória do esquema, desde a infância até o presente, com ênfase particular em seus relacionamentos interpessoais. (YOUNG, 2008).

Seus instrumentos de avaliação, Questionário de Esquemas, Questionário de Estilos Parentais, Inventário de Evitação e Inventário de Hipercompensação (WEINER, 2016), possibilitam-nos um tratamento muito mais concentrado e rápido, pois, ao delinear o modo que o sujeito lida com o mundo a sua volta, podemos fazer intervenções eficazes e objetivadas na redução dos sintomas, na formação de habilidades e na solução dos problemas que o impedem de ter uma vida plena.

Considero como objetivo central da Terapia auxiliar o paciente a ter consciência psicológica dos seus modos de atuação. Dessa forma, é função do terapeuta levá-lo a identificar suas repetições esquemáticas, tornando-o consciente da origem delas em sua infância e adolescência.

Outra atividade importante na clínica pautada em esquemas é fazer com que o indivíduo entenda seus estilos de enfrentamento ligados a memórias remotas, emoções, sensações corporais e cognições do passado. A prática nos mostra que, quando entendem seus esquemas, os pacientes começam a exercer autocontrole sobre sua atuação no mundo, aumentando o exercício do livre-arbítrio. Dito de outro modo, ele para de ser "agido" e começa a agir, deixa de ser escravo, para ser senhor, deixa de ser ator, para ser diretor da sua própria história.

O paciente, então, começa a obter a capacidade de perceber os problemas caracterológicos como egodistônicos e se capacita para abrir mão deles. Costumo dizer que fazer psicoterapia utilizando essa teoria é o mesmo que fazer um curso de pós-graduação sobre si mesmo: saber o que o transformou no que é torna-se mister no processo. O objetivo do terapeuta, aqui, é se aliar ao paciente para tornar os esquemas mais funcionais. As estratégias são muitas: cognitivas, afetivas, comportamentais e interpessoais. Quando percebe que os pacientes estão repetindo padrões disfuncionais baseados em seus esquemas, o profissional confronta-os empaticamente, apresentando-lhes razões para mudar. Outra atitude fundamental e estratégica é a "recuperação parental limitada" ou "reparação parental limitada", que tem como meta fornecer ao paciente um antídoto parcial para as necessidades que não foram atendidas adequadamente em sua infância. (YOUNG, 2008).

Como se forma um esquema?

Young (2008) denomina Esquemas Desadaptativos Remotos esses modos de atuação disfuncionais. Esquemas, porque são padrões que se repetem. Desadaptativos porque, de algum modo, funcionaram em algumas situações da vida, mas já não resolvem mais, e Remotos porque foram formados em momentos precoces na vida do indivíduo. Assim, esquemas "são um conjunto de memória, emoções, sensações corporais e cognições que giram em torno de um tema da infância" (abandono, negligência, rejeição, abuso, por exemplo). (WEINER, 2016).

Os esquemas se desenvolvem a partir de necessidades emocionais não satisfeitas na infância ou adolescência. Não se originam, necessariamente, de um único trauma. Muitas vezes, são resultado de experiências nocivas que se repetem com regularidade durante a existência do sujeito. Mas, via de regra, em sua perpetuação, são destrutivos e contraproducentes.

Segundo Young (2008), quatro tipos de experiências podem estimular a aquisição de um esquema. A primeira delas é a frustração nociva de necessidades, quando o ambiente da criança carece de estabilidade, compreensão e amor. Aqui, é provável que seja desenvolvido esquema de privação emocional ou abandono. A segunda condição é a traumatização ou vitimização oriunda dos danos causados à criança. O esquema estruturado aqui é desconfiança/abuso, defectividade/vergonha ou vulnerabilidade ao dano ou à doença. Na terceira hipótese, a criança é tratada com demasiada indulgência e os limites realistas e também as necessidades emocionais genuínas são negligenciadas. Nesse caso, os esquemas desenvolvidos serão dependência/incompetência ou arrogo/grandiosidade. A quarta experiência nociva que poderá originar repetição esquemática é a internalização ou identificação seletiva com pessoas importantes. A criança, então, se identifica com um dos pais e internaliza pensamentos, sentimentos e comportamentos. (YOUNG, 2003). Essa última condição está relacionada ao temperamento. Duas crianças submetidas, por exemplo, à mesma violência, podem desenvolver traços diferentes de personalidade. Ou sucumbem e se tornam passivas, ou tornam-se agressivas, identificando-se com a figura parental em questão.

Mas, por que duas crianças criadas nas mesmas condições, na mesma época, não desenvolvem, necessariamente, os mesmos esquemas? Porque o temperamento tem uma grande influência na sua formação. E o que é da ordem do temperamento? São dimensões inatas e relativamente imutáveis de características pessoais. A ciência, até hoje, caracteriza alguns traços que cumprem esse papel: a labilidade ou tendência à rápida mudança de humor; distimia ou otimismo; grau de ansiedade; obsessão ou distração; passividade ou agressividade; timidez ou sociabilidade (YOUNG, 2008). Quem tem filhos pode observar que na maternidade já conseguimos identificar determinadas características pessoais que nascem com cada um, sem que o ambiente interfira nisso.

As marcas biológicas dos esquemas

Baseado em pesquisas realizadas por Joseph LeDoux, em 1996, Young ressalta que um esquema se forma a partir de um evento traumático ou várias repetições de pequenas situações danosas. A amígdala cerebral, responsável por acionar comportamentos de luta e fuga, morada do medo e da raiva, é acionada e armazena a emoção ligada ao ocorrido. Enquanto isso, o hipocampo, responsável por guardar memórias de curto prazo, e o neocórtex, que contém as memórias de longo prazo, têm como função deixar impressa a lembrança cognitiva do acontecimento. Quando algo na idade adulta nos remete, de algum modo, ao ocorrido na infância, acionamos emoções e sensações corporais que tivemos no momento do trauma. Esses sentimentos são ativados muito mais rapidamente, porque estão armazenados no sistema amigdaliano, do que as memórias cognitivas, registradas no neocórtex. Por isso, muitas vezes, agimos com uma intensidade emocional desproporcional, sem entender o que nos levou até tal comportamento. O pensamento, quando chega, está atrasado e aí já cometemos atrocidades sem raciocinar.

Para exemplificar, vejamos o caso de Beatriz: aos seis anos de idade, não conseguia acompanhar ensinamentos na escola em que frequentava. Seus pais, distraídos e desavisados, o tempo todo diziam que ela era burra e incompetente e não servia para nada. Dois registros, nesse momento, foram feitos em lugares diferentes. A memória emocional ficou marcada na amígdala cerebral: medo, insegurança, sensação de fracasso. Enquanto isso a situação, o significante do fato "meus pais me consideram burra", ficou marcado na memória cognitiva, no neocórtex. Assim, todas as vezes em que Beatriz está prestes a se submeter a qualquer avaliação, mesmo já tendo 29 anos, as mesmas emoções envolvidas em sua cena na infância a invadem e impedem que ela tenha o sucesso esperado. Antes mesmo de poder ligar o fato à emoção, o corpo é inundado pela sensação de despreparo, fracasso e desespero e Beatriz "desmonta". Essa é a repetição causada pelo esquema. O processo terapêutico visa torná-la consciente desse fato para que a emoção remota não a impeça de alcançar o sucesso que tanto almeja e necessita.

Um estudo de caso: como a Psicologia Positiva pode potencializar a clínica pautada em Terapia do Esquema?

Diversos exercícios propostos por pesquisadores da Psicologia Positiva podem ser utilizados para ajudar paciente e psicoterapeuta no processo de reconstrução subjetiva. Por exemplo, Antônio[1] era um paciente extremamente desesperançado e com depressão. Não conseguia enxergar nada de bom em sua vida. Era um "pote cheio de mágoas". Sua infância tinha sido abarrotada de assuntos traumáticos. Pai alcoólatra e mãe negligente. Nenhum dos dois pôde atender às suas necessidades emocionais na infância. Por isso cresceu sentindo-se desamparado. Apesar de ter conseguido formar-se e ser empregado em uma multinacional, tinha a sensação permanente de fracasso e abandono. Suas conquistas não bastavam para que se

---
[1] Nome fictício. Autorização escrita fornecida pelos familiares.

sentisse vitorioso ou competente. Nesse caso, era preciso desviar o olhar de Antônio das suas dores e apontar para um novo ponto de perspectiva para a sua história. De fato, ele era um sobrevivente (como a maioria de nós). Aos seis anos, já era obrigado a preparar o seu próprio alimento. A mãe estava ocupada demais com seus amantes. O pai a espancava quando chegava embriagado e, quando não se sentia satisfeito, batia também no filho, pois dizia que ele era um estorvo em sua vida. Aos sete anos, foi matriculado em uma escola pública e, apesar de excelente aluno, nunca era reconhecido como tal por suas figuras parentais. "Idiota", "burro", "imbecil", "incapaz" eram as palavras que mais escutava durante a infância e a adolescência. Além de todo trabalho terapêutico pautado em Terapia do Esquema, que incluía fazer uma reparação parental limitada e psicoeducação sobre seu modo de funcionamento, as técnicas de Psicologia Positiva foram fundamentais para que ele saísse do fundo do poço.

Nesse caso, foi importantíssimo trabalhar o perdão para que os "nódulos" que represavam a sua mágoa fossem desfeitos. Em primeiro lugar, era preciso dar contornos à dor. Em que ponto ele se ressentia? O que Antônio não perdoava? Era preciso delimitar. O processo terapêutico levou-me a concluir que ele não perdoava ser tratado de tal modo, já que era uma criança e o único pecado que cometeu foi ter nascido. Nesse momento, foi necessário praticar a empatia. Fazê-lo colocar-se no lugar dos pais, um de cada vez, como se fosse eles. Percebeu nesse movimento que seu pai também tinha um passado sombrio. Foi abandonado e criado na rua. Sobreviver foi o que conseguiu. Arranjou um emprego de zelador e por isso conseguiu casar-se com Anastácia, sua mãe. Ela, por sua vez, também foi abandonada e criada em um orfanato. Apanhou muito das cuidadoras e não teve ninguém que lhe ensinasse a ser amorosa. Assim, amor ela não tinha para dar. Antônio só conseguiu perdoá-los quando escreveu uma carta[2], leu em terapia, comoveu-se muito e, depois, decidiu entregá-la. Foi surpreendente. Sua mãe, com câncer terminal, emocionou-se ao ouvir e desculpou-se por não poder ser suficientemente boa para ele. Morreu dias depois. O pai, ainda dependente do álcool, leu, porém não conseguiu comover-se. Mas o filho fez a sua parte e se sentiu livre do passado. Esta-

---
2 Exercício proposto por Seligman et al. (2006), *in Positive Psychotherapy*.

va mais leve e com isso conseguiu levantar a cabeça para olhar o mundo de maneira mais positiva. Esse era o momento de sugerir o diário da gratidão[3]. Entreguei um bloquinho para meu paciente e pedi que anotasse, todos os dias, ao menos três coisas positivas que aconteciam. Não precisavam ser grandiosas. Antônio, então, começou a se desenterrar do mar de lama que o afogava. Trazia para as sessões seu caderno onde constavam coisas do tipo: "agradeço por não dormir na rua"; "...por poder me alimentar", "...por ter uma esposa gentil", "...por ter um emprego que garante a minha subsistência". Permaneceu anotando por alguns meses. E desse modo conseguia desviar o seu olhar do passado e colocá-lo no presente, aproveitando o que a vida lhe oferecia de bom. Antônio deixou de ser uma vítima das circunstâncias e começou a atuar como autor da sua própria história. Apesar das marcas mnêmicas estarem fincadas em seu córtex cerebral, a emoção vinculada a elas mudou de qualidade. Agora, ele se sente um herói e tem orgulho de si mesmo.

Conclusão

Como visto aqui, o estudo de caso apresentado permite verificar que Psicologia Positiva pode complementar a clínica pautada em esquemas. Enquanto a Terapia do Esquema faz com que o indivíduo compreenda a origem da sua dor e suas repetições causadas por um crivo formado na infância, a Psicologia Positiva potencializa-o, oferecendo instrumentos que o ajudam a mudar de perspectiva em relação a sua história. Elas caminham juntas fazendo com que o paciente floresça, transformando a sua existência e a de quem o cerca.

---

[3] As pesquisas sobre gratidão são amplamente desenvolvidas pela Psicologia Positiva. Ver mais em SELIGMAN, 2011, REPPOLD, GURGEL, SCHIAVON 2015 & SNEYDER & LOPEZ 2009, EMMONS, 2009.

Capítulo 2

Ana Clara Gonçalves Bittencourt

A construção do vínculo terapêutico sob o prisma da Psicologia Positiva

Incorporada ao escopo da Psicologia, a Psicologia Clínica lida com o estudo, o diagnóstico, o tratamento de transtornos psicológicos que podem variar desde crises da vida cotidiana até condições mais extremas, como a depressão profunda ou um transtorno de ansiedade grave. Cada área da Psicologia tem seus alicerces sedimentados em teorias independentes no que tange à aplicação exclusiva desses estudos no berço dos seus fenômenos.

Uma área da Psicologia que vem ganhando espaço a cada dia é a Psicologia da Saúde, que investiga os fatores psicológicos relacionados ao bem-estar e às doenças. (FELDMAN, 2015). Nesse sentido existe um paralelo com a Psicologia Positiva, que estuda os aspectos funcionais e saudáveis dos indivíduos, dando ênfase, por exemplo, às qualidades humanas como características, em potencial, para o alcance da felicidade e do bem-estar. (SNYDER e LOPEZ, 2009).

Conforme o *site Authentic Happiness*, o artigo *Positive Health - What is Positive Health?* (2017) indica que a Saúde Positiva engloba três ativos: os biológicos, os subjetivos e os funcionais e, mais adiante, encontramos a afirmação de Seligman enfatizando que "as pessoas desejam o bem-estar por direito próprio e o desejam acima e além do alívio de seus sofrimentos" (AUTHENTIC HAPPINESS, 2017), corroborando a importância do bem-estar para a saúde física e mental das pessoas.

Enquanto a Psicologia Clínica se dedica ao estudo dos transtornos e perturbações mentais, incluindo diagnóstico, classificação, etiologia e intervenção (FELDMAN, 2015), a Psicologia Positiva enfoca as qualidades humanas e propõe o estudo daquilo que funciona bem nos indivíduos (SNYDER & LOPEZ, 2009).

O capítulo que se segue tem a intenção de discorrer sobre a construção do vínculo ou aliança terapêutica na Psicoterapia, propondo uma reflexão sobre os benefícios da utilização de alguns conceitos da Psicologia Positiva, por exemplo, otimismo, felicidade, forças de caráter, emoções positivas, dentre outros aspectos como fatores contributivos para a aliança terapêutica e melhor resolução da Psicoterapia.

A Psicoterapia e o Vínculo Terapêutico

A Psicoterapia, segundo Sheeffer (1976), visa ajudar o indivíduo a obter melhor compreensão de si mesmo para orientar-se na solução de seus problemas vitais, sendo usada, especificamente, no contexto clínico. A Psicoterapia abrange uma variedade de técnicas destinadas a ajudar pessoas emocionalmente perturbadas a se modificarem no que tange aos comportamentos, pensamentos e emoções. (ATKINSON; ATKINSON; SMITH; BEM & NOLEN-HOEKSEMA, 2007).

Nesse contexto, existem diferentes meios para se exercer essa "arte" e várias técnicas para acessar e tratar a *psiquê*. Os resultados são consistentes, por vezes mais rápidos, em outras, mais demorados, mas trazem alívio ao sofrimento humano, independentemente da abordagem teórica. A eficácia das psicoterapias leva em conta o fato de o paciente poder desenvolver uma relação positiva com o terapeuta, sendo este um fator primordial para o sucesso do tratamento. (FELDMAN, 2015). Portanto, no leque dessas possibilidades, em nada modifica a maneira como o psicólogo deve conduzir a construção do vínculo relacional, que é uma condição *sine qua non* para que o tratamento se inicie e cumpra o seu papel. (MORO & LACHAL, 2008).

Segundo Moro e Lachal (2008):
> Esta relação tomará caminhos bem variados de acordo com os objetivos fixados e os meios (técnicas) empregados para atingi-los, mas o próprio fato de que esta relação se estabeleça talvez seja o ponto mais significativo. (MORO & LACHAL, 2008, p. 35).

Geralmente, terapeuta e cliente acordam sobre o contrato terapêutico e o tratamento propriamente dito nas entrevistas iniciais. O cliente coloca-

-se a falar sobre o que lhe acomete e o terapeuta disponibiliza-se a ouvir e entender as queixas que denunciam o sofrimento humano.

O terapeuta deve apresentar uma atitude acolhedora e empática e essa relação recebe o nome de *rapport* (SHEEFFER, 1976). Empatia é a capacidade de *"colocar-se no lugar do outro sem perder seu próprio ponto de vista".* (MORO & LACHAL, 2008). Inúmeros processos e mecanismos surgem dessa relação da qual a empatia deve ser parte integral e o veículo que possibilita a construção desse vínculo.

No *setting* terapêutico, os recursos de atuação do psicoterapeuta, tão numerosos, representam e respondem a concepções igualmente numerosas do sofrimento humano. Há que se levar em consideração a singularidade do psicoterapeuta, pois cada um se coloca nessa relação de forma implícita ou explícita, agindo sobre o que lhe é apresentado pelo cliente.

Fenichel (1981) destaca que a compreensão do conteúdo do inconsciente do paciente é, relativamente, a parte mais simples da tarefa analítica, porém, manejar a transferência seria algo mais difícil, pois os derivados daquilo que é reprimido são uma repetição de atitudes anteriormente adquiridas que são deslocadas para o analista.

E será mesmo o espaço terapêutico um lugar onde se deve falar, primordialmente, de doença e sofrimento?

Embora a prática da clínica psicológica, na maior parte, ainda curse sobre os aspectos focados nas doenças e seus tratamentos, vem ocorrendo uma mudança de paradigma nos últimos anos com uma inclinação para a exploração dos aspectos saudáveis do sujeito no processo terapêutico. Ribeiro (1988) já apontava uma proposta comunitária de felicidade na qual os indivíduos procuram estar bem consigo mesmos:

> ... a psicoterapia deixa de ser algo destinado só às pessoas ditas doentes sendo, também, uma opção para aqueles que, atentos à orientação do mundo moderno, procuram estar bem consigo mesmos, criando um ambiente satisfatório onde sejam e possam realizar-se como pessoa. (RIBEIRO, 1998, p. 13).

E o que se pode observar é que diversos temas da Psicologia Positiva, os quais se apontam a seguir, vêm contribuindo de forma significativa para que esse cenário, com foco nos aspectos positivos dos pacientes, sejam abordados com mais consideração na Psicoterapia.

Remetendo-nos, então, à Psicologia Positiva, que foca os aspectos virtuosos dos indivíduos, a promoção da saúde e a construção de uma vida mais satisfatória. A proposta é prevenir as doenças mentais e tratar o que é ruim, potencializar as qualidades humanas por meio do reconhecimento e da prática delas na vida. Viver experiências positivas que trazem felicidade e bem-estar é um princípio referenciado nesses estudos. (SNYDER & LOPEZ, 2009). Para Seligman (2011), a felicidade pode ser analisada a partir de três elementos[1]: emoções positivas, engajamento e sentido. O nível de felicidade pode ser aumentado e, independentemente do determinismo genético, este nível advém de fatores sobre os quais podemos agir. (SELIGMAN, 2004).

No que se refere ao aumento de emoções positivas, entre inúmeras propostas que aborda, Seligman (2014) contempla o otimismo e o pessimismo como sendo o "estilo explicativo" (*explanatory style*) de cada pessoa para dar razão à causalidade dos eventos ruins ou bons. Ser otimista não se reduz apenas a ter pensamentos positivos, mas, sim, ao modo como a pessoa pensa sobre as causas dos acontecimentos.

Portanto, os estilos pessimista e otimista estão diretamente ligados às nossas cognições e constituem um dos fatores determinantes e de total relevância para a saúde emocional repercutindo, também, na saúde física. De acordo com Scorsolini-Comin e Poletto (2016), trabalhar com a potencialização da saúde, no contexto da Psicoterapia, está relacionado a criar estratégias de promoção a partir dos aspectos positivos e saudáveis dos clientes. Essas estratégias os tornam psicologicamente mais saudáveis, com maior sensação de bem-estar, aumento da satisfação e do interesse pela vida, maior motivação intrínseca e mais otimismo.

No que tange às emoções, Fredrickson (2002) propõe, em sua Teoria Ampliar-e-Construir, os benefícios de se experimentar emoções positivas,

---

[1] Felicidade Autêntica – a felicidade pode ser analisada segundo três elementos: emoções positivas (ter uma vida agradável com prazer, entusiasmo...), engajamento (entregar-se por completo a algo) e sentido (servir a algo maior que você mesmo). SELIGMAN, M. E. P. **Florescer** – Uma nova compreensão sobre a natureza da felicidade e do bem-estar. Rio de Janeiro: Editora Objetiva, p.21-22, 2011.

as quais propiciam a flexibilização cognitiva, mudando a perspectiva de vida. E Lyubomirsky (2008) refere que praticar atividades intencionais que aumentem os níveis de emoções positivas favorece a felicidade e o bem-estar. E já para Seligman (2011), referindo-se ao bem-estar, o indivíduo floresce quando possui "características essenciais", tais como: emoções positivas, engajamento, interesse, sentido e propósito.

Inúmeras são as temáticas propostas pela Psicologia Positiva focadas na felicidade, no bem-estar e no funcionamento saudável dos indivíduos, incluindo o estudo das virtudes e forças de caráter. Nesse sentido, Peterson e Seligman (2004) abordam "o que vai bem com as pessoas". Desenvolveram um sistema de medição das virtudes e forças de caráter. Esse instrumento avaliativo é denominado teste das forças de caráter - Inquérito *VIA* ou *VIA Survey*[2]. Um instrumento, digital, que tem o objetivo de identificar as potencialidades humanas que são preditivas de satisfação na vida.

Compreendendo-se a importância do otimismo, das emoções positivas, da busca pela felicidade e de uma vida com maior bem-estar e satisfação, a seguir será explanada a aplicação desses conceitos na construção do vínculo terapêutico.

A mudança de paradigma na construção do vínculo em Psicoterapia - Minha experiência com a Psicologia Positiva

Nos meus 21 anos de formada, tendo como atuação principal o campo da Psicoterapia, por inúmeras vezes deparei-me com questões intrigantes, dentre elas: como o cliente sente-se seguro e vinculado ao tratamento? Qual a melhor forma de abordá-lo? Quais os limites dessa relação?

Com a prática, ganhei experiência. Numa busca constante de respostas, procurei amparo em cursos e especializações. E foi justamente nessas buscas que encontrei a Psicologia Positiva em 2010, porém, somente há

---

[2] PETERSON, C.; PARK, N. *Classifying and measuring strengths of character*. In: LOPEZ, S. J.; SNYDER, C. R. (eds.), **The Oxford handbook of positive psychology**, 2. ed. (p. 25-33). New York: Oxford University Press, 2009. www.viacharacter.org.

PETERSON, C; SELIGMAN, M. E. P. *Character strengths and virtues: A handbook and classification*. New York: Oxford University Press and Washington, D. C: **American Psychological Association: handbook of positive psychology**, 2. ed. (p. 25-33). New York: Oxford University Press and Washington D. C: American Psychological Association, 2004. www.viacharacter.org.

cinco anos tornei-me especialista nessa área. Deparei-me com um novo paradigma: a atitude investigativa do terapeuta também deve perpassar os aspectos saudáveis e funcionais dos clientes e não somente diagnosticar e tratar os transtornos mentais.

Passei a introduzir na anamnese questões sobre as qualidades e potencialidades humanas, felicidade, bem-estar, emoções positivas, otimismo, forças de caráter, metas... Investigo o surgimento dos transtornos e seus sintomas, pensamentos, sentimentos, comportamentos, a visão do EU, do OUTRO, da VIDA e do MUNDO, na perspectiva da Abordagem Cognitivo-Comportamental. Entretanto, numa ótica positiva, investigo o diferencial positivo e funcional de cada cliente.

Procurando ser acolhedora e empática, explico como é o tratamento a partir da Terapia Cognitivo-Comportamental e da Psicologia Positiva, mostrando o potencial que cada pessoa tem para ser feliz e ter mais bem-estar.

O trabalho com a Psicologia Positiva ocorre, paralelamente, à escuta sobre as queixas e o sofrimento trazidos pelos clientes. Utilizo técnicas tais como: o inventário do humor, flexibilização cognitiva, reestruturação cognitiva, resolução de problemas, respiração diafragmática, relaxamento, *mindfulness,* dentre outras estratégias.

O objetivo central é criar um equilíbrio emocional, promovendo a compreensão sobre suas fragilidades e saná-las a partir de estratégias mais adaptativas para lidarem com os problemas. O foco está no desenvolvimento e fortalecimento das potencialidades humanas para o alívio do sofrimento.

A psicoeducação sobre os transtornos e o tratamento faz parte do plano terapêutico, bem como ensinar sobre as potencialidades humanas. Identificar as qualidades humanas é um aspecto da Psicologia Positiva de suma importância no contexto da terapia. Modificar a visão que possuem da vida a partir dos estilos atributivos explicativos (SELIGMAN, 2014) para que haja uma compreensão mais abrangente dos acontecimentos adversos facilita o processo de mudança. Favorecer a percepção sobre as forças de caráter encoraja a busca por alternativas para lidar com os problemas. Aumentar os níveis das emoções positivas traz mais felicidade, engajamento, interesse, sentido e propósito para o aumento do bem-estar.

Para favorecer essas mudanças, proponho a identificação das forças de caráter com a realização do teste *VIA Survey* e crio, a partir dos resultados, exercícios, envolvendo a prática das Forças de Assinatura. O fortalecimento cotidiano dessas forças possibilita a vivência de emoções positivas e reforça atitudes proativas para as metas traçadas. Estimulo que pratiquem atividades que façam, conscientemente, para o aumento do nível de emoções positivas que tragam felicidade. Proponho o treino de uma visão mais otimista de si mesmos e das situações desafiadoras e adversas para uma "leitura" mais positiva de suas conquistas e da própria atuação na vida. Mas, para que isso aconteça, é fundamental que o cliente perceba que a aliança terapêutica é pautada na confiança, na segurança e que a congruência entre o que é proposto e o que é possível de se alcançar seja perceptível.

Concluindo, o interesse genuíno, por parte do psicoterapeuta, tanto sobre o sofrimento e as fraquezas dos clientes quanto sobre os seus aspectos saudáveis, desde o início da terapia, é um fator fortalecedor do vínculo terapêutico, pois imprime um olhar mais encorajador, otimista e esperançoso. Falar sobre os aspectos positivos humanos promove pensamentos de esperança, o que eleva o desejo de melhora e produz o engajamento no processo terapêutico.

A postura mais otimista do terapeuta tem função de estimular a confiança na formação do vínculo terapêutico. A Psicoterapia torna-se um contexto no qual o engajamento do cliente ocorre mais rapidamente e de forma mais dinâmica. A relação se estabelece numa perspectiva mais funcional, permitindo o vislumbre de caminhos mais promissores, a partir da descoberta dos aspectos saudáveis e das próprias potencialidades.

Essa descoberta assume um papel primordial nesse novo paradigma. Esse "novo olhar" é um diferencial no tratamento psicológico, na atualidade, surgindo um movimento de transformação do espaço terapêutico, no qual tratar os transtornos mentais ou conflitos existenciais continua sendo uma missão primordial para o psicólogo, porém, agora, com um olhar direcionado, também, para o florescimento humano como apontam as descobertas da Psicologia Positiva.

Capítulo 3

José Roberto Ribeiro Bastos

O campo das Psicoterapias e a Psicologia Positiva

Tudo começou quando há prováveis 70 mil anos uma espécie de primata hominídeo, o *homo sapiens*, iniciou o compartilhamento de informações de forma abrangente por meio de comunicação, por sons orais, inaugurando o fenômeno da linguagem como hoje a conhecemos, o que permitiu um inimaginável salto evolutivo denominado revolução cognitiva.

Revolução assentada, fundamentalmente, na percepção do próprio corpo no espaço e no tempo, como consequência da divisão do nosso psiquismo pela linguagem, em que um primeiro nível pode, até certo ponto, observar um segundo, fato gerador da consciência, da capacidade reflexiva, e do nosso consequente "Eu", onde somos um "Eu" e um "Outro" para nós mesmos.

Nesse momento, fundou-se a humana exclusividade da alma, ou seja, uma psiquê que percebe a si mesma com suas alegrias e suas dores, diferente dos irracionais que as sentem apenas no corpo, por só ele possuir. Passamos então a senti-las no corpo e na alma, e mais intensamente nessa última, gerando uma demanda para tratar de seus males de forma diferenciada dos males do corpo.

Naqueles tempos primordiais, a função de aliviar o sofrimento da alma era atendida, junto com práticas religiosas, pelos sacerdotes, pois longe ainda estava o movimento iluminista e o embasamento da prática psicoterápica sob as luzes da Filosofia e da Ciência. Séculos se passaram até que, ao longo do século XIX, fundamentados, principalmente, na filosofia de Kierkegaard, nos trabalhos de Pavlov sobre reflexos condicionados, e na psicanálise freudiana, firmaram-se, finalmente, os primeiros passos do que hoje podemos denominar "o campo das psicoterapias".

Obviamente, não existiriam essas linhas, e muito menos a prática psicoterápica, sem um psiquismo dividido pela linguagem, geratriz da construção de um "Eu" que nos capacitou, potencialmente, a sermos donos do nosso próprio destino dependente, obviamente, da solidez de cada "Eu", ou seja, da maior ou menor condição individual de construir a estrada que poderá levar ao inferno ou ao céu, à dor ou à alegria, a uma vida infeliz ou feliz. Mas que "Eu" é esse que nos habita formador da nossa alma? Como, a partir dele, podemos, potencialmente, atingir a felicidade ou a infelicidade?

O ponto de partida da formação desse "Eu" é o incipiente início da inscrição da linguagem em nosso psiquismo por volta de 1,5 ano de idade que através de complexidade crescente vai, em paralelo, impulsionando nosso desenvolvimento cognitivo até que, por volta de 13 anos, atingimos sua capacitação máxima. Para Piaget (1976), esse trajeto vai da fase sensório-motora, onde a linguagem está ausente, onde nada temos de diferente da competência cognitiva de um infante chimpanzé, até sua consolidação final na fase formal abstrata, quando o pensamento complexo e o juízo crítico finalmente se consolidam, permitindo sofisticadas reflexões matemáticas, filosóficas e afins, e quando, simultaneamente, segundo a maioria dos códigos internacionais de Direito Penal, atingimos grau de imputabilidade!

Se mitigar o sofrimento psíquico é o precípuo objetivo de qualquer psicoterapia e se, em sã consciência, difícil é, em termos práticos, atribuir o sucesso maior ou menor de um processo psicoterápico a uma corrente teórica específica, pergunto: "Onde reside o fator diferencial? O que diferencia, num gradiente de capacitações, a excelência terapêutica?" Valorizo aqui a influência que os estudos da Psicologia Positiva podem gerar para a excelência terapêutica, independentemente de qualquer corrente, tomando, para isso, a minha própria trajetória como profissional ao longo de 30 anos de prática.

Psicoterapias: objetivos, estratégias e técnicas

Conheci colegas terapeutas de vários matizes. Psicanalistas das mais diversas escolas, psicodramatistas, comportamentais, sistêmicos, gestaltistas, cognitivistas, existencialistas, humanistas, neurolinguistas, e por aí vai, sem que pudesse atribuir o sucesso ou o insucesso de um processo psicoterápico a algum viés teórico específico!

Ou você, leitor, honestamente, pode?

A ausência de um objetivo claro do que deve ser a meta de um processo psicoterápico me parece a causa central dessa proliferação sem fim de propostas psicoterápicas.

Segundo Garcia-Roza,

> A avidez com que a psicologia se entrega ao trabalho de elaborar novas teorias é maior do que sua capacidade de esgotar as já existentes. Esta talvez seja a razão pela qual uma ciência tão nova apresente um número tão grande de teorias divergentes. (GARCIA-ROZA, 1974, p. 63).

A meu ver, isso ocorre por confundir-se objetivo, estratégia e técnica. Claramente, concebo como o objetivo de todas as correntes psicoterápicas sanar as dores da alma, visando a conquista da alegria de viver, ser feliz, desenvolvendo as características positivas de cada personalidade e inibindo, se possível extinguindo, as negativas. A estratégia é o que denomino o desenvolvimento, a ampliação do "Eu-reflexivo" da parte do nosso eu capaz de pensar os próprios pensamentos e, consequentemente, de termos a potencial condição de, por meio dele, reorientar nossas próprias vidas.

E, por último, pensemos as técnicas. Aqui, elas se resumem em dois conjuntos possíveis. As que independem de reflexão e as que dependem da capacidade reflexiva. Como exemplo das primeiras, cito as técnicas de contracondicionamento, como as de dessensibilização sistemática e de inundação da abordagem comportamental. Como exemplo das segundas, as de reflexão de sentimentos e clarificação da existencial humanista; as psicanalíticas de interpretação, via construção em análise de Freud, ou via pontuação de Lacan; a maiêutica socrática da comportamental-cognitiva; a de troca de cadeiras da Gestalt. Ou seja, um rosário sem-fim de técnicas em que, no caso do segundo conjunto, o que de fato importa é se geram um estado de dissonância cognitiva, de conflito psíquico entre informações que se contradizem, que necessita ser superado via reflexão.

Em reforço do que aqui defendo como necessidade de ampliação da competência reflexiva, cito o claro posicionamento de Freud (1933) em Novas Conferências Introdutórias no item dissecção da personalidade psíquica, quanto ao objetivo de uma psicanálise:

> Seu propósito é, na verdade, fortalecer o ego, fazê-lo mais independente do superego, ampliar seu campo de percepção e expandir sua organização, de maneira a poder assenhorear-se de novas partes do id. Onde estava o id, ali estará o ego. (FREUD, 1933, p.84).

Parece claro que Freud propõe a expansão da competência reflexiva do ego e, não esqueçamos, que tal colocação se deu num dos textos finais de sua monumental obra, portanto, após mais de meio século de experiência clínica!

Assim, de posse desse "Eu", capaz de reflexão, é possível, do mirante do presente, voltar nosso olhar para um antes e um depois, e diferente da simplória vida dos irracionais, sem passado e sem futuro, atados a um presente absoluto, termos a potencial condição de nos assenhorear do nosso próprio destino.

Ratifico que, independentemente das diferenças metodológicas e técnicas entre as correntes teóricas que formam o "campo das psicoterapias", o viés reflexivo é o fator fundamental que iguala todas as experiências psicoterápicas bem-sucedidas desde que obviamente acopladas, mesmo que sutilmente, às cores das emoções.

Ainda no que tange à condição de reflexão, o **"conhece-te a ti mesmo"** estampado no frontispício do templo de Delfos e a frase de Sócrates - **"uma vida sem reflexão não vale a pena ser vivida!"** - indicam, desde os inícios da Filosofia, a importância do desenvolvimento da nossa potencial capacidade reflexiva, sem a qual mais perto estamos dos irracionais.

Digo potencial por não estarmos, em nossa vida diária, no uso pleno da nossa competência reflexiva, pois oscilamos entre momentos em que a utilizamos plenamente com momentos, e eles são os predominantes, em que estamos no "piloto automático" dos condicionamentos, dos impulsos inatos e das memórias implícitas.

No entanto, sem uma mínima carga afetiva, a reflexão isolada pode levar à compreensão intelectiva, à intelectualização, sem alterações na esfera comportamental.

E retomando a abordagem foco do presente capítulo, o sucesso em Psicoterapia dependerá, portanto, de a compreensão reflexiva ser capaz de gerar um impacto emocional, mesmo que sutil, necessário para criar, segundo Freud, novas vias cerebrais facilitatórias, ou segundo a Neurociência, novas configurações sinápticas.

Na minha concepção, considero que podemos firmar então que a competência reflexiva afetivamente revestida é, sem dúvida, o fator que iguala todas as correntes teóricas do "campo das psicoterapias".

Mas como então acoplar o viés interpretativo da reflexão às cores da emoção?

Minha experiência indica que a interpretação, independentemente do viés teórico e suas técnicas, necessita apenas gerar um estado de dissonância cognitiva, o desconforto emocional que sentimos quando somos colocados diante de informações contraditórias!

Segundo Leon Festinger (1957, p. 135), o impasse cognitivo-emocional, gerado por tal estado, necessita ser resolvido por eliminação da informação falsa ou, acrescento aqui, por redução dessa dissonância por meio dos mecanismos de defesa citados pela Psicanálise como a racionalização, a negação, a projeção e outros que, no jargão popular, são o autoengano do "me engana que eu gosto!"

Doravante, fundamentado no escopo das anteriores reflexões, posso melhor definir o campo das psicoterapias, ou seja, o da Psicologia Clínica, e o importante papel nele desempenhado pela Psicologia Positiva.

Esse complexo campo das psicoterapias, constituído por miríades de correntes e suas metodologias, vem, finalmente, encontrar na Psicologia Positiva algo que as une por meio de um fator comum, a procura da felicidade, pela via da valoração das características humanas positivas em detrimento das características negativas. (SELIGMAN, 2011).

Aproximei-me da Psicologia Positiva, independentemente de outras qualidades, por ela não ser mais uma teoria psicoterápica dentro do saturado campo da Psicologia aplicada à clínica, mas, sim, por constituir uma referência geral que perpassa, a meu ver, todo o campo das psicoterapias, lhe dá orientação, lhe aponta o caminho, priorizando a valoração dos aspectos positivos da personalidade em contraste com a valoração dos aspectos negativos.

Ela surge no campo acadêmico com a publicação do *"Special Issue on Happiness, Excelence, and Optimal Human Functioning"* (2000), que introduziu a Psicologia Positiva formalmente. Esse foi um momento de virada numa Psicologia que tinha seu olhar voltado para as limitações humanas, suas negatividades, e, a partir daí, inverte seu olhar para as capacitações humanas, suas positividades. Óbvio que tal momento não se deu por um passe de mágica, pois, desde a Segunda Grande Guerra, tais tendências positivas já se esboçavam no horizonte embora de forma frágil, pois o modelo voltado para sanar as deficiências, as limitações, ainda era prevalente, até que Seligman em 1998 publica o artigo *"Building Humans Strengths: Psychology's Forgotten Mission"*, afirmando que determinadas qualidades humanas seriam autênticos para-choques contra as doenças mentais. Coragem, otimismo, habilidade social, esperança, perseverança, resiliência, e outras, se desenvolvidas, poderiam servir de fator de prevenção dos principais transtornos mentais, aos quais acrescento, como o mais importante de todos, apontado em linhas anteriores, a competência "Eu-reflexiva".

Entendo que a prevenção, mais que a cura, passou a ser o foco. Claro que não devemos, ingenuamente, creditar só à prevenção ou unicamente ao incremento dos fatores positivos o sucesso de um processo psicoterápico, pois os fatores negativos são reais entraves a tal sucesso, e precisam ser removidos em paralelo com o desenvolvimento dos valores positivos, que tão bem nos indica a Psicologia Positiva no papel de referência geral a revestir todo o campo das psicoterapias.

A Psicologia Positiva aplicada à Psicologia Clínica pode e deve dar suporte a quaisquer práticas psicoterápicas, sejam as que se apoiam em técnicas independentes ou dependentes de reflexão. Acentuar e ajudar a desenvolver as qualidades positivas do paciente, e enfatizo aqui a de reflexão como central, é a condição essencial para uma Psicoterapia bem-sucedida.

Descobri isso ao longo da minha experiência como psicoterapeuta, e, cada vez mais, me asseguro de que os psicoterapeutas bem-sucedidos, independentemente de suas diferentes visões teóricas, trilham, cada um a seu modo, esse mesmo caminho. Abordar as limitações, as deficiências, sim! Mas apontando e valorizando sempre as qualidades humanas positivas daqueles que nos procuram, único sentido capaz de capacitá-los a construir uma vida que valha a pena ser vivida, sendo felizes apesar das limitações e frustrações que a realidade, inexoravelmente, nos impõe.

Conclusão

A Psicologia Positiva, como alguns ingenuamente pensam, não visa à utópica felicidade de um inalcançável paraíso, onde só haja prazer, mas, sim, a felicidade possível apoiada no *Amor Fati,* modernamente revalorizado com o nome de resiliência, em que aceitemos a realidade como ela se impõe a nós, mas lutando sempre, por meio de nossa exclusiva competência reflexiva, para maximizar o prazer de viver, para ser feliz, apesar dos obstáculos e dores inevitáveis que a realidade nos coloca e, como diz Nietzsche (2011), *"Quero aceitar como belo tudo aquilo que for inexorável na vida, pois só assim serei um daqueles que tornam a vida bela!"*

Capítulo 4

Verônica da S. Rodrigues Hipólito

Uso das forças de caráter para o aumento da autoestima no processo terapêutico

A Psicologia Positiva é um movimento científico que propõe o estudo das forças humanas positivas. Suas pesquisas estão voltadas para as potencialidades humanas: pensamento otimista, esperança, gratidão, criatividade, persistência, amor, perdão, resiliência, bem-estar, felicidade, autoeficácia, pontos fortes, talentos, virtudes e forças de caráter, as emoções positivas, dentre outros conteúdos que compõem o lado saudável dos indivíduos. (SNYDER & LOPEZ, 2009).

Quando um indivíduo reconhece suas qualidades, experimenta um nível maior de emoções positivas e esse estado emocional positivo incide diretamente na melhora da autoestima, pois se sente mais otimista, motivado e vê a si mesmo como uma pessoa melhor. A autoestima é entendida como a valoração que uma pessoa faz de si mesma em diferentes situações e contextos da vida e está relacionada a um conjunto de aspectos que toma para si como positivos ou negativos. Determina e direciona os pensamentos, emoções e comportamentos de uma pessoa. (STRATTON, 2002).

Nesse sentido, a Psicologia Positiva corrobora com os seus estudos científicos para a melhora da autoestima, uma vez que aborda aspectos saudáveis dos seres humanos, por exemplo, as forças de caráter, que quando reconhecidas e praticadas favorecem o aumento dos níveis de emoções positivas. (SNYDER & LOPEZ, 2009).

A abordagem das virtudes e forças de caráter, proposta por Peterson e Seligman (2004), é considerada um aspecto importante - a espinha dorsal - dos estudos da Psicologia Positiva. As forças de caráter têm sido alvo de atenção e estudos dos mais renomados pesquisadores dentro do movimento científico da Psicologia Positiva. Para Portella (2011), as forças comumente produzem emoções positivas em quem as pratica, como felicidade, orgulho, satisfação, alegria, bem-estar, paz, paciência, calma, autoestima, dentre outros sentimentos bons.

Considerando os estudos das forças de caráter e os resultados favorecedores de uma vida com mais bem-estar a partir de seu uso pelos indivíduos, este capítulo tem a intenção de apresentar o uso das Forças de Caráter no processo psicoterapêutico para a melhora da autoestima dos indivíduos.

Mas, afinal, o que é autoestima?

A autoestima é um aspecto avaliativo do autoconhecimento que consiste em um conjunto de pensamentos e sentimentos que diz respeito a si mesmo, formando uma orientação positiva (autoaprovação) ou negativa (autodepreciação). Portanto, a autoestima é a representação pessoal dos sentimentos gerais e comuns de autovalor. (KERNIS, 2005).

Uma autoestima aumentada faz o indivíduo ver a si mesmo com amor, admirar seu "EU" com benevolência, reconhecer em sua história de vida aspectos pelos quais percebe o seu autovalor, tendo amor próprio. Ao contrário, a baixa autoestima provoca depreciação de si mesmo, desvalorização de sua história de vida, prejudica a realização de objetivos, traz angústia e intenso sofrimento emocional, podendo, inclusive, levar os indivíduos a desenvolverem transtornos emocionais mais graves, como um transtorno depressivo. (KERNIS, 2005).

Forças de Caráter e sua aplicabilidade em processos de Psicoterapia

Os estudos da Psicologia Positiva sobre as qualidades humanas positivas, aos quais optamos por nos reportar, identificam seis Virtudes – Sabedoria, Coragem, Humanidade, Justiça, Temperança e Transcendência – e 24 Forças de Caráter (PETERSON & SELIGMAN, 2004). A aplicação das Forças de Caráter no processo de Psicoterapia tem como objetivo principal proporcionar ao cliente experiências prazerosas potencializadoras de emoções positivas. Veja o quadro a seguir:

Virtudes	Forças de cada virtude	Breve descrição
Sabedoria e conhecimento: capacidades cognitivas que implicam a aquisição e o uso do conhecimento.	Criatividade	Pensar maneiras novas e produtivas de fazer as coisas.
	Curiosidade	Ter interesse por toda a experiência.
	Pensamento crítico/lucidez	Analisar as situações por todos os ângulos; exame racional e objetivo da informação, sem ir direto para as conclusões.
	Amor pelo aprendizado	Dominar novas habilidades e conhecimento.
	Perspectiva	Ser capaz de dar conselhos sábios para os outros.
Coragem: forças emocionais que envolvem o exercício da vontade para alcançar metas diante de oposição, externa ou interna.	Autenticidade	Falar a verdade e apresentar-se de maneira genuína.
	Bravura	Não se esconder de ameaça, desafio ou dor.
	Persistência	Terminar o que se começa.
	Entusiasmo	Abordar a vida com entusiasmo e energia.
Humanidade e amor: forças interpessoais que envolvem o cuidado e a amizade com os outros	Bondade	Fazer favores e boas ações para os outros; reconhecer o valor dos outros.
	Amor	Valorizar os relacionamentos próximos e íntimos.
	Inteligência social e emocional	Estar consciente dos motivos e dos sentimentos de si e do outro.
Justiça: forças cívicas que fundamentam a vida comunitária saudável.	Justiça	Tratar as pessoas de acordo com as noções de equidade e justiça.
	Liderança	Organizar bem as tarefas e cuidar para que elas aconteçam.
	Trabalho de equipe	Trabalhar bem como membro de um grupo ou equipe.

Temperança: forças que protegem contra o excesso.	Perdão	Perdoar os que erraram.
	Modéstia	Deixar que suas realizações falem por si.
	Prudência	Ser cuidadoso com as suas escolhas, não dizendo ou fazendo algo de que pode arrepender-se mais tarde.
	Autorregulação	Manter facilmente sob controle desejos, necessidades e impulsos; manter o ânimo mesmo diante de situações difíceis.
Transcendência: forças que forjam conexões com o universo, com algo maior e fornecem significado.	Apreciação da beleza e da excelência	Prazer em aprender a beleza, a excelência e a habilidade, seja na natureza, na arte, na matemática ou na ciência, em diversos momentos da vida diária.
	Gratidão	Estar atento e grato pelas coisas boas que acontecem.
	Esperança e otimismo	Esperar o melhor e trabalhar para alcançá-lo.
	Humor	Gostar de rir e brincar, trazendo sorrisos para outras pessoas.
	Espiritualidade	Ter crenças coerentes com o propósito maior e sentido da vida.

Quadro adaptado de PETERSON & SELIGMAN (2004), com tradução livre da autora.

"O indivíduo virtuoso é aquele que escolhe demonstrar todas ou ao menos a maior parte das seis virtudes." (SELIGMAN, 2011).

Segundo Seibel (2016), é possível que se utilize a Assinatura de Forças (Forças de Caráter) como uma intervenção efetiva em diferentes práticas psicológicas. A seguir apresentamos a aplicabilidade dessas forças também no processo de Psicoterapia. O uso das Forças de Caráter no contexto da terapia vem tornando-se uma prática possível com "um novo olhar para a clínica". (SCORSOLINI-COMIN, 2016).

A aplicação das forças de caráter no processo terapêutico

O estudo apresentado neste capítulo foi desenvolvido, integrando a Psicologia Positiva no processo de Psicoterapia, para aumento da autoestima por meio do uso das Virtudes e Forças de Caráter.

Embora a utilização de todas as 24 Forças de Caráter contribua enormemente para o crescimento dos indivíduos, neste capítulo foram consideradas, especificamente, as seguintes forças: criatividade, persistência, amor, gratidão e esperança, as quais tiveram maior destaque nos casos clínicos nos meus atendimentos, que serão apresentados de forma fragmentada, em virtude das questões trabalhadas de acordo com as metas da terapia de cada cliente:

(a) *Criatividade* inclui a originalidade e a inventividade. Como diferença individual, criatividade implica dois componentes essenciais: originalidade e adaptabilidade. (SNYDER & LOPEZ, 2009);

(b) *Persistência*, definida como a continuação de uma ação voluntária em direção a um objetivo, apesar dos obstáculos, dificuldades, sofrimento ou conflitos. (SNYDER & LOPEZ, 2009);

(c) *Amor* está relacionado com valorizar os relacionamentos próximos e íntimos. (PETERSON & SELIGMAN, 2004). É uma força recíproca dentro de uma relação com outra pessoa. Representa uma postura cognitiva, comportamental e emocional voltada para o outro, sentimentos positivos fortes, compromisso e até mesmo sacrifício. (PORTELLA, 2013);

(d) *Gratidão* significa estar atento e grato pelas coisas boas que acontecem. (PETERSON & SELIGMAN, 2004). É relevante para a felicidade do ser humano e uma das forças mais associadas à satisfação com a vida. (PORTELLA, 2013); e

(e) *Esperança*, segundo Snyder (2009), é o processo de definição de pensamentos de agência direcionado para objetivos realistas, adequados a cada indivíduo, para alcançar a autoeficácia. Quem tem esperança acredita que um bom futuro é algo tangível.

Considerando o uso das forças de caráter durante o processo terapêutico, apresenta-se a seguir uma forma possível de uso dessas forças como forma de potencializar a autoestima dos clientes.

O processo terapêutico, em sua essência, começa com as entrevistas dirigidas para a confecção da anamnese e a formulação de caso clínico, levantando hipóteses acerca dos fatores que estão influenciando na diminuição da autoestima, de acordo com o modelo proposto pela Terapia Cognitivo-Comportamental (BECK, 2013), iniciando-se, assim, a Psicoterapia propriamente dita. As queixas do cliente são transformadas em metas terapêuticas, e, cuidadosamente, cliente e terapeuta vão formulando as possibilidades de mudanças para a melhora da autoestima. O terapeuta inicia a Psicoeducação sobre as qualidades humanas, a importância e os benefícios de experimentar emoções positivas. O cliente é estimulado a realizar o teste do *VIA Survey*[1] para identificar as Virtudes e Forças de Caráter.

A partir dos resultados do teste das Forças de Caráter, os clientes são levados a entender como elas estão presentes no dia a dia. Ao longo do processo de autoconhecimento, essas forças são fortalecidas para potencializar a vivência de emoções positivas que têm um papel primordial no aumento da autoestima. Esse trabalho ajuda na identificação dos aspectos positivos, favorecendo a realização das metas traçadas na terapia.

Muito embora as 24 Forças de Caráter tenham sido empregadas nesses atendimentos, a seguir serão descritas as cinco forças com maior relevância clínica com alguns clientes:

1- Criatividade – Virtude, Sabedoria e Conhecimento: usada para superar o pânico, alcançar metas e descobrir novas oportunidades de trabalho. Por exemplo: uma cliente que descobriu no artesanato uma forma de aumentar sua renda e melhorar a autoestima, sentindo-se mais útil, capaz de gerar renda para si e para sua família. Após essa intervenção, diminuiu sua procura pelos serviços de saúde para atendimento para síndrome do pânico. Essa cliente não apenas superou a síndrome do pânico, como também tornou-se professora de artesanato.

---

1 PETERSON, C.; PARK, N. *Classifying and measuring strengths of character.* In: LOPEZ, S.J. & SNYDER, C.R. (eds.), **The Oxford handbook of positive psychology**, 2. ed. (p.25-33). New York: Oxford University Press, 2009. www.viacharacter.org.

PETERSON, C; SELIGMAN, M.E.P. *Character strengths and virtues: A handbook and classification.* New York: Oxford University Press and Washington, DC: **American Psychological Association: handbook of positive psychology**, 2. ed. (p.25-33). New York: Oxford University Press and Washington D.C: American Psychological Association, 2004. www.viacharacter.org.

2- Persistência - Virtude Coragem: foi usada para alcançar metas, reiniciar projetos esquecidos, voltar a dirigir automóvel e enfrentar medos. Por exemplo: uma jovem que estabeleceu como meta enfrentar as dificuldades em relação a dirigir. Embora já fosse habilitada, voltou para a autoescola, enfrentou esse obstáculo e superou a fobia de trânsito.

3- Amor - Virtude Humanidade: usada para trabalhar a autovalorização, a solidariedade e cuidados mútuos. Por exemplo: uma jovem cliente, estudante de Medicina, que começou a estagiar no Hospital do Câncer e que tinha muito medo de sofrer com os casos vistos no hospital, superou sua dificuldade em lidar com a morte e com a dor dos pacientes em fase terminal. Hoje, atua com solidariedade, trabalhando com dignidade e muito amor em seus atendimentos clínicos.

4- Gratidão - Virtude Transcendência: utilizada para ampliar a percepção quanto aos bons acontecimentos da vida, aumentar as emoções positivas para lidar com as dificuldades que a vida apresenta como oportunidades de aprendizado e reclamar menos. Por exemplo: uma cliente que reclamava muito de sua profissão como pedagoga passou a reconhecer o valor da sua profissão e olhar para a realidade com uma nova perspectiva.

5- Esperança - Virtude Transcendência: usada para cultivar o pensamento esperançoso e ver um futuro melhor, resgatar sonhos e transformá-los em metas realistas atingíveis. Por exemplo: uma jovem com baixa autoestima com dificuldades de habilidades sociais desejava muito cursar Letras em universidade pública, tornar-se menos tímida, melhorar as habilidades sociais e participar de um grupo de teatro. Alcançou suas metas, passou para uma faculdade pública e já está se apresentando em peças teatrais.

Conclusão

Foram constatados excelentes resultados com a aplicação das Forças de Caráter na Psicoterapia para o aumento da autoestima. O reconhecimento dessas forças trouxe aumento do nível de emoções positivas, mudanças dos pensamentos pessimistas para otimistas, conquistas no que tange a realizações, além de proporcionar mudanças significativas na qualidade de vida dos clientes.

Muitos foram os aprendizados que os clientes obtiveram: aprender que as forças podem ser desenvolvidas; perceber que a criatividade pode ser estimulada e treinada para a satisfação pessoal; realizar metas importantes através do uso da persistência para alcançar objetivos; desenvolver a esperança para acreditar que dias melhores podem existir; tornarem-se pessoas mais amorosas, compartilhar afetos e ter relacionamentos mais gratificantes; descobrir o valor contido em acontecimentos passados que foram bons e positivos, reconhecendo-os com gratidão.

Incluir no trabalho psicoterápico o desenvolvimento e fortalecimento das Forças de Caráter foi uma estratégia que se tornou uma alavanca propulsora de mudanças positivas, melhorando a qualidade de vida dos clientes, pois estes descobriram um maior significado e propósito na vida e desfrutaram de maior bem-estar. O reconhecimento dos próprios aspectos funcionais e virtuosos fortaleceu o senso de autovalor, melhorando consideravelmente o autoconceito tão necessário para que uma pessoa sinta-se digna, pertencente à sociedade e valorizada em sua essência.

PARTE III

Psicologia Positiva, ansiedade e depressão

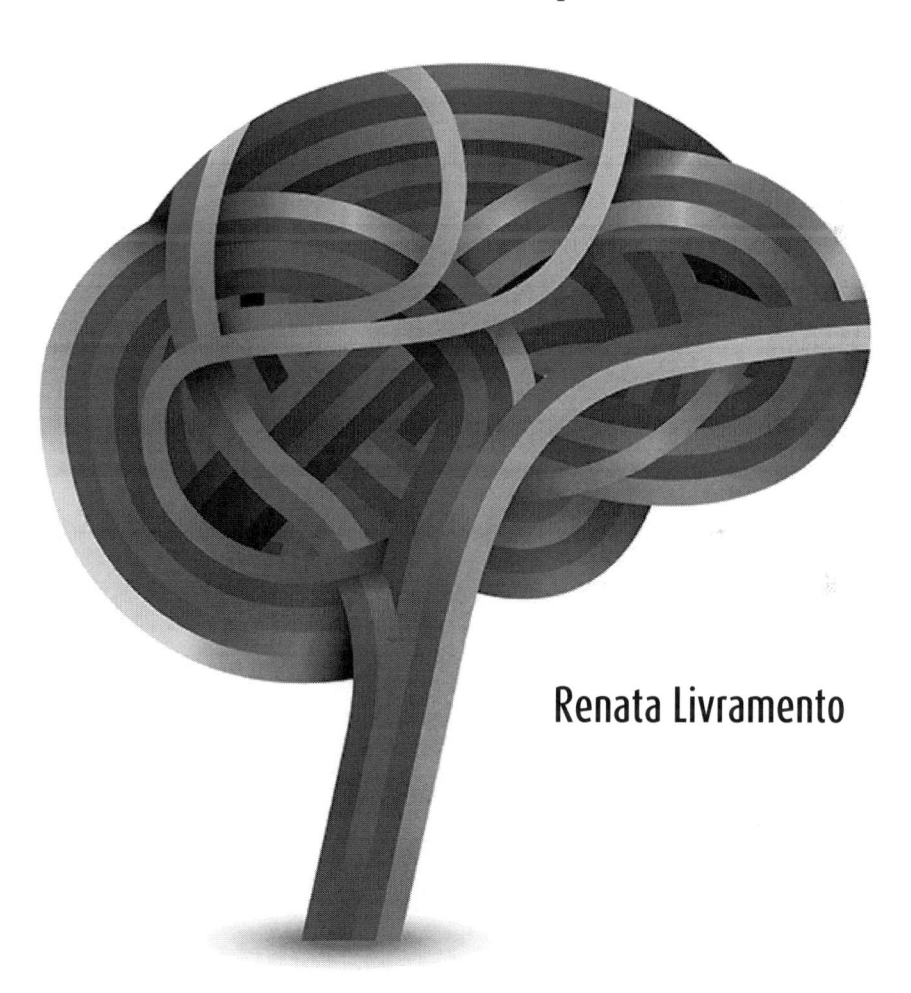

Renata Livramento

Como visto na primeira parte deste livro, a Psicologia Positiva é um movimento científico que apresenta uma proposta integrativa do ser humano, propondo que cuidemos não apenas de seu sofrimento, problemas e transtornos, mas também de seu bem-estar, talentos e forças pessoais. Ela propõe o resgate das amplas missões da Psicologia que, desde a Segunda Guerra Mundial, ficou restrita apenas ao tratamento e cura de doenças e transtornos mentais. (CSIKSZENTMIHALYI & SELIGMAN, 2000). Há, portanto, desde essa época, uma tradição da Psicologia, em especial da Psicologia Clínica, em tratar as psicopatologias. Essa afirmação encontra respaldo em meus 23 anos de prática clínica, que apontam para uma demanda terapêutica motivada, em sua maioria, pelo sofrimento de indivíduos acometidos por alguma forma de transtorno psiquiátrico. Dentre os diversos tipos de transtornos descritos na literatura científica, dois grupos se destacam em termos de frequência em minha atuação clínica: os transtornos de ansiedade e os transtornos de humor. Esse último, representado preponderantemente pela depressão e transtorno bipolar.

Considerando os pontos indicados e, ainda, a proposta de apresentar de forma breve os principais transtornos apontados nesta obra, a seguir serão feitas considerações sobre os transtornos de ansiedade e a depressão.

Transtornos de ansiedade

Os transtornos de ansiedade são considerados um grande problema de saúde pública mundial. Mais de 260 milhões de pessoas no mundo sofrem de algum tipo de transtorno de ansiedade, segundo a Organização Mundial de Saúde. O Brasil lidera a lista de países com maior incidência desse transtorno, com 9,3% dos brasileiros apresentando algum tipo de transtorno de ansiedade (OMS, 2017).

A ansiedade é definida como "um estado patológico caracterizado por um sentimento de temor acompanhado por sinais somáticos de hiperatividade do sistema nervoso autônomo. Ela é diferenciada do medo, que é uma resposta a uma causa conhecida". (KAPLAN & SADOCK, 1998, p. 125). Já para Bauer (2004), a ansiedade é um fenômeno natural, que faz parte do nosso sistema de alarme e regula nossos medos. Para a autora, a ansiedade em si não é um problema ou uma patologia, e, sim, a sua intensidade. É o excesso de ansiedade que gera o adoecimento.

De acordo com Kaplan e Sadock (1998), a ansiedade apresenta sinais físicos e sintomas psicológicos, definidos a seguir:

Sinais Físicos	Sintomas Psicológicos
Tremores, contrações, sensação de abalo	Sentimento de temor
Lombalgia, cefaleia	Dificuldade de concentração
Tensão muscular	Hipervigilância
Falta de ar, hiperventilação	Insônia
Fadiga	Libido diminuída
Hiperatividade autônoma: - Rubor e palidez, - Taquicardia, palpitações, - Sudorese, - Diarreia, - Boca seca (xerostomia) - Frequência urinária	"Nó na garganta"
Parestesia	Indisposição Abdominal
Dificuldade para engolir.	

Quadro: Sinais e Sintomas dos Transtornos de Ansiedade
Fonte: KAPLAN & SADOCK (1998, p. 126).

Apesar de apresentarem essas características gerais, os transtornos de ansiedade são divididos em seis subgrupos (KAPLAN & SADOCK, 1998):

1. Transtorno de pânico e agorafobia: caracterizado por ataques espontâneos e recorrentes de pânico que podem ou não estar associados à agorafobia (medo de permanecer em locais abertos, fora de casa, sozinho ou em meio à multidão). Segundo o Manual Diagnóstico e Estatístico de Transtornos Mentais - DSM IV (*American Psychiatric Association*, 2002), um ataque de pânico é definido como:

> Um período discreto de medo ou desconforto intenso no qual quatro ou mais dos seguintes itens se desenvolvem abruptamente e alcançam um pico dentro de dez minutos: 1. Palpitações ou ritmo cardíaco acelerado; 2. Sudorese; 3. Tremores; 4. Sensação de falta de ar ou asfixia; 5. Sensação de sufocamento; 6. Dor ou desconforto no peito; 7. Náusea ou mal-estar abdominal/intestinal; 8. Sensação de tonteira, desmaio, desequilíbrio; 9. Desrealização (sentimento de irrealidade) ou despersonalização (sentir-se destacado de si mesmo); 10. Medo de perder o controle ou ficar louco; 11. Medo de morrer; 12. Parestesias (sensação de dormência ou formigamento); 13. Calafrios ou ondas de calor. (APA, 2002).

Para que seja definido como transtorno de pânico, é necessário haver ao menos dois ataques de pânico no mesmo mês, com ao menos uma das características seguintes: a) preocupação persistente sobre ter um outro ataque; b) preocupação com as consequências de um ataque, medo de perder o controle, de ter um ataque cardíaco, "ficar louco"; c) uma mudança significativa no comportamento relacionado com os ataques. O transtorno de pânico pode ou não acontecer com agorafobia. No primeiro caso, os critérios diagnósticos são os mesmos, acrescentando-se referências a medo e evitação agorafóbica. (APA, 2002).

2. Transtorno de ansiedade generalizada (TAG): caracterizado por ansiedade crônica generalizada por ao menos seis meses. De acordo com o CID-10, publicado pela Organização Mundial de Saúde (1997), que é o sistema de classificação psiquiátrico adotado no Brasil, os critérios diagnósticos são: 1. O paciente deve ter os sintomas de ansiedade na maioria dos dias, por pelo menos várias semanas e usualmente por vários meses;

2. Esses sintomas devem usualmente envolver elementos de:

• apreensão (preocupação sobre desgraças futuras, sentir-se no limite, dificuldade de concentração, irritabilidade etc.)

• tensão motora (movimentação inquieta, cefaleias tensionais, incapacidade de relaxar, fatigabilidade etc.)

• hiperatividade autonômica (sensação de cabeça leve, sudorese, taquicardia ou taquipneia, desconforto epigástrico, tonturas, boca seca etc.). (OMS, 1997).

Além disso, para que se caracterize o transtorno de ansiedade generalizada, a ansiedade, a preocupação ou os sintomas físicos não se devem aos efeitos fisiológicos diretos de uma substância (ex.: medicamento) ou condição médica geral (ex.: hipertireoidismo). Tampouco a ansiedade está relacionada a algum aspecto específico caracterizado nos demais transtornos de ansiedade (ex.: medo de exposição social, ataque de pânico etc.). (OMS, 1997).

3. Fobia específica: medo irracional e específico causado pela presença ou antecipação de um objeto (ex.: barata) ou situação isolada (ex.: altura). A exposição ao estímulo fóbico provoca invariavelmente uma resposta de grande ansiedade, podendo assumir a forma de um ataque de pânico. O indivíduo fóbico adulto reconhece que o medo é irracional (no caso de crianças essa característica pode não estar presente), e tende a evitar o estímulo ou suportá-lo com grande sofrimento, interferindo significativamente em sua rotina cotidiana. A duração é de ao menos seis meses e a ansiedade, os ataques de pânico ou a esquiva fóbica, associados com o objeto ou situação específica, não são melhor explicados por outro transtorno mental. (BAUER, 2004).

4. Fobia social: caracterizada por medo irracional de "uma ou mais situações sociais ou de desempenho em que o indivíduo está exposto a desconhecidos ou à avaliação dos outros e teme demonstrar ansiedade ou agir de modo humilhante ou embaraçante". (FALCONE, 2001, p.134). Segundo o DSM-IV (2002), a fobia social pode ser generalizada ou circunscrita. No subtipo generalizado, o indivíduo apresenta um temor relacionado às situações públicas que envolvem desempenho (falar, comer, escrever, usar banheiros públicos etc. na presença de outros), bem como situações de interação social (iniciar/manter conversas, participar de grupos, falar com autoridades, ir a festas etc.). No subtipo circunscrito, o indivíduo teme apenas uma situação pública de desempenho, e algumas poucas situações de interação social. Em ambos os casos, a exposição à situação temida quase que invariavelmente provoca ansiedade, que pode assumir a forma de um ataque de pânico ligado à situação. O indivíduo reconhece que o medo é excessivo ou irracional, e evita as situações ansiogênicas ou as suporta com grande sofrimento. E, como nas demais fobias, há grande ansiedade antecipatória.

5. Transtorno obsessivo-compulsivo (TOC): caracterizado por ideias, impulsos, pensamentos (obsessões) ou comportamentos (compulsões) intrusivos e recorrentes que, quando sofrem resistência, produzem muita ansiedade. Nas palavras de Bernik, Araújo e Wielenska (2001, p. 137):

> Em termos amplos o TOC é um transtorno de esquiva fóbica no qual identifica-se uma reação intensa de ansiedade (mais precisamente disforia) com manifestações autonômicas ao se defrontar o permanecer na situação ambiental eliciadora de obsessões; ações cujo objetivo primário seja evitar, a qualquer custo, a disforia de contato com a obsessão; o reconhecimento de que o medo e a esquiva são irracionais ou, ao menos, excessivos e o comprometimento das atividades sociais ou ocupacionais.

Segundo Bauer (2004), o transtorno obsessivo-compulsivo é causado por uma deficiência do neurotransmissor serotonina. Portanto, o tratamento é feito com uso de medicação antidepressiva, aliado à Psicoterapia. Bernik, Araújo e Wielenska (2001) consideram que os principais tipos clínicos são: 1. Os lavadores (indivíduos com obsessão de contaminação e rituais de limpeza); 2. Os checadores (indivíduos com dúvidas obsessivas e rituais de checagem); 3. Indivíduos que apresentam apenas compulsões (ordem, simetria, colecionismo etc.); 4. Indivíduos com lentidão obsessiva primária (raros).

6. Transtornos de estresse pós-traumático: caracterizado por ansiedade produzida por um estresse vital significativo e extraordinário, por exemplo, guerra, sequestro, catástrofes naturais etc. Conforme o CID-10 (1997), os critérios diagnósticos são: 1. Repetidas revivências do trauma (em sonhos e/ou pensamentos) sob forma de memórias intensas (*flashbacks*); 2. Medo e evitação de indicativos que relembrem o trauma original; 3. Ansiedade e depressão estão comumente associados; 4. O início segue ao trauma com um período de latência que pode variar de poucas semanas a alguns meses (mas raramente excede os seis meses); 5. Os sintomas de revivência, esquiva e hiperexcitação estão presentes há pelo menos um mês. Segundo Bauer (2004), o tratamento com medicação ansiolítica ajuda, e o principal modelo psicoterápico é o EMDR *(Eye Movement Desensitization and Reprocessing),* desenvolvido pela dra. Francine Shapiro (1995).

Depressão

A depressão é uma doença que afeta 322 milhões de pessoas, segundo o mais recente relatório da Organização Mundial de Saúde. (OMS, 2017). Isso significa que 4,4% da população mundial sofre de algum tipo de depressão, correspondendo a um aumento de 18,4% nos últimos dez anos. Ainda segundo a OMS, o Brasil é o campeão da América Latina e apresenta 5,8% dos seus habitantes com esse transtorno. Trata-se, portanto, de uma questão de saúde pública.

Mas, apesar da grande dimensão desse problema, muitas pessoas ainda desconhecem os sintomas da doença. De acordo com a mais recente versão do *Diagnostic and Statistical Manual,* o DSM-V (2013), os transtornos depressivos correspondem a: transtorno disruptivo da desregulação do humor; transtorno depressivo maior; transtorno depressivo persistente (distimia); transtorno disfórico pré-menstrual; transtorno depressivo induzido por substância/medicamento; transtorno depressivo devido a outra condição médica; outro transtorno depressivo especificado; e transtorno depressivo não especificado.

O leitor mais experiente pode estranhar essa classificação, visto que a classificação do DSM-IV (2002) tornou-se bastante conhecida do público e é muito utilizada pelos psiquiatras e psicólogos clínicos. Entretanto, uma análise mais criteriosa mostrará que as mudanças são pontuais e a ideia geral do que é uma depressão e seus sintomas permanece.

O que esses transtornos têm em comum é a presença de humor irritável, vazio ou triste, que acompanha alterações cognitivas e/ou somáticas que afetam significativamente a vida cotidiana do indivíduo. O que os difere são questões de duração e/ou etiologias presumidas. Bauer (2004) aponta que os itens básicos da depressão são falta de ânimo, falta de desejo, humor deprimido e falta de esperança no futuro. Segundo a autora, quando um indivíduo está deprimido, há "uma falha na quantidade de dopamina, serotonina e noradrenalina na fenda sináptica, e há remédios que resolvem tais problemas (2004, p. 144) E, além da medicação, a Psicoterapia é altamente recomendada para os transtornos depressivos.

Como dito no início desta parte, a depressão é um transtorno que acomete milhares de pessoas em todo o mundo e caracteriza-se como um problema de saúde pública. (OMS, 2017). Os prejuízos causados pela doença são grandes e afetam tanto a vida privada do paciente (ex.: prejuízos em seus relacionamentos familiares e sociais), quanto a sociedade como um todo (ex.: prejuízos econômicos devido à baixa produtividade dos trabalhadores e aumento do custo do governo com saúde). Assim sendo, os esforços da comunidade científica para a compreensão e tratamento dessa doença são bastante relevantes.

Em minha prática, utilizo com sucesso algumas intervenções da Psicologia Positiva tanto para casos de transtorno de ansiedade quanto para casos de depressão. Para os pacientes ansiosos, as práticas de *mindfulness* e de vizualização têm-se mostrado particularmente proveitosas. No *mindfulness*, o paciente aprende a focar sua atenção no momento presente, o que por si só já é uma atividade "ansiolítica". Ao estar presente no aqui e agora, a ansiedade, que é caracterizada, dentre outras coisas, pela antecipação do futuro, não faz sentido e não encontra ressonância interna no indivíduo. Já no caso das visualizações, podemos entendê-las como um ensaio mental para o bem-estar, no qual o paciente aprende a ter um olhar apreciativo para sua vida. Para pacientes muito ansiosos, que têm muita dificuldade com as práticas de *mindfulness*, geralmente utilizo exercícios de escrita expressiva, e os ensino a pausa para autocompaixão.

Já para pacientes deprimidos, minhas principais escolhas de intervenções da Psicologia Positiva são: identificação e desenvolvimento das Forças de Caráter, práticas de gratidão, de *Savoring* e de estar na natureza, bem como o fortalecimento dos elementos do bem-estar. Ao identificarmos e desenvolvermos as Forças deCaráter, por exemplo, ajudamos o paciente a se reconectar com sua essência e dela retirar a força necessária à superação da doença. Trata-se de um processo gradual e maravilhoso de redescoberta de si, de sua essência e do seu propósito de vida. E, quando conseguimos que um paciente deprimido descubra o seu propósito, estamos atuando diretamente em um dos sintomas mais característicos da depressão: a falta de perspectiva futura.

Nos capítulos a seguir o leitor encontrará exemplos de como a Psicologia Positiva pode ser utilizada em casos de transtornos de ansiedade e depressão, para trabalhar não apenas a remissão dos sintomas, mas também a construção do bem-estar dos pacientes.

Capítulo 5

Ariadne Nunes

A força do perdão no atendimento clínico de adolescentes com depressão

Enquanto escrevia este capítulo, um canal de *streaming* famoso lançou uma série sobre adolescentes, suicídio e *bullying* que alarmou o mundo todo chamada *"13 Reasons Why"*[1], que retrata a realidade de muitos deles que sofrem de depressão e que infelizmente se suicidam.

Na mesma época, todas as mídias chamaram especialistas para discutir o fenômeno do Desafio da Baleia Azul[2], que consiste em 49 tarefas em que a última é o suicídio.

O leitor pode perguntar-se o porquê de eu ter começado o capítulo falando sobre esses tópicos e como eles se relacionam com o tema proposto, que é o perdão. A raiva dirigida a si mesmo ou a outros é um dos principais motivos que levam a desenvolver transtornos mentais como os relacionados à ansiedade e à depressão. O não perdoar cria ruminações que consequentemente geram emoções negativas e comportamentos disfuncionais. (TOUSSAINT, 2008).

Conforme aponta o Ministério da Saúde, o suicídio aumentou na faixa etária de 15 a 29 anos, subindo de 5,1 por 100 mil habitantes em 2002 para 5,6 em 2014 - um aumento de quase 10% em pouco mais de uma década; apesar de haver cerca de três vezes mais tentativas de suicídio no gênero feminino, as tentativas masculinas são mais eficazes, além disso, o papel de gênero dificulta o acesso de homens à ajuda. Com estatísticas tão alarmantes, é necessário que discutamos os conflitos atuais da adolescência, e como nós, em sociedade, podemos ajudar os jovens a ter uma maior qualidade de vida. A adolescência é a fase em que aprofundamos relacionamentos com os outros e conosco. Ensiná-los a perdoar os outros pelas suas falhas, em especial os responsáveis, e acima de tudo ensiná-los a se perdoar por não serem aquilo que gostariam de ser numa sociedade que cobra perfeição é fundamental para a criação de adultos saudáveis. (EISENTEIN, 2005).

Não pretendo aqui limitar um problema grave como a depressão somente à falta de perdão, esse é um transtorno multifatorial (bioquímico, social, psicológico), mas, sim, mostrar como a força do perdão pode ser trabalhada a fim de minimizar ou de evitar o transtorno.

Quem é esse sujeito adolescente?

> A adolescência é o período de transição entre a infância e a vida adulta, caracterizado por transformações físicas, mentais, emocionais, sexuais em que o indivíduo inicia a descoberta de sua própria identidade e consolidação da sua personalidade, afastando-se de sua família de origem e achegando-se mais aos seus pares. (EISENTEIN, 2005, p. 6;7).

Anteriormente a idade que se considerava o final da adolescência era 18 anos, porém em 2013, devido a uma pesquisa britânica (ANTROBUS, 2013), foi proposta alteração na idade final desse período em que se passou a considerar o término da adolescência somente aos 25 anos, pois transformações importantes acontecem no nosso cérebro entre as idades de 12 e 24 anos. Há o aumento de determinadas estruturas cerebrais e encolhimento de outras, alterando o sistema de recompensa do cérebro, relacionado à busca do prazer e predispondo a transtornos de humor como a depressão. (HOUZEL, 2015).

Todas essas alterações já tornam essa fase muito difícil, mas agregamos, a todas essas mudanças individuais, as mudanças da vida em sociedade, como o uso massivo de redes sociais, as mudanças familiares e liquidez das relações, e essa fase pode tornar-se uma bomba relógio. É claro que tem também muitas vantagens como: maior autonomia, realizações e criatividade, mas, com a intensidade com que o cérebro adolescente trabalha os desconfortos e a violência, como o *bullying*, tornam-se muito mais sérios e são interpretados como intransponíveis. Além disso, todas as falhas e momentos ruins são difundidos pela *internet*, ampliando assim o efeito desses conflitos.

Todos esses conflitos, se não forem bem elaborados e perdoados, tendem a gerar ruminações, tristeza, que, em conjunto com as alterações hormonais, podem levar esse adolescente a desenvolver depressão.

Adolescentes e depressão

A depressão é definida, segundo o Manual Diagnóstico e Estatístico de Transtornos Mentais, 5ª edição - DSM-5 (AMERICAN PSYCHIATRIC ASSOCIATION, 2015), como uma síndrome clínica comum em parte porque é subdiagnosticada. Pode ser desencadeada por problemas psicológicos ou emocionais de origem variada e alterações do funcionamento cerebral. Ocasiona variações de humor, cognitivas, psicomotoras e vegetativas, sempre causando algum prejuízo ao indivíduo, podendo levar ao suicídio. (DUAILIBI, 2013).

Sintomas depressivos mais graves podem ocasionar o suicídio, e segundo o Sistema de Informações de Mortalidade (SIM) do Ministério da Saúde, no Mapa de Violência 2017, o número de suicídios na faixa etária de 15-29 anos teve aumento maior que nas outras faixas etárias. (OMS, 2017).

Os principais fatores que levam os adolescentes a desenvolverem depressão, além da predisposição genética, são os hormonais e os sociais, ou seja, pressões sofridas pelo indivíduo concernentes à escola, família e amigos. Em geral, nos adolescentes, a tristeza não é o sintoma principal e, sim, a irritabilidade demonstrada, perda de energia, apatia, desinteresse, sentimento de culpa e alterações no sono. (VERSIANI, 2000).

Programas de prevenção primária, ou seja, ensino de habilidades que evitam transtornos mentais, são recomendáveis para indivíduos nessa faixa etária e poderiam minimizar os riscos de depressão e suicídio. Tais programas podem ensinar resolução de problemas, desenvolvimento de Forças de Caráter e estimular a prática de atividades intencionais de felicidade, dentre as quais está o perdão, sobre o qual falaremos neste capítulo ,abordando, inclusive, os seus benefícios para o tratamento e prevenção da depressão.

Perdão

O perdão, segundo Seligman e Peterson (2004), é uma das 24 Forças de Caráter, entre as que estão ligadas à virtude da temperança, podendo ser definida como um conjunto de mudanças que ocorre dentro de um indivíduo que tenha sido ofendido, em relação a um transgressor.

É importante lembrar que perdoar não é esquecer, quando você decide perdoar não irá somente esquecer a ofensa praticada, mas não se sentirá mais ferido ou magoado a cada vez que pensar no evento, e perdoar não é se reconciliar com o ofensor, pois nem sempre será possível voltar a ter a mesma convivência e confiança anterior à agressão. (LUSKIN).

O primeiro passo para perdoar é querer fazê-lo e começar a pensar sobre como conseguir isso. Geralmente, não temos dificuldade de perdoar ofensas que consideramos pequenas, mas aquelas que nos lesaram profundamente e as que mais causaram danos. Lembre-se de que perdoar não é para seu ofensor e sim para benefício próprio.

Relação entre perdão e depressão

A depressão, como vimos, tem uma série de manifestações clínicas como a falta de vitalidade, pensamentos negativos, ruminações, falta de esperança em si e no futuro. Sua causa é multifatorial: desregulação química, dificuldade de receptação de neurotransmissores responsáveis pelo nosso bem-estar, fatores ambientais e predisposição genética. (LOHOFF, 2010). Estudos sugerem que crianças/adolescentes com depressão têm um ou mais familiares com o transtorno (LIMA, 2004), e a forma como interpretam as coisas que acontecem e habilidades para lidar com problemas são outros pontos cruciais.

Não podemos mudar nossa genética ou os acontecimentos; afinal, não temos controle de tudo e às vezes as coisas não saem da forma como imaginamos, e isso faz parte da vida. Ficar triste e com raiva é normal e até saudável, já que podemos interpretar emoções como boas ou ruins ao invés de emoções mais ou menos agradáveis. Torna-se problema quando a raiva ou a mágoa nos impede de ter uma vida funcional, gerando isolamento e pensamentos disfuncionais. Para ter uma vida saudável, precisamos perdoar o que nos aconteceu, o que nos fizeram, e transformar "os limões em limonadas". Enquanto lutamos com o que passou, na tentativa de mudar o que foi feito conosco ou com algo que fizemos a alguém, nos mantemos reféns da mágoa e permanecemos doentes.

Adolescentes tendem, em geral, por conta de seus hormônios, a terem emoções mais intensas, o que implica que, em muitos casos, sua raiva, assim como o amor e a tristeza, seja desproporcional à situação vivida, sendo comum que se sintam muito magoados, por exemplo, com os responsáveis por serem contrariados. Nota-se em atendimentos clínicos que o não perdão também é usado pelos adolescentes para punir seus pais por não atenderem às suas expectativas, o que causa maiores conflitos. Porém, dependendo de como essas dissensões são conduzidas, o adolescente pode criar mágoas cada vez mais profundas, vindo a isolar-se e, por fim, desenvolver um quadro de depressão.

Em nossa sociedade, cada vez mais competitiva e de comparações, não é incomum que os adolescentes se ressintam consigo mesmos por não atingirem os padrões exigidos pela sociedade. As críticas dos pais fomentam o autoflagelo que os adolescentes podem fazer consigo mesmos. É necessário perdoar-se pelos erros que cometem e entender que nenhum de nós é perfeito, e que é bom que não sejamos, já que as imperfeições nos fazem mais humanos e empáticos ao erro alheio. (PICKHARDT, 2010).

Aprender a perdoar torna-se uma ferramenta poderosa para proteção da saúde mental, e é uma prática, que quanto mais cedo é ensinada maior a eficácia na prevenção de doenças físicas e mentais.

Prática do perdão

A prática do perdão é uma das intervenções propostas pela Psicologia Positiva para o aumento da qualidade de vida. O pesquisador Fred Luskin sugere um programa para aprender a perdoar: o método REACH (alcançar, em Inglês), que consiste de cinco tópicos, e que já é utilizado com sucesso com pessoas que perderam seus familiares por conflitos religiosos e políticos na Irlanda. (LUSKIN, 2009).

Para que o método REACH funcione bem, segundo seu autor, é necessário seguir estes passos:

1) conhecer o problema, sabendo como se sente com o que aconteceu;

2) comprometer-se consigo mesmo a fazer o que for preciso para sentir-se bem;

3) buscar a paz, eliminando suas mágoas:

4) entender que seu estresse vem da sua interpretação cognitiva e emocional sobre o que ocorreu e não do fato em si;

5) gerenciar o estresse, usando técnicas de relaxamento, como meditação;

6) diminuir sua expectativa sobre os outros e assumir a responsabilidade pelo seu bem-estar;

7) buscar novas formas de atingir suas metas, evitando remoer seu sofrimento: siga em frente! e

8) assumir o poder do perdão, focando nas coisas boas da sua vida, lembrando-se de que o perdão é seu poder pessoal. (LUSKIN, 2009).

A maioria dos adolescentes não aprendeu como perdoar e necessita de orientação para fazê-lo, e, na terapia, podemos trabalhar com o tópico, ensinando a exercitá-lo, e informando quais são os seus benefícios.

Na cultura da aparência e das redes sociais, é necessário que os adolescentes sejam psicoeducados sobre o perdão e como ele pode ajudá-los a ter uma vida mais significativa. Esses clientes são devidamente medicados, quando necessário, e recebem tratamento em Terapia Cognitivo-Comportamental (minha abordagem de escolha). Lidar com as mágoas provocadas por si ou por outros demanda que o cliente esteja amparado terapeuticamente, sendo desaconselhável que esse trabalho seja realizado isoladamente, ou antes do controle dos sintomas depressivos, principalmente, em caso de ideação suicida.

No trabalho com a força do perdão é necessário que o indivíduo queira perdoar, e para mobilizá-lo uso as técnicas a seguir:

Respiração para perdoar (LUSKIN, 2007):

Feche os olhos e, por cerca de 20 segundos, imagine a pessoa que o magoou ou irritou. Deixe todas as suas queixas surgirem. Observe as suas reações corporais. Concentre-se na sua respiração, traga à mente a mensagem de alguém que ama ou um lugar de paz, continue respirando e visualizando a pessoa de que está com raiva, mais uma vez permitindo que os bons sentimentos formem um escudo protetor ao redor de seu coração. Repita o exercício todos os dias.

Carta de perdão (PETERSON, 2006):

Escreva uma carta para seu ofensor, dizendo por que a ofensa lhe causou tanto mal e a razão pela qual decidiu perdoá-lo. Não é obrigatório que você entregue a carta. Algumas vezes, isso não será possível e é desaconselhável. (LYUBOMIRSKY, 2008).

Caso clínico

A seguir, relato um caso clínico[1] para elucidar como a prática do perdão pode trazer benefícios a adolescentes com depressão.

C, 16 anos, veio conduzida por sua mãe à terapia, pois estava extremamente desanimada, não saía do quarto, não queria estudar, dormia mais que o normal e estava brigando muito com a mãe. Além dos sintomas descritos, C. sentia uma dor abdominal constante que não tinha explicação médica e ocorria usualmente quando a paciente se encontrava em situações de muito estresse ou raiva. Seus pais haviam se separado há menos de um ano e ela era extremamente ligada ao pai. Sua irmã mais velha, à qual era muito apegada, se casaria em breve e a mãe estava namorando um homem o qual C. não suportava, pois tinha esperança de que um dia os pais voltassem a ficar juntos.

C. estava magoada com a mãe, com o pai, com a irmã, consigo mesma e com a vida, e não conseguia seguir adiante; estava com depressão moderada, mas não havia pensado em suicídio, sendo encaminhada para o psiquiatra, e, com a remissão de sintomas, propus a C. que praticasse o perdão aos outros e a si mesma. Ao se colocar no lugar de seus agressores, primeiramente a mãe e a irmã, C. entendeu que sua mágoa se originava da crença de que seria abandonada pelas duas e entendendo isso escreveu uma carta de perdão para cada uma delas, e, por fim, escreveu uma carta para si mesma por eventuais danos causados às duas. Na entrega, C. pôde dizer como se sentia recebendo compreensão e amor das duas. Em relação ao namorado da mãe, ela teve mais dificuldades, e, para que ela se permitisse perdoá-lo, usamos a respiração do perdão e ela conseguiu conversar com ele de forma mais tranquila, sem tanta raiva e hostilidade.

---
1 Autorização dada por escrito pela responsável da paciente para uso neste capítulo.

Conclusão

O ensino e a prática da força do perdão são de grande valia tanto no trabalho com os pensamentos ruminativos, que agravam a depressão, quanto na prevenção de outros transtornos. A prática do perdão também se mostrou clinicamente eficaz na diminuição de sintomas e crises de raiva e tristeza, diminuindo pensamentos disfuncionais e consequentemente emoções negativas e comportamentos de risco, além de melhorar as relações interpessoais com seus pares e família. Por isso se trata, então, de extrema importância o trabalho com os adolescentes que, como vimos, são mais vulneráveis, por conta de questões sociais e neurobiológicas, a desenvolverem doenças mentais. A prática dos exercícios sugeridos tem tanto efeitos imediatos quanto futuros, prevenindo outras doenças mentais e aumentando o bem-estar e a qualidade de vida desses indivíduos.

Capítulo 6

Bianca Silva Janssens

A gratidão como favorecedora de bem-estar

De acordo com pesquisas da Organização Mundial da Saúde (OMS), no mundo mais de 300 milhões de pessoas vivem com depressão, e nas Américas, em 2015, esse número chegou a 50 milhões, um aumento de mais de 18% entre 2005 e 2015. No espaço onde atuo como psicóloga, a depressão é uma das enfermidades mais relatadas pelos que procuram apoio profissional. Diante desse cenário, a procura por capacitação para intervenções eficazes possibilitou encontrar nas intervenções da Psicologia Positiva um campo de orientações adequadas e em sintonia com nosso trabalho.

Este capítulo se propõe a apresentar aos profissionais de saúde como o exercício "Contando Bênçãos" (EMMONS & MCCULLOUGH, 2002), intervenção desenvolvida pela Psicologia Positiva e principal conduta norteadora do atendimento descrito, acelera e mantém o bem-estar, tendo por consequência a gradativa remissão dos sintomas depressivos. Para tanto, serão apresentadas pesquisas recentes sobre gratidão, seguidas pelo recorte de um estudo de caso e dos resultados obtidos pela prática desse exercício.

No decorrer do texto, mostraremos como, ao modificar o foco do sofrimento (fator que aumenta as emoções negativas) para as situações, pessoas e relacionamentos positivos (todos esses alvos de gratidão), há o desenvolvimento de uma espiral ascendente (FREDRICKSON, 2015), ou seja, a ampliação do repertório para a produção de mais emoções, ações e relacionamentos positivos. Tal redirecionamento da autopercepção produz o entendimento de que as escolhas cotidianas e voluntárias são instrumentos poderosos para modificar a forma como convivemos com os outros e conosco.

Teoria e prática da gratidão

As pesquisas científicas têm apresentado a gratidão de diversas formas de emoção, força de caráter, traço de personalidade, hábito ou mesmo como modo de estar na vida. Seus efeitos são de paz de espírito, bem-estar individual, felicidade, saúde física e fortalecimento de relações pessoais, tornando essas últimas mais profundas e satisfatórias. (EMMONS & MCCULLOUGH, 2003; FONSECA, 2016; SELIGMAN, 2009).

Outros estudos apontam que pessoas gratas experimentam níveis mais elevados de outras emoções positivas, tais como felicidade, vitalidade, otimismo, esperança, bem como satisfação com a vida. Por outro lado, os indivíduos que praticam a gratidão podem experimentar níveis mais baixos de emoções negativas, tais como depressão. (MCCULLOUGH & EMMONS, 2002). Tal suposição foi confirmada no caso relatado neste capítulo, uma vez que quanto mais Maria se expandia para as vivências de emoções positivas, por meio de suas anotações sobre acontecimentos bons durante seu dia, mais a depressão perdia espaço e força nas atitudes e escolhas intencionais.

A gratidão pode ocorrer após a experiência de um comportamento pró-social promovida por outra pessoa ou quando existe algum estímulo externo ou interno que incentive a pessoa a avaliar os eventos de forma positiva. Contudo, para a ocorrência de expressões de gratidão, é necessário o reconhecimento de que por meio da relação com os outros e, mais importante, na dependência dessa relação é que há a ampliação da sua possibilidade de bem-estar. (PIETA & FREITAS, 2009; PALUDO & KOLLER, S/D).

Estudos comprovam que há três condições que potencializam a experiência de gratidão. A primeira é a valorização do que se recebe, sendo que, quanto mais importante for o presente material, seja um elogio ou qualquer outra dádiva, com mais facilidade ocorrerá a gratidão. Em segundo, o reconhecimento de que alguém, intencionalmente, proporcionou algo bom e positivo. E o terceiro ocorre quando há percepção de que o bem oferecido é desprovido de motivo, sendo um gesto livre de qualquer tipo de segundas intenções. Com efeito, a gratidão pode ser mais bem vivenciada em sua plenitude quando, além das condições acima, a pessoa reúne a disposição para reconhecer os fatos que proporcionam gratidão, bem como aceitá-los e apreciá-los. Tais dimensões são relacionadas, respectivamente, ao intelecto e às emoções. (EMMONS, 2009; EMMONS & SHELTON, 2002; PALUDO & KOLLER, S/D).

Essas condições propiciadoras de gratidão podem ser fortalecidas com a prática diária de exercício autoguiado, o qual tem por meta escrever três acontecimentos dignos de agradecimento que ocorreram ao longo do dia. Com disciplina nessa anotação, há aumento do bem-estar ao longo do tempo, devido à indução voluntária do pensamento em observar com agrado os benefícios recebidos durante o dia. (EMMONS & MCCULLOUGH, 2003).

Fredrickson (2015) destaca que os registros são baseados na frequência dos acontecimentos positivos e não, necessariamente, na intensidade desses, de maneira que os vários bons momentos vividos ao longo do dia são associados ao sentimento de gratidão e fortalecem o bem-estar geral da vida. De modo que, quando ao final do dia, há foco mental em se lembrar dos acontecimentos corriqueiros, mas recheados de boas emoções, percebemos como existem momentos maravilhosos que poderiam não ser percebidos, se não fosse o comportamento direcionado para essa finalidade.

Pesquisa *online* realizada por Seligman, Steen, Park e Peterson (2005) confirmou que, no período de um mês após o teste inicial sobre nível de felicidade e depressão, o exercício de escrever três acontecimentos bons que ocorreram ao longo do dia começou a mostrar efeitos benéficos, com aumento de felicidade e baixa de depressão, tendo manutenção destes níveis nas avaliações realizadas posteriormente aos três e seis meses.

A partir do relato que se segue, apresentaremos como este exercício de escrever três coisas boas na vida (KAUFMANN, BONIWELL & SIBERMAN, 2014) impulsionou emoções positivas em Maria, ao ampliar sua percepção para si, seus relacionamentos positivos, suas conquistas e projetos de vida.

Relato do caso

Maria, 55 anos, chegou ao consultório por encaminhamento médico devido ao diagnóstico de depressão e recusa pelos remédios prescritos. No laudo médico, havia a descrição de seus sintomas, como isolamento social, machucados na pele pela compulsão em se coçar, fumo em excesso, choro constante, os quais acarretaram o afastamento do trabalho. Na primeira consulta, relatou que, há cinco anos, estava casada e feliz, com planos de viagens e passeios para aposentadoria recente. Seus filhos adultos e casados não seriam empecilho para a nova fase da vida. Contudo, num sábado de manhã, após uma sexta de festa e confraternização, seu marido foi atropelado enquanto comprava pão na padaria da esquina de sua casa. Muito machucado, foi internado imediatamente, tendo suas pernas amputadas e infecção generalizada, o que acarretou o seu falecimento.

Por cinco anos, Maria se afundou em tristeza e solidão. Não conseguia sair de casa, voltar ao trabalho se tornou um transtorno, pois sentia medo de carros e espaços lotados. Passou a acumular objetos, a fumar compulsivamente e a se coçar até formar feridas no corpo. Devido ao seu quadro de sofrimento, precisou solicitar licença médica e por todo esse período não procurou apoio médico ou psicológico.

Geralmente, na primeira entrevista, permanecemos com escuta ativa para entendimento da situação e fechamento do acordo terapêutico, que neste ambiente laboral se dá no formato de Terapia Breve. De modo que quando os clientes trazem questões complexas, como o caso relatado, explicamos nosso limite de atendimento e encaminhamos para atendimento externo. Entretanto, deixamos em aberto a possibilidade de o cliente iniciar os atendimentos conosco e, em seguida, continuar com outro profissional, como no caso aqui descrito.

Os desdobramentos positivos da gratidão de Maria

Maria escolheu começar o acompanhamento conosco, cujo foco foi seu bem-estar. Contudo, como havia muito sofrimento emocional, foram necessárias quatro consultas para diminuição de tanta dor pela perda do marido, dos sonhos e da vida até então conhecida. Após esse processo, houve o estabelecimento de confiança quando começaram a ser propostos exercícios da Psicologia Positiva, como o exercício "Contando Bênçãos".

Na semana seguinte, após a proposta desse exercício, Maria relatou dificuldade em escrever, o que denotou resistência em percorrer o caminho do bem-estar. Pontuamos a necessidade de ela começar a perceber, em seu cotidiano, os motivos geradores de gratidão.

Na segunda semana, apresentou seus primeiros registros, os quais tinham conteúdos mais gerais, pois Maria ainda não via em sua vida motivos reais para agradecer. Insistimos que ela criasse circunstâncias, fosse indo até seu quintal para ver o sol, ou recebendo a visita de filhos e netos, ou fosse vendo uma borboleta voar, enfim, qualquer simples razão seria bem-vinda em suas anotações.

Nas sessões seguintes, passamos a ler suas anotações e a conversar sobre suas experiências passadas naquela semana. Para melhor compreensão do caminho percorrido por Maria, apresentaremos algumas de suas anotações em ordem de ocorrência, bem como o resumo das intervenções realizadas.

Na primeira semana, um dos registros foi o seguinte: *"Conversei comigo e entendi que muita coisa depende de mim"*. Nesse item, fortalecemos a noção de enfrentamento saudável que Maria poderia empreender. Na semana seguinte, Maria trouxe os seguintes relatos no caderno: *"Costurei e levei os saquinhos para a turma do curso. Adorei ver a felicidade da menina que ministra o curso"*. *"Fiz os saquinhos... minha filha ficou feliz da vida e eu mais ainda por ver os olhos dela brilharem de felicidade."* E *"Entreguei a bolsa (de brinquedos) para ela (uma menina excepcional). Foi emocionante. Ela gritava: 'Obrigada! E me beijava, ia (na bolsa), se admirava da quantidade de brinquedos, falava com a avó: 'Olha! Olha!'. Chorei. Me deixou muito feliz. Me senti egoísta dentro deste mundo que me tranquei"*.

Tais registros confirmam que a companhia de outras pessoas, cujo propósito de bem-estar é recíproco, é potencializadora de emoções positivas. (SELIGMAN, 2009). Perguntamos à Maria há quanto tempo ela não se sentia feliz, e quando deparada com essa reflexão, ela se comoveu e percebeu que há cinco anos não sorria, sentia-se útil e feliz. Mostramos a ela que todo o processo havia sido conquista dela, e por esse motivo seria muito possível continuar com seu crescimento emocional

Na terceira semana, um dos registros foi: *"Todos os dias penso em você, Bianca. É muito bom saber que tem alguém me ajudando. Mas hoje, em especial, ri porque pensei: 'Ela é chata pra caramba que nem eu. Pô, não tenho mais nada pra falar.' O dia hoje me mudou. Não prestei atenção em nada. Não consigo lembrar de nada. E agora quando estou escrevendo quando achei que nada mais iria acontecer, ela, sem estar presente, me fez rir"*. Achamos muita graça juntas com esse relato e confirmamos a teoria de que somente por se lembrar de algo agradável ocorrido no passado podemos desfrutar, no momento presente, de emoções positivas. (SELIGMAN, 2009; FREDRICKSON, 2015).

Conversamos, ainda, sobre o percurso do bem-estar, no qual há presença de bons e maus momentos, sentimentos e lembranças. Seria ilusório imaginar uma vida somente de acontecimentos maravilhosos e toda baseada no nosso *script* mental. Contudo, a grandeza do ser se faz na escolha consciente de como viver cada dia. Não há problema na tristeza e na saudade, mas há privação de experiências significativas e positivas quando vivemos sob o foco da perda e da dor.

Na semana seguinte, Maria continuou com seu curso, sobre o que relatou: *"Fico feliz em me sentir útil e poder ajudar"* e decidiu estabelecer novos desafios, como renovar a carteira de motorista: *"Estar viva é muito bom. Estou com ideias do que vou fazer. Foi bom dirigir"* e *"quero fazer coisas novas, não sei bem o que por causa do meu tempo. Estou com muitos projetos em mente, mas tenho que esperar para não complicar. Dessa vez quero começar e terminar. Obrigada, Senhor, por estar me devolvendo a vontade de viver"*. Pontuamos o prazer encontrado no fato de viver, de ter novas conquistas realizadas e planos para o futuro.

Na última semana, Maria trouxe relatos que pontuaram mais sua dimensão espiritual, bem como a capacidade de evocar o passado sem permanecer imersa no sofrimento: *"Ontem e hoje me senti otimamente bem.*

Não sinto nada. Nada me perturba. Estou sentindo uma imensa paz... pensei que com o tempo tudo foi passando, mudando"; "... quero e preciso mudar, sei que estou mudando, quero fazer mais coisas para mim, coisas que me deixam feliz... Acorda, Maria! Olha a vida passando." e *"... acho que minha fé está crescendo novamente."*

A partir desse estudo de caso, constatamos que, com a prática diária de Contando Bênçãos, Maria entrou numa ascensão positiva, devido às práticas conscientes de escolhas intencionais, e, assim, pôde usufruir de emoções positivas, tais como amor, generosidade, altruísmo, engajamento, relacionamentos positivos, além da gratidão e, consequentemente, do bem-estar inerente a cada um desses elementos. (SELIGMAN, 2009, FREDRICKSON, 2015; EMMONS & MCCULLOUGH, 2003).

Entrevista de *feedback*

Embora a entrevista de *feedback* seja uma regra importante para a manutenção dos novos aprendizados, nem sempre conseguimos realizá-los. No caso presente, soubemos pela paciente que, após alguns meses (não soube especificar o tempo preciso), e a não continuidade sistemática do exercício, houve recidiva dos sintomas depressivos, quando Maria procurou acompanhamento psiquiátrico.

Contudo, relatou que não somente os medicamentos foram responsáveis por sua melhora, mas também os registros mentais de bem-estar desenvolvidos durante o processo terapêutico a fortaleceram para adquirir formas mais saudáveis de lidar com os sintomas, consigo mesma e com seus familiares e amigos.

Atualmente, Maria encontra-se bem, já de alta médica, sem sintomas depressivos e disposta a reinventar-se continuamente.

Conclusão

Registrar acontecimentos agradáveis impulsiona o comportamento de experienciar e expressar a gratidão. Quando essas anotações se tornam um hábito, é notória a facilidade com que outras emoções positivas passam a fazer parte do cotidiano do praticante do exercício, posto que há aumento do reconhecimento das situações agradáveis, aceitação dos fatos, independentemente se julgados, pelo senso comum, como bons ou ruins, e apreciação da vida como um todo.

Pelo relato do caso de Maria, constata-se como é possível reaprender a valorizar a vida e usufruí-la por meio das situações já existentes e propiciadoras de emoções positivas. Ao se abrir para uma forma grata de olhar seu cotidiano, Maria ampliou sua consciência para novas possibilidades profissionais, familiares e pessoais, todas embasadas no bem-estar pessoal e coletivo.

Como descrito acima, o caso apresentado se coaduna com as pesquisas científicas que mostram resultados sobre a gratidão como propiciadora, fortalecedora e ampliadora de satisfação com a vida. É uma intervenção valiosa para ser usada na clínica, haja vista sua capacidade para a criação, o aumento e a consolidação do bem-estar.

Capítulo 7

Elaine Machado Chagas

Estratégias *mindfulness* no atendimento a crianças ansiosas

Psicologia Positiva aplicada à Psicologia Clínica

Psicoterapeutas, médicos e pesquisadores se ocupam em encontrar formas de diagnosticar, tratar e prevenir transtornos psiquiátricos com o objetivo de melhorar a qualidade de vida das pessoas e aliviar suas dores e sintomas emocionais. (SNYDER & LOPEZ, 2009).

Na década de 60, pelas mãos do psicólogo Martin Seligman, pioneiro no campo da Psicologia Positiva, o estudo e a pesquisa acerca das características saudáveis dos indivíduos ganhou notoriedade e cientificidade para esse mesmo fim. (SELIGMAN, 2002).

A Psicologia Positiva, em aliança com construtos teóricos e práticas cognitivo-comportamentais tradicionais, além de inovadora é um poderoso recurso, pois, além de se preocupar em devolver o lado saudável das pessoas, não ignora afetos negativos como marcadores funcionais úteis para a saúde psicológica que não devem ser negligenciados. (SELIGMAN, 2011). Trata-se da busca de um ponto de equilíbrio entre aceitar e compreender as adversidades da vida sem se entregar a elas e, ao mesmo tempo, agir de acordo com os próprios valores e potencialidades. (HAYES; STROSAHL & WILSON, 2012).

A busca por essas alianças constitui o objetivo principal deste capítulo, que se propõe a defender a ideia de unir preceitos da Terapia Cognitivo-Comportamental, de práticas meditativas das Teorias Cognitivas da Terceira Geração e da Psicologia Positiva no atendimento de crianças ansiosas. (GERMER; SIEGEL & FULTON, 2016).

Terapia Cognitivo-Comportamental de Terceira Geração e a prática de Mindfulness

Steven Hayes foi o estudioso que evoluiu na ideia de dividir a Terapia Cognitivo-Comportamental em três gerações, e seus estudos estão ganhando cada vez mais apoio de toda a comunidade científica. (HAYES; STROSAHL & WILSON, 2012).

A primeira geração descrita no início do século passado, a partir dos trabalhos de Watson (1913), Skinner (1938), Bandura (1986), dentre outros, tinha como maior objetivo a mudança do comportamento por meio de estratégias baseadas nas teorias da aprendizagem com o uso de reforço, punição e técnicas de exposição. (MELO 2014). Já a segunda geração é mais argumentativa e mantém o foco na construção de um sistema de crenças - processamentos cognitivos e emoções que norteiam os comportamentos. (BECK, 2011). E a terceira geração, que surgiu nos EUA, tem aspectos em comum com as anteriores e considera os pressupostos da Terapia Cognitivo-Comportamental. É dividida em dois objetivos básicos: deixar o paciente mais sensível à percepção sobre os seus comportamentos – sensibilidade para as contingências; e deixar o paciente mais sensível sobre como os contextos atuam em seu mundo interno (corpo e mente) – sensibilidade para o contexto. (HAYES; LUOMA & WALSER, 2007).

Atualmente as práticas meditativas também são utilizadas por uma gama de teorias que integram a segunda e a terceira geração de terapias cognitivas (MENEZES & KLAMT-CONCEIÇÃO, 2014). A prática de Mindfulness tem sido relacionada à Psicologia Positiva pelo fato de objetivar desenvolver a autorregulação emocional e, consequentemente, o autoconhecimento, o bem-estar e a felicidade (TATTON-RAMOS & MENEZES, 2016), estimulando dessa forma busca e envolvimento com atividades que potencializem bem-estar psicológico.

A partir de seus estudos sobre controle do estresse, a prática Mindfulness passa a ser vista como um recurso de tratamento para ajudar os pacientes a estabelecerem uma nova forma de se relacionar com seus estados internos. (RAMOS, 2015). A utilização dessa prática ganhou ainda mais destaque ocidental no ano de 2005, em um congresso internacional que propiciou o encontro de dr. Aaron Beck e S.S. Dalai Lama, líder político e espiritual do Tibete e autoridade máxima do Budismo. (SODRÉ, 2016). O encontro teve como tema central a incorporação das práticas meditativas como um recurso complementar dos tratamentos em Terapia Cognitivo--Comportamental. (VANDERBERGHE & SOUSA, 2006).

Na literatura atual, entende-se por Mindfulness uma forma de atenção plena e intencional, que contrasta com a comumente vivida por nós. Durante a prática, suspendemos racionalizações as quais induzem ao enquadre de nossas experiências em um filtro de crenças preconcebidas, suposições, atitudes defensivas ou idealizadas através dos pensamentos que surgem. (RAMOS, 2015). Essa prática possibilita o monitoramento da atenção, ajudando quem pratica a observar o que acontece, momento a momento, sem o objetivo de alterar as experiências e sem julgamentos. (WILLIAMS & PENMAN, 2015).

Transtornos de ansiedade na infância:

Somente na década de 1980, o manual diagnóstico DSM-III destinou uma sessão para descrever psicopatologias na infância. Antes disso, com uma visão romântica, os sintomas apresentados por crianças eram considerados passageiros, normais ou incapazes de trazer prejuízos significativos. (KENDALL, 2012).

Dentre uma infinidade de outros impactos negativos, uma criança com diagnóstico de ansiedade pode apresentar dificuldades no enfrentamento de situações ligadas a um objeto ou situação fóbica; dificuldades na separação de um cuidador; perda da autonomia; prejuízos acadêmicos, dentre outros. (STALLARD, 2010).

A criança ansiosa, além de apresentar sintomas cognitivos, sofre com o surgimento de reações fisiológicas que tendem a servir como evidências reforçadoras de que seus pensamentos catastróficos se tornarão realidade. (KENDALL, 2012).

De curso crônico, o estado ansioso é caracterizado por uma percepção equivocada de ameaça ao bem-estar, que quando não tratada pode evoluir, trazendo limitações em suas atividades e menor confiança sobre sua capacidade de enfrentamento. (TELES, 2014).

A violência do tempo, comum nos dias de hoje, onde tudo precisa ser ágil, adequado e perfeito, vem tornando as crianças cada vez mais ansiosas e reativas a situações comuns do cotidiano. (KENDALL 2012). Assim sendo, é interessante ensinar as crianças a discernir sobre os nossos três tipos de mente: a "Mente Racional", que é verbal e que avalia, da "Mente Emocional", que é mais impulsiva e ligada aos nossos cinco sentidos. A flexibilidade psicológica está em conseguir usar a Mente Racional sem negligenciar a Mente Emocional, usando a chamada "Mente Sábia". (LINEHAN, 2015).

A prática de Mindfulness com crianças

A educação das crianças pode ser *mindfull* quando cuidadores e professores as estimulam a se tornarem conscientes do que lhes acontece, ajudando-as a estarem sensíveis e ativamente engajadas em suas atividades. Quanto mais se treina, maior a habilidade e a disposição para o enfrentamento dos desafios do dia a dia por meio de uma mente *mindfull*. (SODRÉ, 2016).

Mindfulness é uma intensão de se voltar para as experiências e descobrir coisas que antes eram imperceptíveis, sejam elas boas ou não. Com essa percepção, abre-se um espaço de escolha e dá-se a chance de separar o que parece útil ou inútil naquele momento. (DZUNG, 2015).

As habilidades Mindfulness passam pela percepção das sensações corporais, pensamentos e emoções, em uma observação não julgadora de si mesmo. Permanecendo no momento presente e observando as coisas como elas realmente são, abre-se a mente para novas possibilidades, além de uma avaliação do que é realmente importante para si. (GERMER, SIEGEL & FULTON, 2016).

Praticar Mindfulness com crianças é ajudá-las a fazer uma autoanálise e aceitar as emoções expressas com empatia e compaixão, é poder perceber o que é desagradável e buscar formas de agir sobre isso de uma maneira diferente, pois nunca vamos deixar de sentir emoções desagradáveis, praticando ou não Mindfulness. (LUOMA, HAYES & WALSER, 2007).

Estudo de caso[1] baseado em intervenções da TCC, Psicologia Positiva e Mindfulness

Mariana tem 16 anos, estuda numa tradicional escola da zona oeste do Rio de Janeiro, é filha de um casal que há 21 anos vive em matrimônio, e tem uma condição socioeconômica favorecida. Os pais de Mariana procuraram tratamento psicoterápico em virtude da ocorrência de um quadro de ansiedade que trazia prejuízos significativos na vida diária de sua filha, principalmente em situações em que o afastamento de seus pais era inevitável ou em situações nas quais imaginava que não teria como ser socorrida caso passasse mal.

Mariana imaginava que poderia voltar a sentir os enjoos ou dores de cabeça, frequentes, durante atividades como ir à escola, festas ou passeios em família.

Frequentemente ia à enfermaria ou solicitava que sua mãe a buscasse, alegando diferentes dores, enjoos e sensação de desmaio. Quando esses sintomas surgiam à noite, os pais de Mariana optavam por esperar o dia amanhecer para não saírem durante a madrugada ou muito tarde. Essa atitude dos pais influenciou na apresentação e intensidade dos sintomas de Mariana ao anoitecer, culminando com uma posterior dificuldade para dormir, o que tornava os seus sintomas físicos e cognitivos ainda mais perturbadores.

Quando avaliada por médico psiquiatra, Mariana recebeu diagnóstico de Transtorno de Ansiedade Generalizada e iniciou tratamento medicamentoso e psicoterápico com Terapia Cognitivo-Comportamental, somado ao uso de alguns preceitos da Psicologia Positiva, e a utilização de práticas de Mindfulness. As sessões de psicoterapia eram semanais, com duração de 50 minutos.

O objetivo do tratamento foi remitir os sintomas, melhorar sua qualidade de vida, promover senso de autoeficácia e ganho de autonomia que perdeu devido às suas fortes crises de ansiedade, aprender a resolver pro-

---

[1] Para a utilização das informações neste estudo de caso, o nome que está sendo usado é fictício para preservar a identidade da cliente e os responsáveis pela menor deram autorização.

blemas e a hierarquizar e enfrentar as situações temidas. Mariana estabeleceu uma relação de dependência para atividades que antes era capaz de realizar com autonomia.

Os primeiros atendimentos se ocuparam em fortalecer o vínculo terapêutico para que Mariana falasse sobre a sua relação com os amigos e familiares, sobre a visão de si e do espaço escolar. A psicoeducação foi utilizada no sentido de abordar as emoções básicas, especialmente o medo, e suas funções primordiais, bem como a relação entre pensamentos, sentimentos, reações fisiológicas, comportamentos e suas consequências. O processo terapêutico também focou a ampliação da capacidade de perceber suas características positivas.

Em uma das intervenções, Mariana escreveu o que era de fato importante para ela, o que transformaria sua vida numa vida valiosa, numa vida que valesse a pena ser vivida, quais seriam os seus valores e metas pessoais e como o alcance dessas metas impactaria em sua qualidade de vida. Na mesma estratégia, disse o que era difícil para ela relatar: seus medos, seus sintomas fisiológicos, seus pensamentos disfuncionais. Na sequência, falou sobre quais são os comportamentos que tinha para aplacar todo o sofrimento que experimentava e foi questionada acerca desses comportamentos, se eram capazes de aproximá-la ou afastá-la de tudo que ela relatou ser importante em sua vida no início do exercício. Surpreendida pela pergunta e convicta de que esses comportamentos a afastam de seus valores e metas pessoais aceitou fazer um *brainstorm*[2] para buscar um novo repertório comportamental a ser treinado com foco no enfrentamento de seus sintomas para que, assim, ela pudesse aproximar-se do que ela mesma considera válido e importante para sua vida.

Concomitantemente aprendeu e passou a fazer uso de estratégias Mindfulness em sua vida diária, colocando foco no momento presente, passando a observar as coisas ao seu redor de maneira não julgadora.

Para tal prática foram dadas as seguintes instruções: num primeiro momento, Mariana deveria permanecer com os olhos fechados, colocar-se em numa postura de orgulho, ficar numa posição confortável e respirar

---

[2] Listagem de ideias para escolha de uma melhor alternativa para resolução de um problema.

lenta e profundamente percebendo o ar que entrava e saía e o trajeto que percorria em seu corpo. Depois, num segundo momento deveria colocar a sua atenção em uma dada figura e responder ao que ela lhe remetia e quais eram os pensamentos que passavam em sua mente quando olhava a imagem. Depois foi solicitada a se conectar com seus pensamentos observando o que estes lhe diziam. Ainda em um estado alerta e de forma confortável, pediu-se que contasse quantos diferentes tons de verde era capaz de identificar nessa figura e o que sua atenção captou, embora existissem tantas outras cores na imagem. Finalizando essa prática, foi instruída a fechar os olhos lembrando-se da imagem e tudo o que ela foi capaz de lhe fazer sentir e pensar, despedindo-se e retornando sua atenção para a sala.

As estratégias de Mindfulness associadas a técnicas de reestruturação cognitiva ajudaram Mariana a observar, pensar e perceber o impacto das experiências vividas, distrair-se e deixar que passassem, sendo cada vez menos impactadas pela ansiedade. Quanto mais Mariana ia familiarizando-se com essas práticas, e seus pais orientados em como ajudá-la, mais ela se percebia capaz de se automonitorar, autorregular, minimizar os efeitos das reações fisiológicas provocadas pelo medo e ansiedade, reestruturar pensamentos disfuncionais, além de adotar posturas coerentes com seus valores e metas.

Conclusão

Podemos concluir através da apresentação desse estudo de caso que o estabelecimento da aliança entre os princípios postulados pela Psicologia Positiva associados aos da prática de Mindfulness, ambos com o intuito de orientar a cliente para a busca de uma vida mais equilibrada e harmoniosa, possibilitou a Mariana implementar, de forma consistente em sua rotina, hábitos saudáveis como alimentar-se, dormir e estudar de forma equilibrada, além de incluir em sua rotina atividades voltadas para o aumento de emoções positivas, alinhadas a alguns dos seus desejos e valores como, por exemplo, a prática de atividades físicas regulares e trabalhar em projetos sociais.

No decorrer do tratamento, Mariana aprendeu estratégias de resolução de problemas e uma hierarquia de exposição foi programada e aplicada com a participação ativa dos pais e terapeuta que permitiram que ela se expusesse e enfrentasse suas situações temidas gradativamente, propiciando a reestruturação de pensamentos disfuncionais e a ampliação de um repertório de enfrentamento das situações cotidianas, melhorando assim sua qualidade de vida.

Os princípios da Psicologia Positiva empregados em conjunto com a TCC e as estratégias de Mindfulness ajudaram Mariana a reconhecer suas características saudáveis, a entender e não ignorar afetos negativos como marcadores funcionais úteis para a saúde psicológica que não devem ser negligenciados. Os objetivos em relação a melhorar sua qualidade de vida e aliviar suas dores e sintomas emocionais foram alcançados de forma significativa.

Capítulo 8

Sofia Bauer

Minha nova visão como psiquiatra a partir da prática com Mindfulness

Psicologia Positiva aplicada à Psicologia Clínica

> *"Não pergunte a você mesmo do que o mundo precisa, pergunte o que faz você despertar. Então vá e faça. Porque o que o mundo precisa é de gente desperta."* Harold Whitman

Vamos despertar o olhar para um mundo de possibilidades que a Psicologia Positiva traz? Precisamos de ações diferenciadas. Mostrar que é possível copiar o modelo dos otimistas e termos um mundo melhor.

Atualmente, há um interesse crescente com uma rápida expansão em todo o mundo sobre as práticas que permitem aos indivíduos explorar, compreender, engajar e otimizar seus corpos, mentes e relacionamentos. Esses são, por vezes, referidos como "práticas mente-corpo", "meditação", *"yoga"*, "misticismo", "espiritualidade", "técnicas de autoajuda" e assim por diante. A prática do Mindfulness faz parte desse interesse.

Sou psiquiatra há mais de 30 anos. Formei-me na UFMG – Universidade Federal de Minas Gerais, em 1983. De 1990 a 1994, fui para os Estados Unidos, me especializar em Hipnoterapia, na Fundação Milton H. Erickson, com Jeffrey Zeig, Sthephen Gilligan e muitos outros. Nessa época, também fiz uma especialização em Farmacologia, pois o Brasil ainda engatinhava em termos de medicação para depressão. Foi nos Estados Unidos, estudando com os Ericksonianos e aprendendo mais sobre medicação, que me interessei mais em cuidar de pessoas deprimidas. Aprendi como tratar as pessoas com problemas psiquiátricos por meio dos métodos convencionais e preconizados pela Medicina e também pela Hipnoterapia. No entanto, a partir do aparecimento da Psicologia Positiva, ampliei meus horizontes e passei a introduzir em minha prática clínica os ensinamentos relacionados ao aumento da felicidade, do otimismo, desenvolvendo, dessa forma, uma maior possibilidade de ajuda para os meus pacientes.

Apesar de me dedicar com afinco à profissão, buscava algo mais, pois já não via sentido em só medicar e trabalhar com técnicas de Hipnose. Então fui buscar novos aprendizados e descobri o dr. Tal Ben-Shahar, um dos mais renomados professores de Psicologia Positiva, inclusive, foi professor em Harvard até poucos anos atrás, onde a disciplina era uma das mais procuradas. O que havia de tão especial na Psicologia Positiva? Por que ela encantava a tantos? Essa foi a minha jornada. Descobrir nos caminhos dessa nova abordagem uma saída para os desafios do meu consultório e sofrimento dos meus pacientes e, a partir daí, saí da estagnação em que me encontrava.

Em 2013, fiz um Curso de Certificação - Certificate in Positive Psychology (CiPP), turma de 2013 - com o mestre Tal Ben-Shahar e me encantei. E foi em meio a esses estudos que percebi que a meditação oferecia um novo caminho para tratar o paciente depressivo. E, assim, encontrei novo olhar terapêutico.

Nos últimos anos, venho dedicando-me à prática da positividade, do otimismo e do emprego das teorias sobre as potencialidades humanas com meus clientes. E essa mudança de foco na minha atuação vem aumentando significativamente minha capacidade de ajuda. Portanto, este capítulo se destina a mostrar as mudanças pelas quais passei como psiquiatra ao conhecer a Psicologia Positiva, bem como a apresentar as contribuições da prática de Mindfulness no tratamento da depressão e os benefícios que as emoções positivas trazem para o restabelecimento do equilíbrio psíquico dos indivíduos.

A depressão e sua gravidade

Considero que vivemos numa cultura pessimista desde a Segunda Guerra Mundial, na qual nos condicionamos a dar mais atenção ao que é problema. Essa foi uma época em que se deu maior ênfase às doenças mentais e aos males em geral. O foco era dado ao que não ia bem, sempre em busca de uma terapêutica nova. O objetivo central era tratar as doenças mentais e restabelecer o bom funcionamento das pessoas. Desde então, a depressão vem mantendo-se na condição de transtorno mental mais grave e incapacitante. A doença depressiva será o transtorno mental número um em 2030, e, atualmente, é a segunda doença de acordo com a OMS – Organização Mundial da Saúde. O jornal Estadão – BBC Brasil, de 2 de setembro de 2009, publicou a seguinte nota: "Dados divulgados pela Organização Mundial da Saúde (OMS) apontam que, nos próximos 20 anos, a depressão deve se tornar a doença mais comum do mundo, afetando mais pessoas do que qualquer outro problema de saúde, incluindo câncer e doenças cardíacas".

Qualquer um de nós já conheceu ou conhece uma pessoa que sofra de depressão, o que torna possível avaliar como é a vida dela. O que ela vê? E para essa indagação a resposta é: "Nada além do 'cinza da vida'!" O portador de depressão sofre prejuízos significativos, tais como: intensa carga emocional negativa, perda da vontade e do prazer para realizar até mesmo uma simples tarefa, não vê sentido na vida, seus relacionamentos interpessoais perdem em qualidade, perda total ou parcial da capacidade laborativa. Não tem atitudes proativas para experimentar o bem-estar e a felicidade. Esse quadro requer tratamento medicamentoso e acompanhamento terapêutico ajustado à necessidade de cada paciente, segundo o que aprendemos como especialistas em Psiquiatria. E de acordo com estudo da CANMAT – Canadian Network for Mood and Anxiety Treatments, publicado em 2016, as doenças depressivas seguem um *"guideline"* de medicações que devem e podem ser prescritas. Contudo, nem sempre o resultado é o mais satisfatório. E o que fazer? Foi nesse ponto que iniciei o ensino de Mindfulness.

As pessoas deprimidas não têm uma vida prazerosa e engajada em suas habilidades, além de não terem um significado para viver. Muitas estão presas a um trabalho com carga excessiva, sem prazer e descanso. Outras querem bater metas e trabalham horas extras intermináveis ou fazem um tipo de serviço apenas em troca do salário no fim do mês. E ainda há as que nem sabem o que desejam em suas vidas. Infelizmente, o que vemos é pura insatisfação e vontade que logo chegue o fim de semana. Na correria desenfreada, seu propósito de vida fica adormecido. Simplesmente vivem no piloto automático sem desfrutar do fluir com a vida se seguissem um caminho que traz sentido à vida. É um caos geral! E a consequência disso como moeda final é o adoecer – Mente e Corpo!

Mindfulness - uma mudança positiva

Nos últimos anos, tenho mudado minha vida radicalmente ao praticar os preceitos da Psicologia Positiva, podendo perceber os inúmeros benefícios dessa mudança tanto no meu trabalho quanto com amigos e a família. A utilização da meditação Mindfulness com meus pacientes e em mim mesma tem sido transformadora.

Quanto à prática clínica, meus clientes, que, em sua maioria, são deprimidos, muito embora eu atenda pacientes portadores dos mais variados transtornos mentais, têm-se beneficiado com as propostas da Psicologia Positiva, principalmente com as estratégias de Mindfulness.

Nas minhas buscas, deparei-me com a Neurociência da Psicologia Positiva, estudando coerência cardíaca e meditação. Descobri que a prática de meditação pode mudar o cérebro de uma pessoa. Em apenas dois meses de prática, pode desativar uma parte do cérebro responsável pela depressão e ansiedade, ativando a parte contrária em benefício da calma e da razão. Era o que eu procurava!

Aprendi algo muito interessante ao estudar mais a fundo o conceito de *Contemplação* no curso que fiz há pouco tempo intitulado *Tibetan Buddhist Meditation and the Modern World*. Nas aulas, ouvi David Germano e Kurtis Schaeffer, da University of Virginia, falarem mais sobre o tema. Entre todas as aprendizagens, gostei muito do que disseram sobre a Contemplação – "com Templo" –, que significa estar num templo, um lugar dos deuses a observar seus desejos. No linguajar contemporâneo, a contemplação significa considerar profundamente ou refletir sobre, meditar. Com a simples atitude de contemplação, podemos experimentar emoções positivas que nos beneficiarão tanto em nível mental quanto físico e esse é um dos princípios para a prática de Mindfulness.

As estratégias de "Mindfulness" são práticas meditativas, oriundas do Oriente com a proposta de uma experiência focada no aqui e agora. Essas estratégias propõem a importância de se viver o aqui e agora sem julgamentos, apenas observando o momento presente. Mindfulness se torna um artifício maravilhoso com que podemos mudar em pequeno grau alguma atitude, pensamentos negativos, inclusive. Nos livros de Langer,

"Mindfulness" (2014); de Kabat-Zin, *"Wherever You Go There You Are"*, (1994); Fredrickson, *"Amor 2.0"* (2013) aprendemos muitas técnicas de meditação que podem ser utilizadas com pacientes deprimidos e ansiosos. Além disso, proporcionam criatividade e ajustes nos neuromoduladores do cérebro, que vão cooperar para diminuir o quadro depressivo. Fredrickson ensina:

> Comece respirando duas ou três vezes profundamente, e traga sua atenção para seu coração. Observe como cada inspiração afeta seu coração fisicamente. Relembre a si como seu coração é aninhado entre os seus dois pulmões. Considere que em cada inspiração profunda gentilmente seu coração é massageado, num modo carinhoso e aconchegante... continue descansando sua mente consciente em seu coração... (FREDRICKSON, 2015, p. 138).

Minha experiência profissional tem mostrado que, quando o indivíduo aprende a olhar a vida com mais tranquilidade e foca mais no positivo que no negativo, percebe uma mudança de pensamento que funciona e se torna também mais agradecido. Ser agradecido às coisas boas que acontecem traz emoções positivas. Com a vivência de emoções positivas, do engajamento social e da busca de um sentido maior na vida pode-se ter uma vida mais feliz.

Mas como fazer quando se trata de um paciente deprimido que não quer nada, a não ser ficar quieto em seu canto? Sua vida não faz sentido. Só sente medo, culpa e tem pensamentos negativos! Esse é um desafio que me acompanha há algum tempo. E a maneira pela qual tenho obtido esses resultados é o que vou compartilhar a seguir.

Dicas e estratégias para serem utilizadas com os pacientes deprimidos

Antes de mais nada, é necessário que, como profissionais, adotemos uma postura mais otimista diante da vida com enfoque mais positivo. Assim, ensinaremos técnicas e práticas fáceis de serem realizadas no dia a dia, para que os pacientes, aos poucos, transformem-se. O melhor é ver que, ao final de algumas sessões, eles chegam sedentos de novas práticas que possam continuar ajudando-os de verdade.

Dentre os conceitos propostos por Seligman, o "pai" da Psicologia Positiva, um mostrou-se muito relevante: o de felicidade e bem-estar, em seu livro "Florescer" (2011). Esse livro referencia cinco elementos voltados para o bem-estar: emoção positiva, engajamento, sentido, relacionamentos positivos e realização. A partir da aplicação desse conceito, busquei favorecer muitas mudanças na vida dos meus pacientes.

Os pacientes deprimidos não conseguem entender nem mesmo mudar de atitude diante da vida para sentirem em si mesmos o que é essa tal felicidade e bem-estar. Por isso, explico esses conceitos a eles, em pequenas premissas, e mostro como podem aprender o otimismo em suas práticas diárias. Ensino estratégias de meditação, através de áudios, e começo a trabalhar com as emoções positivas, levando à limpeza da mente e conduzindo a um novo caminho que traz sentido à vida.

Minha primeira sugestão para o trabalho com deprimidos é desfocar do problema, e falar de coisas que eles gostam. A pessoa passa daquele estado depressivo e pessimista para um estado diferente, onde começa a ver uma luz diferente. Não falar de soluções é uma boa manobra terapêutica, pois eles não enxergam essas possibilidades, por pensarem de forma negativa. Conversar sobre assuntos que eles gostam faz com que mudem de postura.

Outra maneira bastante eficaz de ajudar os meus pacientes a viverem emoções positivas foi gravar áudios com estratégias de Mindfulness no celular deles mesmos, para que pudessem levar minha voz com eles até nas horas mais tristes. Assim, nada melhor do que começar pelas técnicas de Mindfulness que posso aplicar ali mesmo, logo após medicar. Eu seria o pacote de biscoito que fica bem do lado do sofá! Mas que pacote?! Deu certo... me escutam e voltam, pedindo mais daquilo que os acalma e os reabastece de uma nova energia.

Hoje, tenho até mesmo uma lista de transmissão em que gravo meditações diárias. Enquanto descansam durante a meditação, ouvem algumas sugestões positivas e interessantes que podem adotar em seu dia a dia. A introdução de sugestões com novas possibilidades ocorre como que em conta-gotas. Durante esse processo, o cérebro libera a ocitocina, neuromodulador do amor, e também a acetilcolina, ambas cortam a noradrenalina e o cortisol quando respiramos profundamente. O Sistema Nervoso Autônomo é o responsável pela resposta do nervo vago que leva o cérebro a trabalhar com mais calma. Basta respirar profundamente para acionar o contraponto da noradrenalina. Trazendo como resultado a paz. O cérebro calmo acolherá melhor as informações passadas nas mensagens da meditação. Dessa forma, posso mostrar que é possível mudar o cérebro.

Além da prática de Mindfulness, tema foco deste capítulo, aprendi alguns princípios da Psicologia Positiva propostos pelo dr. Tal Ben-Shahar (2008), os quais sempre ensino para os pacientes, sessão a sessão. Listo abaixo algumas dessas dicas práticas que utilizei no dia a dia com meus pacientes:

- ser grato
- fazer o diário de gratidão;
- apreciar o belo e focar no que funciona;
- dar-se permissão para ser humano;
- aprender a errar ou errar para aprender;
- fazer bons relacionamentos;
- praticar a meditação diariamente ou *yoga*;
- ter bons hábitos de alimentação, sono e praticar ginástica;
- ser generoso e praticar o bem;
- dentre outras.

Essas dicas estão num pequeno livro guia que escrevi, "A Cartilha do Otimismo" (2013), e que distribuo a esses pacientes para que possam treinar melhor. Percebo que ao dar esse "presente" as dicas são cumpridas com mais facilidade por eles.

Conclusão

"Toda grande onda começa pequena."
Shawn Achor

Como profissional da área de saúde mental, posso afirmar que o entendimento sobre as dimensões psicológicas e emocionais positivas me ajudam a trabalhar com Mindfulness.

Introduzir o uso dela trouxe resultados significativos para os meus pacientes, que se tornaram mais felizes, mais centrados, com a capacidade intelectual mais desenvolvida, com melhora da memória e da criatividade. Pude, então, perceber na prática diária da Psiquiatria que a aplicação dos princípios da Psicologia Positiva potencializa mesmo os resultados do tratamento para depressão.

Portanto, cabe aos profissionais de saúde mental buscar alternativas de intervenções para que seus pacientes portadores de depressão aprendam a se sentir melhor e mais felizes. É necessário que "quebrem seus próprios paradigmas" e busquem outras soluções para serem somadas à terapêutica medicamentosa. Esse "outro olhar" é justamente a transformação que ocorreu comigo. Ampliei meus conhecimentos e encontrei na Psicologia Positiva uma nova maneira de atender, por meio da qual ensino aos meus pacientes como experimentar mais emoções positivas para que desfrutem de mais saúde, tanto mental quanto física, e assim vivam mais, tenham bons relacionamentos e uma vida com muito mais qualidade.

Capítulo 9

Sônia Ramos

Intervenções da Psicologia Positiva – "Exercício das Três Bênçãos" no tratamento do Transtorno de Ansiedade Generalizado (TAG)

Frequentemente, pessoas com sintomas e necessidades diversas nos procuram para tratamento da ansiedade sentida diante de diversas situações, envolvendo fatores externos, como excesso de estímulos, compromissos e uso de equipamentos eletrônicos. Além disso, fatores internos, menos tangíveis, e questões de saúde, como distúrbios do sono, fadiga intensa e dificuldade de concentração, fazem com que o sofrimento mental se manifeste fisicamente, traduzindo-se em tensões nos relacionamentos e na vida profissional, impactando na tomada de decisões e trazendo complicações para a vida.

A todo tempo, precisamos provar que somos pessoas acima da média, bem-sucedidas, prósperas, tomando decisões com velocidade, mesmo que nem sempre estejamos sentindo-nos preparados para os desafios que se apresentam cotidianamente, e o preço que pagamos para dar conta dessa demanda acaba nos deixando esgotados.

Observamos fatores causadores da ansiedade, percebida como aflição palpável, muitas vezes, insuportável, consumindo a pessoa por inteiro. Esses fatores podem ser passageiros, decorrentes de situações pontuais estressantes, ou indicativos de um transtorno que tende a inviabilizar a vida pessoal, social e profissional. No entanto, poucas pessoas buscam tratamento psicoterápico para alívio dos sintomas antes que adoeçam e cheguem ao seu limite emocional e físico, acarretando prejuízos significativos em sua vida.

No Brasil, segundo a Organização Mundial de Saúde (OMS), 2017, os distúrbios relacionados à ansiedade afetam mais de 18,6 milhões de brasileiros (9,3% da população). (ORGANIZAÇÃO PANAMERICANA DA SAÚDE, 2017).

Diversos desses distúrbios decorrem de ansiedade excessiva, manifestados como fobias, síndrome do pânico, depressão ansiosa e transtorno de ansiedade generalizada, dentre outros. Indivíduos com transtorno de ansiedade generalizada também experimentam sintomas somáticos, tais como sudorese, náusea e uma resposta de sobressalto exagerada.

Este capítulo apresentará um estudo de caso retratando o Transtorno de Ansiedade Generalizada, no qual a intervenção da Psicologia Positiva, Exercício das Três Bênçãos (SELIGMAN; STEEN; PARK & PETERSON, 2008), contribuiu atenuando o transtorno, produzindo bem-estar e melhora na qualidade de vida da paciente, levando-nos a concluir que pode ser utilizada com sucesso no processo terapêutico de pessoas que buscam a Psicoterapia.

Transtorno de Ansiedade Generalizada (TAG)

Considerado o mal da modernidade (Cury, 2014), o transtorno de ansiedade generalizada é caracterizado por ansiedade e preocupação persistentes e excessivas (expectativa apreensiva) relacionadas a vários domínios da vida das pessoas, causando prejuízos nos relacionamentos interpessoais com cônjuge, filhos e amigos mais íntimos, com consequente prejuízo ocupacional e/ou social, que para o portador é de difícil controle, dada a intensidade dos sintomas e o sofrimento que causa. Além disso, são experimentados sintomas físicos, incluindo inquietação; fatigabilidade; dificuldade de concentração; irritabilidade; tensão muscular e perturbação do sono. (DSM-V, 2014).

A ansiedade não é restrita a uma situação ambiental ou a um objeto específico, sua duração ou intensidade é desproporcional à situação temida, fazendo com que o portador de TAG possua uma percepção exagerada de perigo ou ameaça, combinada a uma percepção diminuída de sua capacidade em lidar com seus problemas.

O estudo de caso apresentado é de uma paciente que demonstrava preocupações excessivas relacionadas à família, saúde, amigos, relacionamentos afetivos e profissionais. Essas informações serão descritas adiante, de forma específica, e compuseram os sinais e sintomas que apoiaram o diagnóstico do transtorno.

A seguir, apresentaremos ao leitor algumas fases da Psicoterapia de forma mais instrucional para que seja possível o entendimento da evolução do tratamento.

1º Processo terapêutico - Terapia Cognitivo-Comportamental - TCC

A paciente de 45 anos, atendida pela abordagem da TCC, será chamada aqui pelo pseudônimo de Ana[1].

Ao me procurar, Ana havia retornado ao Brasil há pouco mais de um ano após morar por 18 anos na Europa, onde se casou, fez mestrado e doutorado. Trabalhava no Rio de Janeiro como pesquisadora numa instituição do governo, desenvolvendo um projeto de pós-doutorado.

Por dez anos, havia feito um tratamento de fertilidade na tentativa de engravidar, pois nessa época ser mãe era sua prioridade. Essas tentativas criaram muita expectativa e a deixaram extremamente ansiosa e frustrada. Atribuiu sua ansiedade também aos remédios e hormônios que tomou durante esse tempo, fazendo com que sentisse que havia se tornado uma pessoa diferente. Pensou na adoção, e essa foi uma das razões que a fez voltar ao Brasil, contudo, não obteve sucesso, tal fato se transformou em mais uma causa ansiogênica, pois continuava a nutrir expectativa e preocupação constante com o tema.

No primeiro ano, após seu retorno ao Brasil, as dificuldades de adaptação ocorriam em quase todas as áreas de sua vida. Sentia que seu maior problema era a "falta de amor próprio e de autoestima", traduzindo-se em dificuldades nos relacionamentos, incluindo com sua mãe, com quem voltou a morar, amigos, pessoas no trabalho e sua orientadora do projeto de pós-doutorado, que a tratava com grosseria e autoritarismo.

---
1 Autorização concedida, por escrito, pela paciente.

Ana havia se aplicado para um novo plano de pós-doutorado, pois em menos de um ano acabaria o projeto em que trabalhava e os recursos financeiros vinculados a ele. Por não ter sido elegida, disse: "Foi a primeira vez na vida que fiz uma aplicação e não fui selecionada!" Demonstrava ter um nível de exigência consigo mesma extremamente elevado, não admitindo atingir menos do que "110% a 120%" em tudo que fazia.

Envolveu-se com homens mais jovens, que não tinham o mesmo nível de formação acadêmica, social e cultural. Os relacionamentos que iniciava não tinham continuidade, não recebia a atenção e reciprocidade que esperava, desencadeando intensas reações emocionais, como tristeza, ciúmes, angústia, e físicas, como taquicardia, "ansiedade no peito", sonolência e outros distúrbios no sono, que traduzia por "falta de controle de si mesma". Sentia-se rejeitada, não aceitava, ficava muito irritada e extremamente ansiosa, adotando um modo agressivo para comunicar-se e relacionar-se com o seu parceiro.

Tinha mudança de humor repentina, fazendo com que tomasse decisões contraditórias sobre questões simples que se apresentavam no momento. Perdia a concentração para trabalhar e isso se refletia nos seus resultados e na qualidade de seu desempenho, aumentando a insegurança em relação à sua competência e sua consequente ansiedade.

Relatou que seus pensamentos se repetiam, perturbando-a a ponto de não conseguir controlá-los, prejudicando todas as suas atividades e seu bem-estar.

Devido à variedade das situações envolvendo as circunstâncias de vida da paciente, nas quais ocorrem preocupação excessiva disseminada, intensa e angustiante, falta de concentração, acompanhada de sintomas físicos, como taquicardia e irritabilidade, que interferiam de forma significativa no seu funcionamento psicossocial, pode-se afirmar que esses sintomas satisfazem os critérios para o transtorno de ansiedade generalizada.

Foram utilizados instrumentos de avaliação e intervenções cognitivas da TCC, recomendados por Beck (2013), a saber: Lista de Problemas, Registro de Pensamentos Disfuncionais (RDPD), Linha do Tempo, *check-list*, criação de cartões de enfrentamento e solicitação de *feedbacks* sobre as vivências subjetivas da paciente.

Após 12 sessões, surgiram os resultados das intervenções que deram lugar a novas emoções e crenças, marcando a diferença entre o início do processo terapêutico e o momento da mudança. Ana já conseguia realizar algumas mudanças em seu comportamento, no que se referia à sua autoestima, sentimento de autoconfiança e maior autonomia, que haviam sido reduzidos pelo transtorno de ansiedade.

Na ocasião, precisou interromper o tratamento por questões pessoais, sentindo-se em condições de caminhar "com suas próprias pernas".

2º Processo terapêutico –
TCC com intervenções da Psicologia Positiva

Decorridos um ano e meio, Ana me procurou para novo trabalho terapêutico, voltado para a vida profissional.

Pelas observações do comportamento e relatos da paciente, ficou evidenciado que, mesmo passado esse período após o primeiro processo terapêutico, o quadro de TAG ainda estava presente, embora já bem mais atenuado.

Nesse período, Ana desistiu de trabalhar como pesquisadora e iniciou na vida acadêmica, dando aulas para a graduação em sua área de formação, a fim de ter uma vida com mais estabilidade e segurança financeira.

Após avaliação do novo momento, retomamos a estratégia cognitiva do Registro de Pensamentos Disfuncionais (RDPD), identificando pensamentos automáticos, emoções e comportamentos disfuncionais que a incomodavam, estimulando a reflexão sobre a validade dos mesmos e a reestruturação cognitiva necessária.

Ana não avançou muito nessa etapa do processo terapêutico, o que me fez refletir sobre a necessidade da inclusão de estratégias ainda não utilizadas. Dessa forma, incluí intervenções da Psicologia Positiva, como a prática de Mindfulness, integrada à Terapia Cognitivo-Comportamental, que é utilizada para inúmeros transtornos, distúrbios médicos e estresse, ajudando Ana a observar e aceitar sem julgamentos suas experiências internas, sem avaliar ou tentar mudá-las. (BECK, 2011). A realização dessas práticas se mostrou eficaz no processo terapêutico de Ana, permitindo-lhe experimentar sensação de relaxamento, redução da ansiedade e controle de suas emoções. Linehan (1993) alega que a meditação Mindfulness é uma prática específica, que ajuda os pacientes a se acalmarem, regulando suas emoções. (YOUNG; KLOSKO; WEISHAAR, 2008).

A prática da Psicologia Positiva que se mostrou mais efetiva no processo terapêutico de Ana foi o Exercício das Três Bênçãos.

Essa prática ensina a notar, relembrar e desfrutar as melhores coisas da vida, promovendo espaço para focarmos no positivo. Requer atenção aos eventos positivos da vida e o engajamento neles de forma completa – tanto no momento em que ocorrem quanto após, ao relembrarmos e compartilharmos os eventos com outras pessoas. Refletir na causa ajuda a nos conectarmos com fontes profundas de bem-estar em nossas vidas. (SELIGMAN, 2005).

Sabemos que é importante criar o registro físico dos acontecimentos, listando num caderno ou diário.

Três Bênçãos
(Seligman; Steen; Park; Peterson, 2008)

Ao fazer os registros, siga as instruções:

1. Nomeie o acontecimento (ex.: elogio do meu filho à minha promoção);

2. Escreva com exatidão e detalhes o que ocorreu;

3. Registre o que sentiu na hora em que ocorreu e após, quando está relembrando o acontecimento;

4. Analise e explique o que considera ter causado esse evento;

5. Não se preocupe com a grafia ou uso correto da gramática. O importante é fornecer detalhes.

Contar bênçãos de forma regular faz as pessoas mais felizes em suas vidas!

Fonte: SELIGMAN (2011)

Ana percebeu a mudança em seus depoimentos ao adotar essa prática e evoluiu no padrão dos pensamentos, sentimentos e comportamentos. A qualidade dos seus *insights* ficou mais refinada, e ela conseguiu perceber que estava repetindo padrões comportamentais familiares, adotados pela avó e pela mãe, as quais só enxergam coisas ruins, declarando que quer fazer tudo o que puder para reverter esse comportamento.

Está num relacionamento estável, com o mesmo parceiro, e declarou que tem "experimentado uma tranquilidade que há muito não tinha nas relações anteriores", sentindo-se feliz consigo mesma, ao focar no positivo.

Hoje, Ana prioriza o bem-estar, concentra-se em suas metas de estudo e comentou: "Compreendi como chegar ao estado de bem-estar, praticando o Mindfulness, mas com a prática das Três Bênçãos foi mais rápido". Dessa maneira, conseguiu melhorar a qualidade do seu estudo, dobrando a quantidade de horas dedicadas e recuperando o estado de êxtase e felicidade que passou a sentir e, lembrando-se dessa experiência positiva, disse que não quer deixar de se sentir assim.

Embora não tenha havido remissão total de sintomas, a percepção da cliente sobre a sua mudança, do olhar no negativo para o foco no positivo, assim como sobre o aumento de sua capacidade em lidar com situações imprevistas, desafiadoras e conflituosas, com a diminuição dos sintomas de ansiedade, é fundamental para afirmarmos que essa intervenção foi determinante para sua sensação de satisfação consigo mesma.

Maddux[2] (2014), especialista sobre a Psicologia Positiva do século XXI, afirma que a Psicologia Clínica deve assumir princípios da Psicologia Positiva. Considera a formação da maioria dos psicólogos clínicos voltada às visões patológicas pessimistas do comportamento humano e do potencial das pessoas para mudar. Declara ainda que, deparando-se com o mercado de "saúde mental" em mudança, onde milhões querem melhorar a qualidade de vida em lugar de apenas buscar "curas" para "transtornos", a Psi-

---

2 MADDUX, J. E.; SNYDER, C. R.; LOPEZ, S. J. *Toward a positive clinical psychology: deconstructing the illness ideology and constructing an ideology of human strengths and potential.* In: **Positive Psychology in Practice**, p. 320-334. Hoboken, NJ: Wiley, 2004.

cologia Clínica precisa das óticas mais construtivas da Psicologia Positiva, afirmando: "Se a Psicologia Clínica não atender a essa necessidade, outras profissões o farão".

Conclusão

Podemos afirmar que as práticas da Psicologia Positiva associadas às estratégias e técnicas da TCC possibilitaram significativos progressos no tratamento com diminuição dos sintomas ansiosos de Ana, ampliação de sua consciência, para o desenvolvimento de diálogos internos construtivos, diminuição dos pensamentos automáticos e aumento da sensação de controle sobre suas emoções, bem como no alívio da sensação de frustração que sentia.

No entanto, salientamos que a intervenção que surtiu maior impacto positivo, pela qualidade dos *insights* produzidos e a rapidez com que provocaram mudanças nos sentimentos, pensamentos e comportamentos da paciente, foi a prática das "Três Bênçãos", seguida da sensação de bem-estar e do consequente sentimento de relaxamento.

Considerando que pacientes com Transtornos de Ansiedade Generalizada frequentemente fazem uma estimativa reduzida de sua capacidade de lidar com as situações carregadas de medo, têm sensação de falta de controle e alta frequência de autoafirmações negativas, interpretações de estímulos corporais e expectativas exageradas do risco de adversidades futuras.

Sendo assim podemos afirmar que os resultados da intervenção aplicada levaram à melhora dos sintomas, com consequente elevação da autoestima e confiança em si mesma, relacionadas a formas de lidar com as situações conflituosas de sua vida, segurança em suas capacidades e habilidades profissionais, bem como na qualidade dos *insights* e ampliação de consciência sobre seus processos internos, potencializando sua sensação de bem-estar atual.

Capítulo 10

Wani Aida Braga

O trabalho terapêutico com as forças de caráter no tratamento da depressão

Baseada em estudos científicos, a Psicologia Positiva oferece diretrizes para ajudar o ser humano a conhecer suas mais nobres qualidades e a usá-las em benefício próprio e da sociedade. (MCCULLOUGH e SNYDER, 2000). Tais qualidades são universais e compõem 24 Forças de Caráter, distribuídas em seis virtudes. (PETERSON & SELIGMAN, 2004).

As virtudes se expressam pelas Forças de Caráter. Essas, por sua vez, são traços positivos que se manifestam por pensamentos, sentimentos e atitudes. (SELIGMAN & PETERSON, 2004). Reconhecer nossas forças nos permite tomar consciência do melhor que há em nós e nos outros, nos ajuda a construir relacionamentos positivos, a descobrir a felicidade mais profunda e a atingir nossos objetivos (www.viacharater.org).

No caso dos pacientes deprimidos, essa tarefa nem sempre é fácil, pois esse estado emocional favorece a potencialização do lado negativo. A boa notícia é que a Psicologia Positiva oferece diretrizes para a consciência e a potencialização das forças em benefício das pessoas – com ou sem depressão.

Reconhecendo-lhes o poder de transformação, integramos esses conhecimentos na prática psicoterapêutica. Nessa perspectiva, trazemos um estudo de caso de um paciente com depressão grave* que se beneficiou da consciência e do poder de suas Forças de Caráter no tratamento da depressão.

Estudo de caso

Apresentamos o caso de um jovem de 27 anos, solteiro, graduado em nível superior, funcionário público concursado na área administrativa. Josué (nome fictício) foi encaminhado por psiquiatra, com diagnóstico de transtorno depressivo grave. O estudo foi realizado no período de seis meses de tratamento.

---
* O paciente autorizou a publicação do estudo de caso, desde que não fosse identificado.

No primeiro contato, para marcação de consulta, a mãe solicitou atendimento urgente por temer que "alguma coisa pior" pudesse acontecer com o filho. Relatou que ele não buscava ajuda e se isolava cada vez mais.

Josué apresentou-se pontualmente no dia marcado. Informou que vinha por insistência da mãe, mas que não acreditava em Psicoterapia, pois já havia passado por outros terapeutas sem perceber melhoras. Afirmou que falar sobre a própria vida o deixava impaciente.

Combinamos que falaria de si quando achasse importante. Explicamos que ofereceríamos algumas ferramentas para ajudá-lo a desenvolver o autoconhecimento, aliviar o sofrimento e desenvolver estratégias para se proteger de recaídas e transformar sua realidade.

Segundo suas informações, a depressão instalou-se há dois anos sem causa aparente, com agravamento após o término de um namoro de mais de cincos anos. Acrescentou que um acidente no trabalho provocou o deslocamento do ombro direito, limitando-lhe temporariamente os movimentos e, em consequência, perdeu nove quilos, o que lhe abalou a autoestima. Na infância, era muito magro e tímido. Fora esses aspectos, foi uma criança dócil, com bom desempenho escolar. Pais afetivos e presentes.

Doenças graves na família também concorreram para o agravamento do quadro. No ano passado o pai teve diagnóstico de câncer, no momento sob controle, e a mãe correu risco de vida em uma cirurgia.

Nos relatos, percebemos que a maioria das vivências foram traumáticas e algumas culminaram em estresse pós-traumático (TEPT), conforme os critérios do diagnóstico do DSM-V. Essas memórias foram trabalhadas ao longo do processo terapêutico com técnicas específicas para trauma, possibilitando a liberação das memórias intrusivas e das influências negativas do passado.

Não nos deteremos na descrição das técnicas de tratamento de trauma utilizadas, tendo em vista o propósito de abordar o estudo de caso nos aspectos da aplicação dos recursos da Psicologia Positiva, sem, no entanto, desconsiderar a importância das abordagens psicoterapêuticas do trauma no tratamento da depressão. A Psicologia Positiva complementa o trabalho com significativa contribuição científica sobre as qualidades humanas.

Psicologia Positiva aplicada à Psicologia Clínica

A postura acolhedora do terapeuta é de total importância para estimular e favorecer a expressão dos conflitos e do sofrimento por parte do paciente. Uma atitude profissional compassiva e asseguradora, sem julgamentos sobre as causas do sofrimento, é ferramenta poderosa para o estabelecimento do vínculo psicoterapêutico.

Nessa perspectiva, continuamos o tratamento de Josué, apresentando primeiramente os elementos que permitem o desenvolvimento do bem-estar, o que significa ter uma vida mais gratificante e feliz. Seligman (2011), o criador da Psicologia Positiva, define o bem-estar como construto que envolve: emoção positiva, relacionamento positivo, engajamento, sentido e realização.

Esses elementos encontram suporte nas 24 Forças de Caráter, as quais compõem as seis virtudes, conforme figura abaixo.

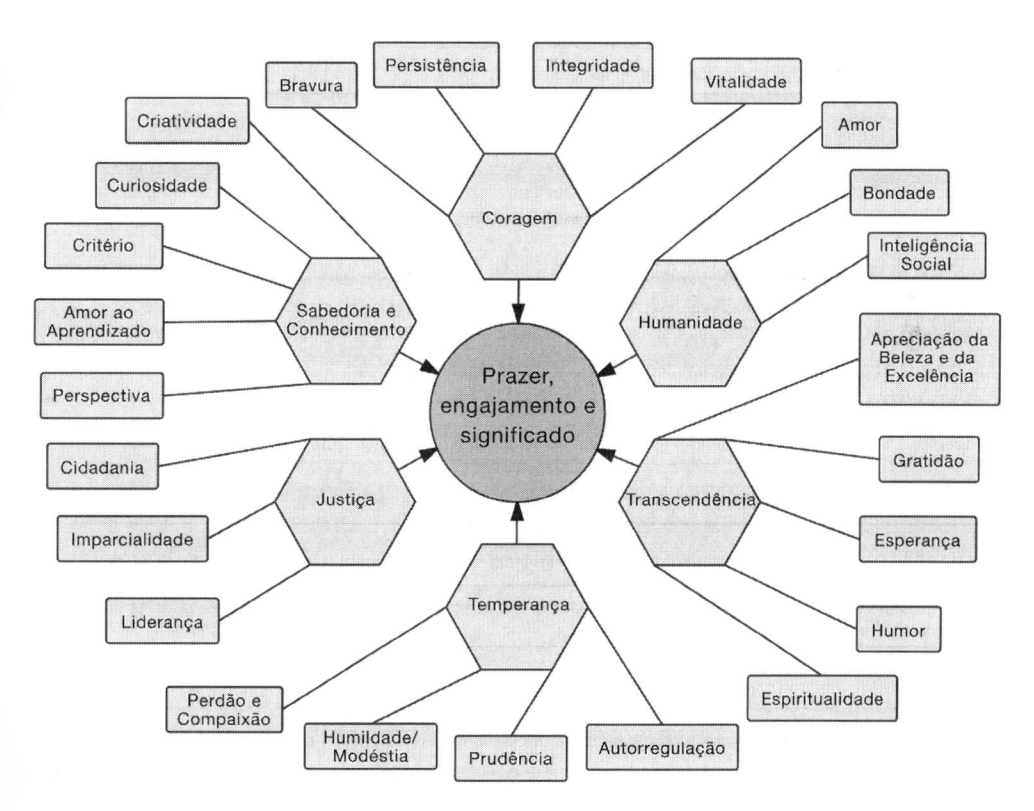

Figura: Virtudes e Forças de Caráter, segundo Peterson e Seligman (2004).

De forma a facilitar a compreensão do grau de comprometimento de Josué em decorrência da depressão, foi sugerido ao paciente que analisasse sua vida, com base nos elementos definidos por Seligman (2011), como instituidores do estado de felicidade. Seguem nossas observações resumidas.

Emoções positivas: a alegria não estava presente em sua vida; permanecia mal-humorado e triste a maior parte do dia, apesar dos medicamentos controlados para depressão.

Relacionamento: apresentava isolamento social, ausência de compaixão e de sensibilidade empática, mecanismo de negação e de vitimização diante das contrariedades; baixa resistência a frustrações e comunicação limitada com seus familiares.

Engajamento: atividades no trabalho realizadas por obrigação e responsabilidade; tédio em relação à função ocupada e falta de interesse em ter um *hobby*.

Sentido: pautou a escolha profissional no ganho financeiro e no *status*; as conquistas profissionais não lhe trouxeram alegria, pois o que sentia era um imenso vazio.

Realização: não se sentia realizado em nenhum aspecto da vida; não valorizava suas realizações no trabalho e não se preocupava com o reconhecimento de seu desempenho.

Percebemos que os elementos que compõem o bem-estar estavam ausentes na vida de Josué, o que está diretamente relacionado a um estado depressivo grave. A conquista de *status*, poder e dinheiro não lhe trouxe felicidade. Conforme pesquisas sobre a felicidade, esses aspectos podem contribuir apenas para uma felicidade momentânea. (SELIGMAN, 2011). O sofrimento psíquico, a descrença no ser humano e a falta de sentido de vida o impediam de se mover em direção a qualquer objetivo que pudesse fazê-lo feliz.

Prosseguindo a etapa de autoconhecimento, foi sugerido que fizesse o teste das Forças de Caráter para identificar suas principais forças, ou seja, as chamadas Forças de Assinatura que são as que mais o representam. No teste, convencionou-se que elas aparecem classificadas até o quinto lugar na lista das 24 Forças.

Ao realizar o teste, ele ficou surpreso ao verificar que suas principais forças eram: amor ao aprendizado, critério, perspectiva, imparcialidade e humor. Manifestou dificuldade em reconhecê-las, porque não combinavam com seu estado emocional e, por tal motivo, foi necessário explicar que nem sempre é fácil identificar as qualidades positivas sob o impacto de um transtorno depressivo. Mesmo sem serem portadoras de depressão, as pessoas não estão habituadas a identificar o que funciona bem nelas. É mais comum pensar nas próprias fraquezas, pois há uma tendência natural em lembrar mais das experiências ruins do que das exitosas. (SNYDER & LOPES, 2009).

Essa inclinação é explicada por motivos evolutivos. (MCCULLOUGH & SNYDER, 2000). No entanto, o foco no negativo predispõe à ansiedade e à depressão. Segundo SELIGMAN (2011, p. 45), "...para superar essa tendência, natural e catastrófica de nosso cérebro, precisamos trabalhar e praticar a habilidade de pensar naquilo que deu certo".

Como forma de prepará-lo e encorajá-lo a exercitar suas Forças de Caráter, foi pedido que fizesse o exercício de resgate de suas lembranças sobre vivências positivas da infância. Porém os estados depressivos bloqueavam os estados agradáveis e positivos. Josué mostrava-se resistente à percepção ou valorização dos bons acontecimentos de sua vida. Para facilitar o rompimento desse bloqueio e ajudá-lo a reconhecer suas Forças de Caráter, foi necessário, além de insistir com perguntas, utilizar alguns recursos para resgatar lembranças positivas, como: fotos da infância; recordação de brinquedos e brincadeiras preferidas.

O trabalho de desconstrução do bloqueio das memórias positivas na infância fez com que Josué se tornasse mais descontraído, permitindo que trouxesse à tona outras lembranças alegres. Era evidente sua satisfação. A partir da correlação de suas principais forças com boas lembranças da infância, admitiu, emocionado, a existência dessas forças até mesmo nos momentos difíceis. Assim, ele pôde entrar em contato com a própria essência. Emoções positivas geram mais emoções positivas. "Fredrickson (2002) referiu-se a essa sequência positiva como a espiral ascendente das emoções positivas". (SNYDER & LOPES 2009, p. 131).

Através desse trabalho, Josué pôde ressignificar seu passado e modificar a percepção sobre si, favorecendo a recuperação de sua autoestima e marcando o início da melhora de seu quadro depressivo.

Aproveitando a motivação, foi sugerido o relatório chamado *VIA PRO Report*, que apresenta uma análise de dados facilitando a conscientização mais profunda das principais Forças, além de oferecer sugestões para exercitá-las. O conteúdo desse relatório foi explorado na sessão seguinte, durante a qual percebeu mais duas Forças de Assinatura: amor e perseverança. Ele observou que a perseverança estava presente em sua vida, pois não desistira do emprego, mesmo desmotivado e com dificuldades nas relações pessoais.

Quanto às demais Forças, as que menos utilizava estavam ligadas à Virtude da Transcendência, que contribuem de forma significativa para impulsionar o gosto pela vida. (SELIGMAN & PETERSON, 2004).

O trabalho com as Forças de Assinatura foi uma ótima oportunidade para Josué tomar consciência sobre as razões pelas quais não se sentia feliz no exercício profissional, mesmo com o almejado salário, *status* e poder. O sentimento de vazio sugere falta de propósito de vida e dos outros elementos do bem-estar citados por Seligman (2011). Conforme Victor Frankl (2016), descobrir o significado na vida é desejo básico do ser humano. Sem ele, a vida torna-se vazia. Cada momento contém significado em si mesmo. A criatura, psiquicamente saudável, busca significados em tudo o que faz e vive, em momentos bons e ruins, a fim de ter suporte para modificações ou reforço de rumos, visando à felicidade e realização.

Como forma de desenvolver e potencializar suas Forças de Transcendência, foi solicitado a Josué que apreciasse a beleza da natureza durante a semana e refletisse sobre a possibilidade de buscar satisfação no trabalho, independentemente das conquistas pessoais. Através dessa simples tarefa chegou à seguinte conclusão: "Contemplar a natureza me fez sentir muito bem". Ao indagarmos sobre a satisfação no trabalho, exclamou: "Não quero mais ficar no trabalho em que estou!" Refletiu sobre o quanto lhe custava, em saúde, permanecer no emprego. Completou sua fala dizendo: "O Judiciário tem mais a ver comigo e com aquilo com que posso contribuir".

A tomada de consciência de sua Força da Imparcialidade fez com que Josué refletisse sobre a importância dela para combater as injustiças sociais, as quais sempre lhe incomodaram. A partir dessas reflexões, sentiu-se mais estimulado a planejar sua trajetória no rumo do Judiciário, onde poderia exercitar a Força da Imparcialidade, entre outras, de forma útil e justa à sociedade.

Com o avanço da terapia, Josué já contemplava o Amor ao Aprendizado, a Persistência e a Imparcialidade, que passaram a constituir recursos que o impulsionaram a se dedicar melhor aos estudos no curso de Direito, do qual, no momento, estava em risco de ser jubilado por frequência irregular.

Os resultados se materializavam diante dos olhos. A alegria de viver, sequestrada pela depressão, começava a se libertar por meio da consciência das potencialidades. Sabíamos que Josué poderia ir mais longe. Prosseguimos na caminhada, acompanhando o processo de seu fortalecimento emocional. Josué progredia no alívio dos sintomas e no desenvolvimento de recursos para seguir em frente.

Inspirados na Força da Gratidão, utilizamos o exercício das Três Bênçãos (SELIGMAN, TEEN, PARK & PETERSON, 2005), com a intenção de lhe trazer mais alegria e satisfação, sugerindo que, durante a semana, registrasse diariamente três coisas que deram certo e a que atribuía o êxito. Ele fez uma lista de eventos simples e interessantes. Suas reflexões foram muito ricas e carregadas de emoção positiva, o que propiciou significativa melhora de seu estado de humor.

Ainda fazendo referência à Transcendência, para mais uma vez exercitar a Força da Gratidão, foi sugerido que escrevesse uma carta de gratidão para uma pessoa que havia sido muito prestativa ou solidária e para a qual ainda não tivesse tido a oportunidade de expressar tal sentimento. Foi orientado a pensar no destinatário, na forma de escrevê-la e enviá-la (*e-mail*, correios, *WhatsApp,* pessoalmente, leitura por telefone). Ficou pensativo e logo se levantou da cadeira em direção à porta dizendo: "Já sei para quem escrever!"

Na sessão seguinte, trouxe a carta e a leu em voz alta. Novamente foi possível perceber alegria em seus olhos ao compartilhar a rica experiência. Disse que nunca imaginara que um exercício tão simples pudesse provocar sensação tão boa.

Próximo aos seis meses de tratamento, Josué já demonstrava sintomas de depressão bastante abrandados. Já reduzira a medicação antidepressiva. A velocidade de sua recuperação, de certa forma, causou surpresa. Cada vez mais, revelava autonomia, emoções positivas e criatividade, aspectos que o ajudaram a expandir suas forças. O relatório *VIA PRO Report* foi fundamental na orientação de suas estratégias.

Com a prática de outras Forças como as da Humanidade, Temperança e Transcendência, Josué melhorou o relacionamento no trabalho e resgatou amizades perdidas. Nessa fase, para inspirar e potencializar essas Forças, assistiu a alguns filmes selecionados, conforme Niemiec e Wedding (2012). No exercício dessas Forças, conseguiu mudar as atitudes de distanciamento no trabalho, adotando condutas de proximidade e de humildade. Passou a cumprimentar os colegas e a oferecer ajuda quando alguém estivesse sobrecarregado. Desenvolveu a habilidade de manter mais contato visual e se esforçou para participar mais ativamente das reuniões. Na família, assumiu o compromisso de ser mais prestativo e amoroso. Os relacionamentos com os colegas se tornaram mais amistosos e sua rede social se expandiu.

O Amor, uma de suas Forças de Assinatura, o ajudou a estabelecer relações mais significativas, confirmando o poder dessa qualidade para estabelecer reciprocidade e harmonia nos relacionamentos. (PETERSON & SELIGMAN, 2004).

Decorridos seis meses de terapia, Josué não demonstrava mais os sintomas depressivos. Mantinha o uso da medicação antidepressiva por zelo de sua psiquiatra. Tornou-se o protagonista da própria vida, motivado por propósitos e atitudes construtivas que lhe permitiram descobrir como ser feliz e superar as adversidades. Embora satisfeito com os resultados, decidiu continuar a terapia para aprofundar o autoconhecimento.

Conclusão

Os progressos de Josué foram confirmados através de várias fontes: por ele próprio, pela avaliação dos familiares, pelos colegas de trabalho, de faculdade e também pelas observações clínicas durante todo o processo terapêutico. Tomar consciência do poder das Forças de Caráter foi determinante para ajudá-lo a utilizá-las em benefício de uma vida plena de significado, realização, relacionamento positivo e prevenção de recaídas.

PARTE IV

Outras aplicações da Psicologia Positiva na Psicologia Clínica

Capítulo 11

Angelita Corrêa Scardua

Os mecanismos de defesa saudáveis e o desenvolvimento adulto positivo

A meia-idade é uma fase do ciclo vital que se estende aproximadamente dos 40 aos 60 anos. Essa fase da vida pode ser entendida como a principal etapa do desenvolvimento adulto, apresentando-se como um período caracterizado pelo exercício de resumir e reavaliar o que foi vivido. Nesse sentido, a Psicologia Positiva oferece recursos fundamentais para o acompanhamento clínico de pessoas nessa fase do desenvolvimento psicológico, demonstrando como o reconhecimento e o exercício das qualidades humanas ajudam a lidar com os desafios da meia-idade, promovendo bem-estar e contribuindo para uma vida significativa.

A vida significativa é uma das três dimensões da felicidade propostas por Martin Seligman (2003). As outras duas são a vida prazerosa e a vida engajada. Enquanto a vida prazerosa constitui-se na maximização das emoções positivas para gerar felicidade no curto prazo, as outras duas produzem maior e mais consistente bem-estar no médio e longo prazo. Na vida engajada, o foco é o envolvimento profundo com atividades que gerem motivação e concentração a ponto de a pessoa sentir-se emocionalmente absorvida pela realização da tarefa. A vida significativa é aquela na qual encontramos um profundo senso de realização, o que nos leva a empregar as forças pessoais para um propósito maior que nós mesmos. (SELIGMAN, 2003).

Assim, a pesquisa em Psicologia Positiva aponta para a existência de correlações entre propósito e bem-estar subjetivo, estando o propósito associado ao desenvolvimento (BENSON, 2006), ao florescimento humano (SELIGMAN, 2011) e à resiliência (BENARD, 1991). Similarmente, estudos anteriores já apontavam a correlação positiva entre propósito e bem-estar subjetivo, especialmente na meia-idade. A precursora dos modelos de bem-estar psicológico, Carol Ryff, ainda em 1989, demonstrou que o propósito está associado a um senso subjetivo de bem-estar no desenvolvimento adulto. (RYFF, 1989).

A partir do que indicam os estudos sobre bem-estar e desenvolvimento adulto, pode-se perceber que o autoconhecimento é a exigência mais contundente da meia-idade. O autoconhecimento permite o reconhecimento das nossas qualidades, habilidades e forças mais e menos desenvolvidas, capacitando-nos a pensar e a repensar sobre como as estamos empregando. Mais do que isso, o autoconhecimento possibilita a identificação de propósito para a vida que desejamos viver e, consequentemente, de como o que vivemos pode agregar ou não significado à existência. De modo geral, o autoconhecimento é também a motivação primária de qualquer processo psicoterápico que vise ao desenvolvimento humano. E é sobre isso que fala este capítulo; sobre a proposta de uma clínica positiva para adultos, focada no autoconhecimento, voltada para a promoção de bem-estar subjetivo por meio do engajamento com a vida cotidiana e da busca de significado por meio de propósito. Uma clínica que começa pelo entendimento do que é a adultez e de qual é a sua função psicológica no ciclo vital.

Teoria do Ciclo Vital

A Teoria do Ciclo Vital, proposta por Erik Erikson (1998), é composta por oito estágios que correspondem a diferentes faixas etárias. Nela, parte-se do princípio de que, em cada etapa do desenvolvimento (estágios psicossociais), ocorrem pressões do ambiente social que são geradoras de crise. A crise oferece à pessoa em desenvolvimento formas mais ou menos adaptativas de lidar com os conflitos característicos do estágio.

Os oito estágios do Ciclo Vital propostos por Erikson são:

1. Confiança Básica vs. Desconfiança (zero a um ano de idade);
2. Autonomia vs. Vergonha e Dúvida (dois a três anos de idade);
3. Iniciativa vs. Culpa (quatro a cinco anos de idade);

4. Construtividade vs. Inferioridade (dos seis aos onze anos de idade);

5. Identidade vs. Confusão de Papel (dos 12 anos ao fim da juventude);

6. Intimidade vs. Isolamento (jovem adulto);

7. Generatividade vs. Estagnação (meia-idade);

8. Integridade do Ego vs. Desesperança (velhice).

O sétimo estágio da teoria de Erikson, *Generatividade vs. Estagnação*, corresponde ao intervalo de tempo que vai dos 35 aos 60 anos de idade. O desenvolvimento inadequado nessa fase da vida pode levar à estagnação pessoal. A aceitação dos limites impostos pelo tempo e seus efeitos sobre o envelhecimento, o reconhecimento da própria finitude, a avaliação e ressignificação da história pessoal e dos relacionamentos nela estabelecidos são algumas das tarefas impostas pela meia-idade.

Aspectos como escolhas de vida, saúde e bem-estar subjetivo têm-se mostrado fundamentais para o desenvolvimento adulto no que concerne à elaboração das tarefas evolutivas descritas por Erikson. (SCARDUA, 2003). Isso é o que foi revelado pelos mais de 75 anos de estudos sobre desenvolvimento adulto realizados na Escola de Medicina de Harvard, nos EUA. (VAILLANT, 2015). Além de uma revisão da teoria dos estágios de Erikson, George Vaillant (2003) também propôs uma redefinição do conceito de Mecanismos de Defesa. Eles são processos subconscientes que permitem à mente encontrar uma solução para conflitos não resolvidos ao nível da consciência. A proposta de Vaillant (2003) parte do pressuposto de que os Mecanismos de Defesa podem funcionar como mecanismos adaptativos, sendo essa função característica de adultos mentalmente saudáveis. São cinco os mecanismos de defesa que promovem a adaptabilidade no desenvolvimento adulto:

- **Altruísmo:** envolve prazer em oferecer aos outros aquilo que se deseja obter.

- **Sublimação:** permite uma resolução indireta de conflitos sem consequências adversas ou perdas significativas de prazer.

- **Supressão:** envolve a decisão semiconsciente de postergar a atenção devida a um impulso ou conflito, mantendo-o em mente, mas sob controle.

- **Antecipação:** caracteriza a capacidade de manter uma resposta afetiva diante de uma possibilidade desagradável de futuro.

- **Humor:** permite a expressão da emoção sem desconforto individual e sem efeitos desagradáveis para outros, facilitando encarar aquilo que pode ser doloroso ou desagradável.

A perspectiva oferecida pela Psicologia Positiva

A partir de uma perspectiva positiva sobre os recursos do ego para adaptar-se às experiências e integrá-las, os mecanismos saudáveis propostos por George Vaillant atuam tanto como elemento preventivo, quanto como estratégia de enfrentamento dos desafios emocionais impostos pelo advento da meia-idade.

A busca de métodos preventivos, que favoreçam uma maior capacidade de florescimento e de realização de potencialidades, tem sido um dos fundamentos da pesquisa e da prática em Psicologia Positiva. (SELIGMAN & CSIKSZENTMIHALYI, 2000). Nessa busca, a descoberta de que há forças do caráter que podem ser usadas contra o sofrimento mental aproxima-se da ideia de adaptabilidade e de amadurecimento dos mecanismos de defesa proposta por George Vaillant (2003). Coragem, resiliência, otimismo, habilidades interpessoais, fé, ética profissional, esperança, honestidade, perseverança, discernimento e outras características são tidas como ferramentas preventivas que devem ser encorajadas e potencializadas, mas, para isso, se faz necessário por parte do indivíduo um investimento constante em autoconhecimento.

Autoconhecimento no Setting Terapêutico para Autonomia Emocional

A busca pelo autoconhecimento encontra espaço privilegiado na clínica psicológica. É no contato entre psicoterapeuta e paciente que se podem criar as condições para reflexões profundas sobre quem somos e quem podemos vir a ser. Mais do que isso, o *setting* terapêutico oferece as condições necessárias para que os dilemas da meia-idade – tais como questões conjugais, parentais, profissionais, existenciais etc. – possam ser esmiuçados e compreendidos de acordo com as necessidades e especificidades de cada sujeito. A jornada afetiva e cognitiva do desenvolvimento adulto, viabilizada pela experiência psicoterápica, possibilita a utilização dos mecanismos de defesa como recursos adaptativos que favorecem a experiência de felicidade, fomentando o prazer, o engajamento e, principalmente, o significado.

O processo psicoterápico voltado para o desenvolvimento adulto e a promoção de bem-estar inicia-se a partir de questões referentes ao histórico de vida do paciente. Perguntas exploratórias sobre a maneira de o sujeito lidar com estados de pressão, desconforto emocional, situações de conflito, frustração etc. criam possibilidades para uma melhor compreensão a respeito do uso dos mecanismos de *sublimação* e *supressão*. Similarmente, quando o paciente fala sobre os próprios modos de lidar com as situações de embaraço social, e sobre os recursos usados para lidar com as limitações, dificuldades e defeitos dos outros e os próprios, pode-se avaliar a disponibilidade para a espontaneidade e a leveza como parte do mecanismo adaptativo *humor* nas experiências cotidianas. A sublimação, a supressão e o humor são mecanismos adaptativos que contribuem tanto para a vivência de emoções positivas, viabilizando assim a vida prazerosa, quanto para a vida engajada.

Relatos sobre o envolvimento com trabalho e ações voluntárias, tolerância às diferenças individuais, preconceito etc. ajudam a traçar um panorama indicativo da utilização do mecanismo adaptativo *altruísmo*. Aqui, nos deparamos com uma ferramenta psicológica essencial para a vida engajada, uma vez que o comprometimento desinteressado de benefícios imediatos com uma atividade tende a revelar uma disposição para o envolvimento pautado unicamente na satisfação com a realização da tarefa. Mas não apenas isso, o altruísmo também está associado à vida significativa, assim como o mecanismo adaptativo *antecipação*. Ao serem convocados a pensarem e a falarem sobre suas expectativas de futuro, projetos, sonhos, concepção de velhice etc., os sujeitos fornecem matéria-prima para a reflexão em torno da utilização desse mecanismo adaptativo. A *antecipação* apresenta-se como fator primordial para a construção de uma vida com propósito na meia-idade, sendo um recurso que nos confronta com as possibilidades de realização das potencialidades inerentes ao processo de envelhecimento e à vivência plena da generatividade. (McADAMS, 2013).

A sustentação de uma psicoterapia com adultos, fundamentada na Psicologia Positiva, se dá pelo enfoque com o qual o psicoterapeuta aborda o material vivencial que, com ele, é compartilhado pelo paciente. A perspectiva positiva confere à análise do psicoterapeuta as condições para avaliar o uso dos mecanismos adaptativos pelo sujeito como indicativo de maturidade psicológica. Nesse sentido, é fundamental que a condução da terapia se paute na construção de autonomia emocional, ou seja, que o paciente não apenas aprenda a reconhecer os padrões emocionais, cognitivos e comportamentais que têm guiado sua forma de viver e de perceber a si mesmo e aos outros, mas que ele também aprenda a identificar os mecanismos internos e externos que disparam e alimentam esses padrões. Assim, a construção de autonomia emocional favorece o uso adequado dos mecanismos de defesa saudáveis como estratégias adaptativas aos desafios e demandas do desenvolvimento adulto.

Perspectiva da Psicologia Positiva – recursos e práticas para desenvolvimento adulto na clínica

A evolução do processo clínico com adultos depende tanto de recursos e técnicas para o mapeamento das potencialidades do paciente, quanto do uso sistemático de instrumentos que viabilizem a realização dessas potencialidades. Ferramentas para avaliação dos níveis de felicidade (LYUBOMIRSKY & LEPPER, 1999) e satisfação com a vida (DIENER *et al.*, 1985) servem como referência sobre os índices de bem-estar subjetivo do paciente. Ao mesmo tempo, fornecem um excelente parâmetro de comparação com os relatos do paciente sobre suas vivências no decorrer do processo psicoterápico. Similarmente, o levantamento das forças pessoais (PETERSON & SELIGMAN, 2004) contribui para o autoconhecimento do paciente e para que o terapeuta defina estratégias e exercícios favoráveis ao aprimoramento das mesmas. Entrevistas estruturadas e semiestruturadas (McADAMS *et al.*, 2001) e questionários orientados (PETERSON *et al.*,

2005) configuram excelentes métodos para a investigação da percepção do sujeito sobre as diferentes dimensões da felicidade.

Nessa proposta de psicoterapia de adultos também é importante ajudar o paciente a identificar, gerar e nutrir situações, atividades e condições que propiciem prazer, alegria, serenidade, gratidão etc. A partir da construção de um repertório de emoções positivas, com vivências e diários, podem-se desenvolver estratégias cognitivas que levem a uma avaliação mais positiva da vida, mesmo em situações desafiadoras e estressantes e, consequentemente, a maior resiliência (TUGADE & FREDRICKSON, 2004). Na busca de propósito para uma vida significativa, a narrativa pode ser um poderoso aliado do processo clínico (CSIKSZENTMIHALYI, 1993). Por meio da narrativa, o paciente pode descobrir novas perspectivas sobre sua história, ressignificando as experiências vividas de forma criativa e positiva.

O importante na clínica positiva de adultos é que o objetivo do uso desses recursos seja fomentar a capacidade do paciente para lidar de forma madura com as mudanças típicas da meia-idade, tais como adoecimento, perda de entes queridos, fim ou revisão de carreira, divórcio etc. O desenvolvimento adulto pleno exige do sujeito o entendimento de que a não permanência é a verdadeira natureza do mundo e da realidade. Talvez por isso, um dos grandes desafios da meia-idade diz respeito à aceitação do envelhecimento e da morte, remetendo à própria finitude e às limitações do corpo, o que, numa perspectiva madura, acena como uma oportunidade para libertar-se dos estreitos limites impostos para a existência quando o sujeito se reconhece apenas através de sua máscara corpórea externa. Reconhecer o papel central da velhice no processo vivencial como culminância de uma existência plena, que se extingue na medida em que o ciclo da vida se completa, permite ao sujeito maduro psicologicamente antecipar-se às perdas físicas do envelhecimento.

A possibilidade de lidar com a velhice como um decurso natural da existência humana oferece a oportunidade para pensarmos em outra imagem para a velhice: a de repositório de conhecimento e de experiências. Imagem que remete ao conceito de generatividade e favorece uma abordagem positiva para a perspectiva do envelhecimento. A preocupação com as novas gerações está diretamente associada a uma maior regularidade no uso dos mecanismos de defesa saudáveis. (MALONE *et. al.*, 2015). Transmitir conhecimento, orientar e criar condições para o desenvolvimento das novas gerações pode ser entendido como uma característica própria da maturidade psicológica na meia-idade. Maturidade essa que demanda a confiança do indivíduo no tempo vivido, como tendo sido favorável ao acúmulo de experiências significativas o suficiente para que possam ser úteis ao crescimento individual e coletivo.

A vivência da *generatividade*, como uma etapa do desenvolvimento adulto, implica diretamente a construção de um sentido de valor que deve ser atribuído ao envelhecimento como coroação da sabedoria adquirida no decorrer de uma vida, cujo significado e importância consistem exatamente em deixar-se conduzir pelo fluxo inexorável da flecha do tempo, e não em sua evitação, ou seja, que confira propósito à própria existência e torne a vida significativa.

Capítulo 12

Beatriz de Paula Machado

Resiliência familiar transpondo a crise do desemprego

> *"O que é essencial para construir novas formas de reagir ou pensar? Não ter paredes na alma... ser resistente. Ainda que algo não pareça favorável, há que se buscar perceber os fatores que estão gerando isso; onde uma mudança de comportamento próprio melhora essa adversidade, inclusive."*
>
> *Valeria Milanês*

Na visão da Teoria Sistêmica, as famílias que conseguem superar as adversidades com maior facilidade são as que apresentam um modelo familiar geracional em que se observa a trajetória da família no sentido de sua adaptação e prosperidade diante de situações de estresse, tanto no presente como ao longo do tempo. (HAWLEY & DEHAAN, 1996).

Já a Psicologia Positiva é um movimento científico que estuda os aspectos positivos e virtuosos dos indivíduos, dando total importância à vivência de emoções positivas e à mudança do "foco do olhar" sobre os eventos adversos da vida. (SNYDER & LOPEZ, 2009). Nesse sentido, o conceito de resiliência também vem ressaltar a necessidade de o indivíduo desenvolver estratégias para superar as dificuldades e construir formas mais adaptativas para viver.

Segundo Walsh:

> Resiliência é a capacidade de renascer da adversidade, fortalecido e com mais recursos. A capacidade de superar os golpes do destino ultrajante desafia a sabedoria convencional de nossa cultura. As qualidades da resiliência permitem às pessoas se curarem de feridas dolorosas, assumirem suas vidas e seguirem em frente para viver e amar plenamente. (WALSH, 2005).

Ser resiliente é ter a capacidade de se recuperar de situações de crise através de um processo ativo de crescimento e reestruturação. É aprender a reagir pela força que brota por meio das experiências vividas, tendo a mente flexível e o pensamento otimista, com metas claras e a certeza de que tudo passará. Aplicando-o no contexto familiar, deve-se levar em conta que existem recursos internos dentro das relações familiares que permitem que os indivíduos superem os golpes adversos integrando-os e aumentando, dessa forma, a resiliência familiar. (WALSH, 2005).

Ao longo deste capítulo, sugiro um pluralismo terapêutico na apresentação deste estudo de caso de um grupo familiar que buscou Psicoterapia em virtude de conflitos surgidos a partir do desemprego. As intervenções foram elaboradas a partir da aplicação dos conceitos de resiliência que complementaram a abordagem da Terapia Sistêmica Familiar (TSF), no sentido de criar condições para o enfrentamento e a superação de adversidades. A Psicologia Positiva foi utilizada para aumentar as emoções positivas de todos os membros da família.

Felicidade, Terapia Sistêmica e Psicologia Positiva

Ser feliz é um dos objetivos mais desejados das pessoas (LYUBOMIRSKY, 2008) e, num sistema familiar, não poderia ser diferente, portanto, a junção dos princípios postulados tanto pela Psicologia Positiva sobre felicidade e bem-estar quanto pela Terapia Sistêmica Familiar foram utilizados para favorecer a aquisição de um funcionamento psíquico mais satisfatório dentro do sistema familiar. Lyubomirsky (2008) propõe que praticar atividades de forma intencional aumenta o nível de emoções positivas que incidirá diretamente na experiência de bem-estar e de felicidade. Logo, a meta terapêutica desejada para a família em questão foi pautada no aumento da resiliência como instrumento balizador de melhoria dos conflitos.

A abordagem da TSF focaliza seus objetivos terapêuticos nas forças familiares para o enfrentamento de dificuldades e conflitos. Sustenta a premissa de que não somos uma entidade separada na qualidade de indivíduos, uma vez que temos uma família agindo sobre nós, que nos influencia em algumas decisões e escolhas. Se, por um lado, as "falhas" ou comportamentos disfuncionais de um ou mais integrantes da família podem causar sofrimento, por outro, os aspectos sadios e preditivos de sucesso dos indivíduos tornam-se alavancas propulsoras de atitudes proativas para a resolução dos conflitos. (OSÓRIO & VALLE, 2009).

A TSF enfatiza o tratamento do núcleo familiar como um todo, de modo que a família se autodefina e as decisões e entendimentos façam sentido para todos na autogestão dos conflitos. Cada familiar se dá conta das concepções compartilhadas sobre como a família funciona para, então, interpretar e ressignificar as crenças, as atitudes e comportamentos existentes. À medida que a família evolui, as crenças mudam para acomodar o ciclo da vida novamente. É importante o encorajamento e a preservação da individualidade, respeitando-se as diferenças. (AGAZARIAN, 1997).

Identificação da demanda para a Psicoterapia – Estudo de caso clínico familiar[1]

Esta família entrou em contato para se submeter à terapia de família por sugestão da nora. No decorrer da realização das anamneses, a queixa principal pairou em torno do filho mais novo, Mário, com 27 anos, que "estava fora dos padrões funcionais esperados" (sic), não tinha se formado, não trabalhava, era extremamente ingênuo, tinha dificuldades para fazer amigos e quase não saía de casa. Não firmava relacionamento sério com ninguém, embora, no momento, estivesse namorando uma moça a qual o havia convidado para morar com ela para que trabalhasse em sua região.

Teresa, a mãe, trabalhava muito, mora com Mário e é separada de Higino, o pai, que estava desempregado. Roberto, o filho mais velho, tem 32 anos, era formado, casado, bem-sucedido, com total independência financeira.

A crise se instalou nessa família quando Higino, responsável pela maior parte dos proventos para o sustento da família, foi demitido, condição essa que era recorrente. Pouco tempo depois das primeiras sessões, a terapia foi interrompida em decorrência da mudança de Mário para outra cidade.

Passaram-se alguns meses e a família buscou terapia novamente, pois Mário estava desempregado e a namorada não estava conseguindo mantê-lo financeiramente. De volta à sua cidade, prestou vestibular para a faculdade de Biologia.

---

[1] As informações aqui utilizadas para esse estudo de caso foram devidamente autorizadas pelos clientes citados e todos receberam nomes fictícios para terem preservadas as suas identidades.

A família não depositava crédito na iniciativa de Mário, reforçando seu sentimento de incapacidade e questionando sua escolha acadêmica. Ele se sentia chateado e se exaltava, reclamando de maneira infantil sobre como era tratado na família. Não conseguia colocar-se como adulto nem apontar seus desejos. Higino reforçava as crenças de incapacidade do filho e seus comportamentos infantis e irresponsáveis. O irmão preocupava-se com Mário e culpabilizava os pais por superprotegê-lo.

Plano terapêutico com intervenções baseado na tríade: Psicologia Positiva, Resiliência e Terapia Sistêmica Familiar

Apoiado nas teorias que regem a prática da TSF e nos conhecimentos científicos sobre Psicologia Positiva no que se refere à resiliência, o presente estudo de caso foi elaborado com metas terapêuticas, especialmente criadas para potencializar as capacidades de cada membro dessa família, visando o bem da coletividade parental. Para a construção de estratégias mais eficazes para o enfrentamento de conflitos alinharam-se os princípios da Psicologia Positiva sobre resiliência - motivações humanas individuais e coletivas - às estratégias da TSF.

O plano terapêutico baseou-se nos princípios da resiliência de cada indivíduo em particular e do grupo, que foi conscientizado sobre sua problemática, e estimulado a assumir o compromisso com a melhoria do sistema para lidar com os conflitos. A escuta terapêutica foi direcionada também ao pai, ajudando-o a perceber que sua atitude superprotetora estava sendo muito mais prejudicial do que saudável. Nessas sessões, também foram abordados assuntos tais como: qual é o modelo de um bom pai; estratégias para entrar e permanecer no mercado de trabalho.

O foco da abordagem foi centrado na resiliência e no que cada um poderia fazer, principalmente que Mário deixasse de ser dependente financeiramente do pai e não interrompesse sua faculdade. A intervenção visou aumentar a resiliência e o encorajamento para implementação de estratégias que ajudassem essa família a prosperar, apesar das dificuldades causadas pelo desemprego. Propôs-se a resgatar os recursos internos emocionais, psicológicos, cognitivos e o reconhecimento das qualidades favorecendo a homeostase relacional. O conceito de resiliência foi vastamente trabalhado através do significado da adversidade baseado no valor da união, no senso de coerência, sendo a crise um desafio significativo, compreensível e administrável.

Para uma melhor e mais rápida resolução do tratamento foram elaboradas algumas estratégias que permitiram que cada membro se visse mais claramente em relação ao outro. Elas foram cruciais para resolução dos conflitos da família em questão, a saber:

Estratégia 1 - Escultura Familiar[2]

Objetivos: trabalhar tanto a autopercepção de Mário como a percepção global da unidade familiar e como cada membro está funcionando.

Execução: Higino deveria posicionar os membros da família formando uma escultura e depois deveria inserir-se na montagem. Essa escultura familiar foi fotografada. Depois criou outra escultura, representando a família funcional no futuro. Foi feita uma nova foto, com o intuito de que a família pudesse visualizar as mudanças de postura de cada membro. A família viu uma hierarquia de necessidades sociais, Mário sendo o bebê, o pai o provedor, que demonstrava os relacionamentos cheios de significados que poderiam evoluir para prosperarem.

Estratégia 2 - Genograma familiar[3]

Objetivo: identificar a resiliência familiar através das gerações.

Execução: com o objetivo de levantar informações sobre os seus membros e suas relações, através de gerações. Nessa sessão, levantaram-se informações sobre a família de Mário e percebeu-se que a resiliência esteve presente em várias gerações, pois o desemprego se repetia através dos tempos com o avô e os tios paternos e esses haviam encontrado soluções para enfrentar adversidades. Reforçou-se a capacidade de superação da família em questão.

---

2 Representação plástica simbólica com os membros do sistema familiar baseada na Técnica Escultura Familiar proposta por Virgínia Satir.
3 Gráfico de figuras geométricas com objetivo de levantar informações sobre os membros de uma família e suas relações, através de gerações: sexo, nomes, idade, profissão, estado civil, saúde etc. (Guerin).

Estratégia 3: Caixa de Areia[4]

Objetivo: identificar de forma não verbal alternativas e soluções, para saírem da crise.

Execução: os membros da família tiveram de construir um cenário e imaginar como eles, juntos, poderiam sair de uma situação de naufrágio representado, por meio de cenas, na caixa de areia, com auxílio de bonecos, barcos, pedras etc., elaborando soluções, em conjunto, e depois listando todas as possibilidades para implementá-las. Como resultado, a família percebeu que os membros juntos poderiam solucionar os problemas.

Estratégia 4: Cartão Vermelho[5]

Objetivo: trabalhar a individualização.

Execução: Mário deveria dar aos seus familiares a tarefa do cartão vermelho: quando algum membro da família se exaltasse com ele, Mário mostraria o cartão vermelho, apontando a necessidade de existir um diálogo mais fluido, de haver autocontrole emocional e ser ouvido pelos demais. Mário sentiu-se motivado sendo respeitado pelos outros.

Estratégia 5: Planilha de Afazeres[6]

Objetivo: identificar e definir o que cada membro pode fazer para ajudar, assumindo responsabilidades.

Execução: ter atitudes para sanar os problemas: Higino distribuiu currículos; Mário fez cartões de visita para ser *dogwalker*. Assim, *d*escobriram alternativas de empregos aliadas aos seus interesses e habilidades.

---

[4] Cenários criados com miniaturas e montados dentro de uma caixa contendo areia, foi desenvolvido pela analista Junguiana Dora M. Kalff (2004).
[5] Cartolina vermelha recortada do tamanho e formato de um cartão que juiz de futebol usa no jogo, utilizado para sinalizar a necessidade de um diálogo mais fluido.
[6] Lista de tarefas semanais que cada pessoa teria que realizar.

Estratégia 6: Garrafinha de Areia[7]

Objetivo: através das camadas de areia colorida, avaliar o grau de comprometimento de cada pessoa na resolução da crise.

Execução: A garrafinha, transparente, foi levada para casa, e cada pessoa tinha um pouco de areia colorida para enchê-las. Cada pessoa deveria colocar um punhado de areia colorida, de acordo com a sua contribuição para as soluções dos problemas acerca da crise financeira. A cada sessão, a garrafinha era trazida, mostrando a contribuição de cada pessoa para ajudar com as despesas. Cada um pôde prestar atenção no que estava contribuindo para a resolução da crise, com equilíbrio entre opiniões e ações para uma vida feliz e produtiva.

Estratégia 7: Colagem de Formatos Geométricos Diferentes[8]

Objetivo: unir os membros da família.

Execução: diversas formas geométricas em cores variadas em papel-cartão. Cada um pegou uma forma geométrica e disse o motivo de tê-la escolhido. Todos colaram a sua figura, umas junto das outras, e criaram um desenho que ficou parecido com uma onda. Concluíram que, apesar de serem diferentes uns dos outros, pertenciam à mesma família, o que gerou uma disposição de cooperação e união, a qual deu margem para enfrentarem juntos suas dificuldades.

A abordagem proposta pela Terapia Sistêmica Familiar e as estratégias para o aumento da resiliência ajudaram os membros da família a capitalizar seus recursos pessoais além dos ambientais, examinando os diversos papéis que cada um poderia assumir na família: Mário sair da zona de conforto, Higino saber que existem outras maneiras de ser um bom pai que não seja a superproteção, Teresa em ouvir mais o filho. No decorrer das sessões, foi perceptível que a comunicação positiva foi fundamental e, que, por intermédio de expressões de amor, tais como apreciação, respei-

---

[7] Demonstração, visual, da proporção da contribuição de cada membro da família através da quantidade de areia colorida existente em cada garrafinha.
[8] Construção de um desenho figurativo juntando formas geométricas diferentes que cada pessoa escolheu.

to e interação com prazer, elevou-se o ânimo, o que serviu como fonte de aprendizado para todos.

Conclusão

O resultado da terapia foi muito positivo, pois houve adesão plena ao tratamento. Os familiares eram assíduos, mostraram-se motivados e dispostos a trabalhar para melhorar a vida de todos e ajudar Mário a permanecer na faculdade, uma vez que esse seria um excelente desafio para ele. Ao examinarmos o que era ser um bom pai, os membros da família puderam perceber que os benefícios financeiros não dispensam os benefícios de um pai presente em ações e afeto. Ao consolidar a resiliência familiar, recuperamos a unidade funcional da família e possibilitamos o despertar dessa capacidade em todos os membros, deslocando o foco de uma visão unilateral da patologia familiar, para um modelo com base na competência e voltado para o estabelecimento de um modo de funcionamento familiar mais saudável. A família deste estudo de caso recebeu alta com a consolidação das mudanças propostas.

Capítulo 13

Isabella de Lemos Gelli

Compaixão e Parentalidade Positiva: um programa de treinamento para pais

"Um momento de autocompaixão pode mudar o seu dia inteiro! Uma cadeia desses momentos pode mudar o curso de sua vida." Christopher Germer

A Parentalidade Positiva, difundida pela Psicologia Positiva, pretende instrumentalizar os pais no reconhecimento das forças pessoais de seus filhos, favorecendo o desenvolvimento psíquico saudável. O trabalho com pais é um dos fundamentos da terapia infantil em razão da influência da postura parental no bem-estar da criança. Desde a década de 60, quando se observou que os pais também podem ser o foco da terapia infantil, o conceito de treinamento a pais vem ganhando destaque. (CAMINHA *et al.*, 2011).

Por sua vez, a Terapia Focada na Compaixão (TFC) auxilia as pessoas a olharem para as próprias vidas e dificuldades de forma mais compassiva, gentil e humana, entendendo que, a partir dessa perspectiva, podem ver-se de forma mais generosa e favorecer o despertar de emoções positivas. (GILBERT, 2009).

Com isso, a proposta deste capítulo é apresentar um programa de orientação a pais que associe elementos da TFC às estratégias da Parentalidade Positiva, utilizando noções sobre atitudes parentais compassivas e positivas que favoreçam o florescimento de crianças mais seguras, autocompassivas e felizes, com maior potencial realizador na vida adulta.

Parentalidade Positiva

Seligman (2011) afirmou que os maiores desejos dos pais em relação aos filhos estão associados à conquista do bem-estar e desenvolveu teorias sobre Educação Positiva que contribuíram para novos entendimentos acerca de desenvolvimento infantil, psicoterapia infantil e treinamento a pais. Assim, a Educação Positiva passou a ser vista cada vez mais como elemento-chave para o favorecimento da felicidade infantil e do desenvolvimento de crianças emocionalmente saudáveis.

Experimentar emoções positivas favorece o desenvolvimento de recursos intelectuais, físicos e sociais. Quanto mais a criança tiver oportunidades de vivenciá-las, mais facilidade terá para descobrir e experimentar o mundo, desenvolver recursos de enfrentamento e construir suas forças pessoais. Villar (2016) corrobora essa ideia, afirmando que "quanto mais consciente, perseverante e coerente for a educação familiar, maior será a influência na formação e amadurecimento dos filhos". (p. 379).

A Parentalidade Positiva prioriza o bem-estar infantil, previne os maus-tratos, aumenta a autoestima e a segurança afetiva, facilita o desenvolvimento integral e fortalece os laços familiares. Baseia-se em estratégias preventivas e valoriza o afeto positivo e o cultivo de virtudes, encorajando a autonomia das crianças e reconhecendo suas conquistas. Promove uma relação entre pais e filhos baseada no respeito mútuo; uma educação firme, mas empática e generosa. O objetivo é educar de forma construtiva, criando adultos felizes, íntegros e emocionalmente saudáveis. (DIAS, 2015). Além disso, a vivência de emoções positivas constrói um arsenal psicológico fundamental, melhorando o aprendizado e o pensamento criativo. (SELIGMAN, 2011).

Estimula-se que os pais observem, valorizem e incentivem as forças pessoais dos filhos, já que quem as emprega é mais feliz e confiante, apresenta maior autoestima, possui mais vitalidade e energia, produz mais e melhor, persegue objetivos com mais facilidade e estressa-se menos.

Compaixão e a Terapia Focada na Compaixão

A compaixão é um sentimento de bondade em relação à percepção do sofrimento de outras pessoas ou de si próprio, associado à vontade de fazer algo para aliviar esse sofrimento. (GILBERT, 2009). Constitui-se de uma habilidade apta a treinamento e há evidências de que a prática da compaixão pode influenciar nossos sistemas neurofisiológicos e imunológicos. (DAVIDSON et al., 2003). Suas propriedades terapêuticas são estudadas há séculos. Dalai Lama (1995, 2001) enfatiza que, se uma pessoa quer ser feliz e também que os outros o sejam, deve focar na compaixão. Nas últimas décadas, seus componentes começaram a ser estudados cientificamente pela Psicologia Ocidental. (GILBERT, 2009).

Paul Gilbert vem trabalhando desde a década de 80 no desenvolvimento de uma abordagem terapêutica embasada na compaixão: a Terapia Focada na Compaixão, que busca desenvolver e aprimorar a compaixão (especialmente a autocompaixão), modificando pensamentos, sentimentos e comportamentos, para promoção de maior bem-estar e felicidade.

Gilbert (2009) constatou que alguns sistemas neurofisiológicos – ameaça e procura de segurança/proteção; recursos/incentivo; afiliação/proteção – estão diretamente relacionados à regulação emocional do indivíduo, interligando-se de formas complexas e influenciando diretamente no quão autocrítica ou autocompassiva uma pessoa será.

Estudando o sistema de afiliação/proteção, Gilbert (2005) corrobora os achados da Teoria do Apego[1] (BOWLBY, 1969), concluindo que o comportamento de cuidar tem papel fundamental na regulação e no desenvolvimento do ser humano e que o cuidado dos pais com o bebê tem, sobre ele, efeito tranquilizador, afetando diretamente a forma como seu cérebro amadurece. Crianças que crescem sem sentimento de afiliação e o fornecimento de uma base segura tendem a não desenvolver adequadamente o sistema interno de contentamento/segurança social, apresentando dificuldade para serem gentis consigo próprias e desenvolver autocompaixão (GILBERT, 2009b; MATSUMOTO et al., 2015). Logo, pais com habilidades parentais positivas e compassivos com seus filhos influenciarão diretamente no desenvolvimento do sistema de contentamento/segurança social deles, contribuindo para seu bem-estar emocional ao longo da vida.

Programa de Treinamento a Pais – Compaixão e Parentalidade Positiva

Segundo Fredrickson (2011), as emoções positivas devem ser vivenciadas frequentemente na vida diária das crianças; ademais, como apontado anteriormente, o desenvolvimento do sistema de afiliação/proteção é fundamental para o bem-estar. Propõe-se, então, integrar aos elementos já difundidos pela Parentalidade Positiva, estratégias para aumentar a compassividade parental e favorecer o florescimento de crianças mais au-

---

[1] Segundo a Teoria do Apego, um bebê precisa desenvolver vínculo com pelo menos um cuidador primário, usualmente a mãe, para que possa se desenvolver de forma saudável, tanto do ponto de vista social quanto emocional. (BOWLBY, 1969).

tocompassivas, incentivando os pais a fornecerem uma base segura para o desenvolvimento psíquico saudável de seus filhos.

Esse programa pretende que a intervenção seja realizada como estratégia preventiva, ou incluída em protocolos de tratamento para transtornos específicos. Os passos listados a seguir compõem os principais tópicos a se abordar, podendo ser complementados por outros temas, de acordo com a necessidade de cada família e do objetivo terapêutico.

Passo 1 – Devolução da Esperança

Baseado na Terapia da Esperança (SNYDER, 2000), este passo busca devolver aos pais – que, em geral, encontram-se frustrados em relação à paternidade ao buscar psicoterapia para seus filhos – a esperança de um convívio familiar harmonioso.

Ao estabelecer a aliança terapêutica, propondo um trabalho em equipe e com objetivos plausíveis, o terapeuta inicia o resgate da esperança, envolvendo os pais nesses objetivos ao convidá-los a listar estratégias que possibilitem sua concretização. Outra ferramenta é pedir que descrevam detalhadamente momentos felizes que viveram, aumentando a emoção positiva.

Passo 2 - Reconhecimento das virtudes

Os pais são treinados a observar as potencialidades dos filhos, identificando e reconhecendo suas forças pessoais e virtudes, favorecendo a valorização e o respeito pelas próprias limitações. Para isso, são estimulados a prestar atenção nas atividades que seus filhos desempenham com facilidade, habilidade e prazer, nas quais essas forças e virtudes destacam-se.

Para permitir essa identificação, os pais são apresentados às forças pessoais descritas por Peterson e Seligman (2004), podendo ser aplicado o instrumento *VIA Youth Survey*[2] para maiores de dez anos e o *Baralho das Forças Pessoais.* (RODRIGUES, 2015).

---

[2] PETERSON, C; SELIGMAN, M.E.P. *Character strengths and virtues: A handbook and classification.* New York: Oxford University Press and Washington, DC: **American Psychological Association: handbook of positive psychology**, 2. ed. (pp.25-33). New York: Oxford University Press and Washington D.C: American Psychological Association, 2004. www.viacharacter.org.

PETERSON, C.; PARK, N. *Classifying and measuring strengths of character.* In: LOPEZ, S. J. & SNYDER, C. R. (eds.), **The Oxford handbook of positive psychology**, 2. ed. (pp.25-33). New York: Oxford University Press, 2009. www.viacharacter.org.

Passo 3 – Aprimorando as forças positivas

Nessa etapa, os pais são orientados a servir como modelo positivo, estimulando o florescimento daqueles a partir da criação de oportunidades para a prática das virtudes e das forças pessoais antes identificadas. Com tal ideia corroboram Hart e Hodson (2006), que indicam que a criança tem necessidade de contribuir para o bem-estar da família, cooperando e se sentindo importante.

Ao experimentarem mais afetos positivos, com a descoberta de suas forças pessoais e virtudes, pais e filhos conseguem desenvolver uma relação baseada em amor, respeito mútuo e reconhecimento das próprias qualidades. O reforço positivo e a experiência da descoberta favorecem o aparecimento de emoções positivas, facilitando o aperfeiçoamento das forças pessoais.

Os pais são orientados a listar e compartilhar com seus filhos três das qualidades positivas que foram destacadas, demonstrando reconhecimento, respeito e gratidão pela contribuição que dão à vida familiar.

Passo 4 – Comunicação positiva

Busca-se ajudar os pais a adotar um modelo de comunicação saudável e funcional, treinando o desenvolvimento de habilidades como: ouvir atentamente, valorizando o outro; escolher as palavras antes de falar; e permitir que a criança verbalize o que sente e pensa. Ofensas e críticas generalistas devem ser extintas; as críticas devem ser precisas, apontando-se especificamente o comportamento que se deseja modificar, sempre de forma amorosa e gentil.

Como prática, os pais são convidados a refletir sobre como está o fluxo de comunicação com seus filhos e se há reciprocidade.

Passo 5 – Encarando conflitos como problemas

Neste passo, busca-se ensinar aos pais que momentos de tensão familiar – que fazem parte do cotidiano – não devem ser vistos apenas como fonte de conflitos, mas como problemas, cujas soluções são possíveis e devem ser buscadas. Imbuídos dessa mentalidade, conseguirão contornar tais situações com mais facilidade e alcançar um ponto de equilíbrio que atenda a ambas as partes.

Com o treinamento, ao perceberem a iminência de conflito, os pais devem afastar-se até se reequilibrarem para perceber a questão como um problema a ser solucionado, nos termos acima mencionados.

Passo 6 - Mindfulness parental

Parentalidade consciente e *mindful* é sinônimo de estar com os filhos não somente fisicamente, mas também mentalmente, permanecendo consciente e plenamente atento a essa interação, evitando ficar absorto em pensamentos e preocupações alheias ao momento. (ÖVÉN, 2015).

Ensina-se os pais a estar inteiramente presentes nos momentos de interação com os filhos, observando cada detalhe e sensação, redirecionando a mente para o presente sempre que o pensamento se desviar.

Passo 7 - Compassividade parental

Crianças são seres em desenvolvimento e em processo de aprendizagem, de modo que erros são esperados e devem ser compreendidos. Os pais são orientados a agir compassivamente quando seus filhos enfrentam obstáculos, desafios, frustrações ou cometem erros. Estimula-se o desenvolvimento de atributos como escuta calorosa, acolhimento e postura empática. Incentiva-se o estabelecimento de um ambiente que proporcione aprendizagem segura e encorajamento, recomendando-se a diminuição do número de críticas e a adoção de uma postura generosa e encorajadora.

Como exercício terapêutico, os pais são estimulados a se colocar no lugar de seus filhos, exercício que lhes permite refletir sobre como se sentiriam e o que esperariam de seus próprios pais, especialmente se eles fossem demasiadamente duros e críticos.

Passo 8 - Pais como modelos e modeladores da autocompaixão

Considerando-se que os comportamentos podem ser originados pela modelagem social (BANDURA, 1971), propõe-se que os pais sejam modelos positivos, adotando posturas mais autocompassivas. Quando os pais apresentarem dificuldade para adotar essa postura, podem ser encaminhados para acompanhamento terapêutico em TFC, tornando-se melhores modelos para seus filhos.

Os pais são orientados, ao perceberem que seus filhos estão sendo muito autocríticos, a ajudá-los a desenvolver a autocompaixão e a praticar seus componentes: a) *mindfulness*; b) senso de humanidade; c) bondade.

a) Mindfulness

Um dos componentes fundamentais para o desenvolvimento da autocompaixão é a prática Mindfulness. Nessa etapa, os pais podem ajudar os filhos a identificar que estão passando por uma dificuldade, reconhecendo e aceitando o momento. Não se deve negar ou desqualificar a dificuldade pela qual a criança está passando. Quando ela se sentir nervosa ou agitada, os pais podem convidá-la para um *time in*[3], fechando os olhos e respirando antes de buscar soluções precipitadas.

b) Senso de Humanidade

Os pais ensinam seus filhos sobre a imperfeição da condição humana e que dificuldades e fracassos são situações comuns a todos, não sendo eles os únicos a sofrer e a se frustrar. Justamente por isso, a comunidade circundante (amigos e família) é fonte de solidariedade e, em termos práticos, de auxílio para a superação dessas adversidades.

Como exercício terapêutico, os pais podem convidar os filhos a compartilharem diariamente situações difíceis, legitimando seus sentimentos, fornecendo apoio e incentivo, e estimulando a resiliência.

c) Bondade

Ser autocompassivo envolve ser caloroso, bondoso e compreensivo em relação a si mesmo quando diante de revezes pessoais. Os pais podem orientar os filhos a se confortar e a desenvolver seu *eu compassivo*,

---
3 *Time in* – Tempo consigo próprio para se acalmar e refletir. (HART & HODSON, 2006).

ensinando-os a se acalentar e a buscar atividades que tragam conforto e bem-estar aos momentos de sofrimento.

Como atividade terapêutica, propõe-se que os pais, ao perceberem os momentos de sofrimento dos filhos, os convidem a realizar atividades que propiciem bem-estar.

Conclusão

Sendo bondade e autocompaixão fundamentais para lidar com a autocrítica e desenvolver emoções positivas, conclui-se que incorporar alguns elementos elencados pelos estudiosos da TFC ao modelo de orientação a pais da Parentalidade Positiva pode potencializar os efeitos dessa intervenção.

Na prática clínica, observa-se que a aplicação dos passos acima descritos favorece a harmonia familiar, a autoestima de pais e filhos e o florescimento de crianças mais felizes, autoconfiantes e autocompassivas.

Capítulo 14

Joy Stedile

SEERR: os elementos do bem-estar na prática clínica

A Psicologia Positiva é um movimento científico e pode ser utilizada junto com as diversas abordagens da Psicologia. Na área clínica, tem sido um diferencial em que os pacientes podem aprender práticas que ajudam no tratamento e prevenção de doenças, auxiliando os indivíduos a terem vidas mais saudáveis, produtivas e felizes.

Nesse cenário, este capítulo apresenta a aplicabilidade dos cinco elementos do bem-estar que, segundo Seligman (2011), constituem o florescer dos indivíduos. Descreve cada um desses elementos e propõe um instrumento, que permite reconhecer e potencializar características individuais positivas, visto que as pessoas nem sempre identificam os próprios recursos que as conduzem ao bem-estar e à felicidade.

O leitor é convidado a experienciar, em termos pessoais e profissionais, um exercício que possibilita ressignificar pensamentos e experiências, fortalecer seus recursos, a fim de aliviar o sofrimento e contribuir para mudanças positivas.

Elementos do bem-estar

A Teoria do Bem-Estar, na Psicologia Positiva, é composta por cinco elementos mensuráveis, que compõem o acrônimo em inglês PERMA, conforme segue (SELIGMAN, 2011):

P – Positive Emotions	E – Emoções positivas
E – Engagement	E – Engajamento
R – Relationships	R – Relacionamentos
M – Meaning	S – Significado
A – Accomplishment	R – Realização

Quadro 1: elaborado pela autora com base na Teoria do Bem-Estar. (SELIGMAN, 2011).

Essa teoria enfatiza a importância de desenvolver um repertório de emoções positivas, engajamento, relacionamentos significativos, sentido e realização, para uma trajetória de vida mais feliz. Segundo Seligman (2011), o bem-estar é alcançado através da contribuição de cada um desses elementos, que se sustentam na vivência das virtudes e forças de caráter dos indivíduos.

É importante entender, mais detalhadamente, o que são esses elementos:

a) Emoções positivas

As pesquisas de Fredrickson (1998, 2001) descrevem que as emoções positivas ampliam os recursos intelectuais, físicos e sociais, ajudam a se ter melhor desempenho nas tarefas, fortalecem os relacionamentos, inspiram a criatividade e a motivação. Esses estudos confirmam que o cultivo dessas emoções promove uma disposição mental expansiva, tolerante e criativa, deixando as pessoas abertas a novas ideias e experiências. Segundo Achor (2012), as principais propulsoras de felicidade são as emoções positivas.

Emoções como pessimismo, ódio, rancor e depressão podem estar entre as causas de doenças, e a presença de emoções positivas conduz ao bem-estar e à saúde física. Pessoas otimistas possuem atitudes intencionais e estilos de vida mais saudáveis que promovem emoções positivas e estão diretamente ligadas ao bem-estar. (SELIGMAN, 2011).

b) Engajamento

Csikszentmihalyi introduziu o conceito de *flow,* ou estado de fluxo, no qual a pessoa encontra-se completamente engajada e fluindo em uma atividade agradável. O *flow* confirma um processo intencional de atenção e concentração intensa numa atividade. Segundo o autor, quando identificamos e utilizamos nossos talentos e pontos fortes, nos engajamos em atividades que nos fazem sentir mais confiantes e produtivos. (NAKAMURA; CSIKSZENTMIHALYI, 2002).

A Psicologia Positiva, na prática clínica, pode auxiliar o paciente a reconhecer em que circunstâncias se engaja, utiliza suas forças e talentos e identifica a experiência de *flow*. Dessa forma, objetiva tornar o paciente mais observador de seus recursos e atento às atividades que lhe promovem bem-estar.

c) Relacionamentos

Estudos confirmam que os relacionamentos aumentam o bem-estar e diminuem o estresse e a tristeza. Pessoas bem-sucedidas investem na rede social de apoio com amigos, colegas e parentes e, consequentemente, quanto mais apoio social mais felizes se tornam. Nos relacionamentos significativos, nos envolvemos física e emocionalmente, construindo relações fortes. (ACHOR, 2012).

Somos seres sociais e, de acordo com Snyder e Lopez (2009), os indivíduos que têm relacionamentos mais significativos tendem a prosperar quando acompanhados de comportamentos intencionais positivos.

No atendimento clínico, o paciente pode ser estimulado a observar e avaliar a qualidade de seus relacionamentos. Para desenvolver competências sociais e crescimento pessoal, pequenos comportamentos intencionais, por exemplo: elogiar e agradecer diferentes pessoas diariamente; praticar atos de gentileza, entre outros, podem promover aumento das emoções positivas e melhora nas relações interpessoais.

d) Sentido

De acordo com Seligman e Csikszentmihalyi (2000), as pessoas buscam uma vida mais feliz e com significado, o que é muito maior do que apenas viver livre de patologias. Tendo favorecido a Psicologia Positiva em sua análise sobre, principalmente, o conceito de sentido, a Logoterapia, escola psicológica também chamada de "Psicoterapia do Sentido da Vida", confirma a importância quando o paciente busca pelo significado de sua existência, num caráter único e de missão. (FRANKL, 1973).

Além desses conceitos, outro olhar sobre o propósito da vida está voltado à espiritualidade. Indivíduos que têm hábitos e esforços na busca da evolução espiritual confirmam maior bem-estar. Os benefícios da espiritualidade dão sentido à vida. (MAHONEY et al., 2005).

A Psicologia Positiva na clínica propõe ao paciente identificar qual o sentido que dá à sua vida e às diversas situações. É estimulado a pensar como utiliza seus esforços para "estar a serviço de algo maior" do que a ele mesmo, como trabalho voluntário, religiosidade, família, entre outros. Dessa forma, o indivíduo percebe sua vida com significado, fortalece valores morais e éticos e confirma a utilização de virtudes e forças pessoais em suas ações, o que aumenta o bem-estar.

e) Realização

Habilidade e esforço, velocidade de raciocínio e tempo despendido numa tarefa, conhecimento, ritmo de aprendizagem, prática e autodisciplina são determinantes para alavancar a realização dos indivíduos. (SELIGMAN, 2011).

Achor (2012) cita que metas pequenas, de curto prazo e fáceis de serem executadas, ajudam no alcance de bons resultados e maior autoconfiança ao sujeito. Perante o consequente sucesso, o indivíduo torna-se mais motivado para metas maiores, o que aumenta a satisfação e realização pessoal.

O envolvimento com trabalho ou ocupações, foco e objetivos possíveis de serem alcançados possibilita que o indivíduo se comprometa na busca de resultados positivos. O uso de habilidades e talentos torna mais fácil o alcance de metas, tendo como consequência maior autoconfiança, orgulho e bem-estar.

Aplicando os elementos do bem-estar na prática clínica

As intervenções positivas promovem uma Psicoterapia que vai além do alívio dos sintomas e minimização do sofrimento, objetiva bem-estar e felicidade. (SNYDER & LOPEZ, 2002). Para Seligman (2011), a Psicologia Positiva tem o propósito de trabalhar na prevenção de doenças e na potencialização dos recursos individuais. Neste capítulo, apresenta-se o exercício SEERR, que foi desenvolvido a partir dos estudos científicos do PERMA.

S	SENTIDO
E	ENGAJAMENTO
E	EMOÇÕES POSITIVAS
R	REALIZAÇÃO
R	RELACIONAMENTOS

Quadro 2: Elaborado pela autora com base na Teoria do Bem-Estar. (SELIGMAN, 2011).

Exercício do SEERR
Utilização do exercício SEERR

- A utilização do modelo SEERR tem obtido sucesso no tratamento de adolescentes e adultos, pacientes ansiosos, deprimidos, com transtornos alimentares, síndrome do pânico, fobias e transtorno obsessivo-compulsivo.
- Aplicado tanto no atendimento individual quanto de casal e familiar.
- Consoante à queixa do paciente e à empatia do profissional, pode-se utilizar esse instrumento em diversos momentos do processo terapêutico, na avaliação e a cada sessão.
- Essa ferramenta possibilita maior consciência sobre valores, virtudes e forças, e promove alternativas para resolução de questões pessoais.
- Facilita a flexibilidade cognitiva e a realização de possíveis mudanças positivas sobre comportamentos disfuncionais.
- Destaca-se a importância de confirmar a compreensão do paciente perante a definição de cada elemento.
- Para que os aspectos reconhecidos na sessão sejam colocados em prática no dia a dia do paciente, as tarefas de casa mostram, importantes e podem ser atribuídas desde a primeira sessão.

O processo terapêutico é colaborativo (LAMBERT, HARMON & SLADE, 2007) e o paciente pode promover mudanças positivas ao realizar algumas atividades em sua rotina entre uma sessão e outra. De acordo com Judith Beck (1997), o terapeuta comumente sugere tarefas de casa que visam aumentar o número de atividades nas quais o paciente tende a experimentar mais domínio e prazer.

Cabe ressaltar que, em casos de transtornos de personalidade e com crianças, são necessários estudos e pesquisas para verificação da aplicabilidade desse exercício.

Processo de aplicação do SEERR

O exercício SEERR pode ser aplicado através do questionário proposto (quadro 3) e complementado com o uso de Questionamento Socrático[1,] como facilitador do processo.

Primeiramente, o paciente é convidado a especificar a *situação* que será trabalhada naquele momento.

a) No primeiro elemento abordado, o terapeuta auxilia o indivíduo a explorar qual é o *sentido* principal relacionado à situação. Faz perguntas significativas e estimulantes, objetivando que o paciente reconheça como buscar um sentido positivo.

b) No segundo elemento, o profissional sugere que o paciente analise formas de se **engajar** em situações envolventes, onde haja equilíbrio entre o desafio e suas habilidades, forças e talentos para que mente e corpo fiquem em harmonia com o momento. Deverá identificar atividades prazerosas, que o conduzam ao *estado de flow,* de forma estratégica, para lidar positivamente com a situação.

c) Através do terceiro elemento, é proposto pelo profissional que o sujeito observe as **emoções positivas** que poderão ser ativadas no engajamento, realização e relacionamentos associados à situação.

d) O quarto elemento é a **realização**, em que a pessoa é levada a reconhecer metas e possíveis atividades a serem desenvolvidas a partir da ativação do seu potencial positivo, que promovam bem-estar e confirmem o sentido.

e) No último elemento, é importante que o indivíduo identifique quais **relacionamentos significativos** estão associados como apoio positivo à situação e aos demais elementos.

---

[1] Questionamento Socrático: segundo Overholser (1993), os componentes básicos são: questionamento sistemático, indução à razão, definições universais. Para uma análise mais abrangente, ver: CARVALHO, M. da R. Método socrático: questionamento sistemático. CPCS, São Paulo: IPq-AMBAN.

f) No término, como "lição de casa", é sugerido ao paciente que utilize o exercício proposto na sessão, como recurso de enfrentamento da situação trabalhada e use o SEERR para resolução de outras questões. Os aprendizados obtidos podem tornar-se um hábito positivo, sendo importante o registro e automonitoramento que facilitarão a identificação de pensamentos e comportamentos alternativos. Os resultados podem ser revistos e aprimorados a cada sessão.

Questionário

SEERR
RECONHEÇA E POTENCIALIZE OS ELEMENTOS DO BEM-ESTAR
SITUAÇÃO PROBLEMA:
a) SENTIDO   Qual é o sentido desta situação na sua vida?   Qual sentido positivo quer manter (individual, social)?

b) ENGAJAMENTO

Em quais atividades se envolve intensamente, sem perceber o tempo passar e que lhe trazem boas emoções? Quais podem auxiliar nesta situação?

c) EMOÇÕES POSITIVAS

Quais emoções positivas (ex.: alegria, prazer, orgulho) podem surgir ao enfrentar essa situação? Relacione-as a cada elemento.

d) REALIZAÇÃO

Quais ações farão você sentir-se orgulhoso e realizado nesta situação?

Quais exigem disciplina e autocontrole e você quer comprometer-se?

e) RELACIONAMENTO
Quais são os relacionamentos que podem servir de apoio positivo na situação?

f) LIÇÃO DE CASA
Colocar em prática o aprendizado e repetir o exercício em outras situações. Fazer monitoramento dos resultados. Trazer os registros na próxima sessão.

Quadro 3: Elaborado pela autora com base em SELIGMAN, 2011.

Exemplos da prática clínica do SEERR

Exemplos	Feminino 24 anos Ansiedade	Masculino 21 anos Timidez	Feminino 50 anos Estresse
Situação	Está com sobrepeso Prazer = comer	Estuda demais Insegurança	Realiza trabalhos sem retorno financeiro
Sentido	Saúde Atração Trocas positivas	Apreciação do conhecimento Independência Contribuir com seu melhor	Ser útil Valorização
Engajamento	Caminhar 1h por dia Pesquisar pratos de baixa caloria *Savoring* dos alimentos Dançar 3 vezes por semana	Leitura Estágio Intercâmbio Estudos nas áreas de interesse	Atividades sociais Articulação Buscar trabalhos remunerados

Emoções positivas	Alegria, esperança, orgulho, autoconfiança	Orgulho Admiração	Generosidade Gratidão Alegria Reconhecimento
Realização	Subir na balança, confirmar a diminuição do peso. Usar roupas de tamanho menor	Encontrar trabalhos com os quais se sinta reconhecido e útil	Desenvolver atividades que possa cobrar
Relacionamentos	Apoio da família Nutricionista Professor de dança	Familiares Professores	Comunidade Família Amigos

Quadro 4: Exemplos da prática clínica da autora.

Os exemplos citados demonstram de forma resumida que esse instrumento possibilita observar, através dos pilares da Psicologia Positiva, como os indivíduos podem reconhecer recursos possíveis para a resolução de suas questões.

Ao observar atentamente o sentido de cada situação, onde fluímos, o que nos realiza, como nos relacionamos com os demais e potencializamos as melhores emoções, temos o reconhecimento de que podemos promover mudanças positivas. A junção desses elementos forma uma base sobre a qual podemos estar mais conscientes de como construir uma vida melhor.

A partir das informações obtidas através do instrumento SEERR, o terapeuta pode auxiliar o paciente a desenvolver um **plano de ação**, para o **monitoramento do progresso**, objetivando efetivar os resultados desejados. O **reconhecimento de suas forças de caráter, cultivo dos talentos e valores** são importantes para que o indivíduo se desenvolva em sua totalidade.

Conclusão

O exercício SEERR utiliza os elementos do modelo PERMA, propõe ajudar cada um a atingir um ótimo nível de funcionamento. Esses cinco fatores são caminhos possíveis de serem reconhecidos e utilizados na prática clínica para aumentar o bem-estar. Ao potencializar seus recursos na resolução de situações, tanto simples como complexas, os indivíduos atingem metas, valorizam as relações interpessoais, aumentam as emoções positivas e reconhecem maior envolvimento com a vida e tornam-se compromissados na realização de seus propósitos.

O SEERR é uma ferramenta para auxiliar o ser humano a alçar voo rumo ao bem-estar. Quanto mais se conhece e se trabalha, colocando na prática a Psicologia Positiva, mais confirmamos que podemos aproveitar melhor a vida, vislumbrar o florescimento de pessoas mais felizes e que podemos construir um mundo melhor.

Capítulo 15

Marcia Cristina Oliveira Fernandes

Emotionalset
Cenário emocional positivo no contexto terapêutico

Em tempos de liquidez afetiva, distorções de sentimentos e conflitos emocionais, a Psicologia não se basta em oferecer um *setting* terapêutico apenas para tratar das angústias e traumas, mas abre-se para desvelar a potencialidade do acervo emocional e o amplo repertório de recursos pessoais, para lidar com os desafios da vida e criar estratégias de bem-estar e felicidade.

Como, de tal intento, conduzir um processo psicoterapêutico, permeado pelas adversidades, para um caminho cujo vetor principal seja o florescimento das pessoas?

O estudo das emoções positivas definiu-se como um dos primeiros temas que vislumbrei na Psicologia Positiva e a vivência de 30 anos no *setting* clínico da Psicologia reagiu, eu diria, "positivamente", a esse movimento científico que reconheci imediatamente como "o algo mais" que eu desejaria aplicar em meu trabalho.

Neste nosso encontro literário, proponho-me a abordar como a conscientização e potencialização das emoções positivas podem compor novos cenários de enfrentamento ou de ressignificação por meio da percepção do **emotionalset**, o acervo emocional no qual está registrada a configuração das emoções no continente psíquico da pessoa.

Conceitualizando as emoções

Tomo as "emoções" como funções a serem exploradas em suas múltiplas facetas, com base na experiência pessoal e arquetípica; a matéria natural do ambiente psicológico lapidado por um processo produtivo, o resultado de níveis de satisfação e o reflexo da capacidade de adaptação diante dos desafios da vida.

Para entender a complexidade das emoções, Daniel Goleman em sua obra clássica, "Inteligência Emocional (1990)", retratou-as designando diferentes níveis de intensidade, atuação e prazer. Como em um abundante estojo de lápis de cor, as emoções se desvelam inúmeras devido à sua complexidade. São infinitos os tons e as nuances a serem explorados, mas que, em contraponto ao potencial criativo, tendem a restringir-se por uma espécie de resistência que conduz a usar as mesmas cores. De tal forma, o potencial emocional se vê reduzido a emoções expressas de acordo com uma posição previsível, até que seja "autorizado" a liberar a área interditada para, assim, fluir em novas disposições.

Na atuação clínica de Psicoterapia com base em Psicologia Positiva, essas nuances fazem muita diferença, pois apontam as tendências de configurações emocionais da pessoa. Tal como o *"mindset"*[1], termo elucidado por Carol Dweck (2008), que retrata o modelo mental predominante, relaciono o que chamo de *emotionalset* como o conjunto emocional que determina a tendência de atitude emocional da pessoa perante a vida e o arsenal emocional presente, porém não identificado e vivido.

Da mesma forma que a disposição mental influencia o êxito na vida pessoal e profissional, a atitude emocional contida no *emotionalset* promove resultados que podem ser evidenciados pelos elementos para a felicidade e o bem-estar: as emoções positivas, o engajamento pleno no que se faz, os relacionamentos autênticos, a compreensão do propósito e significado na vida e o comprometimento com a realização pessoal, fatores que retratam o PERMA, modelo teórico do bem-estar, desenhado por Martin Seligman (2011).

Em sessões onde aplico os recursos da Psicoterapia com Psicologia Positiva, é possível orientar a percepção desses elementos e como os formatos mentais e as composições emocionais neles transitam. Diante de

---

1 *Mindset* é um termo utilizado por *Carol S. Dweck, Ph.D., professora de Psicologia da Universidade de Stanford para abordar as* **atitudes mentais** *humanas, diante dos obstáculos e desafios da vida, classificando as reações de esforço e enfrentamento como* **atitude mental progressiva**, *que traduz a qualidade do crescimento e resolução positiva e criativa em direção ao sucesso e a* **atitude mental fixa** *que julga e avalia reforçando pensamentos de fracasso e baixa autoestima.*

tantos conflitos que atormentam a psiquê humana, as emoções podem ser reorientadas para uma conscientização na qual o habitual negativo tanto no pensar quanto no sentir desgaste menos o alicerce psicológico. Quando as emoções negativas tomam conta do espaço psíquico, surge a necessidade de um limite, uma nova perspectiva mental que incida diretamente em um novo panorama emocional. Coadunando com isso, reporto-me a Seligman (2011, p. 156), que diz que "a chave para tirar vantagem das emoções positivas é considerá-las produtoras de recursos", avaliando assim a melhora na capacidade de ter atenção e de tomar decisões mais acertadas e proporcionar mecanismos de enfrentamento para lidar com situações adversas e estressantes.

A factível reorganização harmônica dos estados emocionais se estabelece, então, não quando a emoção negativa é anulada, mas quando o foco emocional abre espaço para a emoção positiva. "Não é a ausência de emoções negativas que determina se você está florescendo ou não, mas é como você lida com elas o que importa", explica Barbara Held (2004), psicóloga americana que proferiu a essência do que veio a ser conhecida como a Segunda Onda da Psicologia Positiva, apontando a ambivalência das proposições positivas e negativas das emoções. Paul Wong (2011), psicólogo canadense, caracterizou essa abordagem, também conhecida como Psicologia 2.0, como plena de expressões positivas e negativas quando abordada a dialética do bem-estar.

A experiência emocional pode ser positiva ou negativa, mas há um impulso incontestável que é o de se explorar a potencialidade das emoções positivas. Dentre os autores da Psicologia Positiva, destaco a relevante contribuição de Barbara Fredrickson, psicóloga da Universidade da Carolina do Norte. Ela discorre sobre as emoções positivas, contextualizando-as à tendência de serem mais cognitivas, gerarem envolvimento e ação; abrirem a mente e o coração, a receptividade, a criatividade, enquanto as emoções negativas tendem a manifestar-se através das reações físicas, provocando efeitos somáticos, sugerindo que as expressões reveladas no corpo são formas de alerta para a consciência em busca do equilíbrio. (FREDRICKSON, 2004).

Protagonizando as emoções positivas

A teoria *Broaden & Build* proposta por Fredrickson (2009) aborda a ampliação e construção das emoções positivas, tendo como princípio que elas ampliam o repertório de pensamentos e ações e constroem recursos pessoais. Esse conceito sugere que as emoções positivas, portanto, impulsionam o florescimento humano e aumentam a receptividade a eventos considerados agradáveis e significativos.

Fredrickson (2004) identificou as mais poderosas emoções na vida das pessoas: alegria, gratidão, serenidade, interesse, esperança, orgulho, divertimento, encantamento e amor, e considerou, como princípio, que essas estarão mais comprometidas a ampliar a visão do todo e a construir o futuro, desenvolvendo recursos e a produzir por meio do crescimento pessoal a criação de mais emoções positivas. Essas constroem, assim, mais e mais recursos pessoais, e o seu efeito cumulativo favorece a capacidade de transformar as pessoas para melhor, tornando-as mais saudáveis, sociáveis, integradas, abertas ao entendimento, eficazes e resilientes.

No decurso do processo psicoterápico, a pessoa passa por caminhos de mudança de perspectiva, ampliando a visão do todo, resultando em uma espécie de nova moldura de percepção e entendimento da vida emocional. Esse reenquadre psicológico presta-se a tomar as emoções costumeiras e os padrões fixos e dar-lhes uma qualidade de prazer com mais atenção e foco a experiências agradáveis, resistindo às desagradáveis, e gerando conscientemente um novo **emotionalset**, menos preso e limitado e mais aberto e inspirador, repleto, preferencialmente, de emoções positivas comprometidas com o autodesenvolvimento.

A cada nova disposição emocional, é possível acessar um inédito nível de consciência que conduz aos "*turning points*" ou avanços terapêuticos em movimentos espiralados, que mesmo tocando a mesma questão compreendem um sentido original, um *insight*.

Desvendando experiências emocionais

Em uma teoria mais recente, Fredrickson sugeriu a *teoria das espirais*, examinando como os padrões de pensamento tocam as percepções conscientes e conclui que emoções positivas criam espirais positivas ascendentes e emoções negativas criam espirais descendendes. (GARLAND *et al.*, 2010).

Como vemos na Arquitetura, as escadas espirais conduzem os passos a outros níveis de presença, evidenciando um movimento e consequente deslocamento. Isso permite novos pontos de vista que suscitam novas emoções, que vão construindo o **emotionalset**, ou seja, ampliando o *set*, o estojo, ampliando a coleção. Quanto mais a pessoa progride na escalada das emoções positivas, maior poder de amplitude e construção ela poderá atingir. De forma semelhante, o movimento descendente também é realizável e dificulta as possibilidades futuras, quando as emoções negativas passam a dominar o território emocional.

A título ilustrativo, a *The Emotional Guidance Scale,* de Abraham Hicks, sugere estados emocionais presentes, que avaliados com o cliente podem ajudar a dispor as premissas do cenário emocional que compõe a espiral descendente apresentada por Fredrickson e demais pesquisadores. (GARLAND *et al.*, 2010). Na base, estão sentimentos de vitimização, perda de poder pessoal, depressão, pesar e medo; insegurança, culpa e desvalia, inveja, ódio e raiva, vingança, desencorajamento, preocupação, dúvida, desapontamento, sobrecarga, frustração, irritação e impaciência; tédio e pessimismo. Consideremos que o sistema se desorganiza quando as emoções negativas acionam um ciclo destrutivo, gerando desordem na consciência, nutrindo um emaranhado de padrões mentais e emocionais que tende a um colapso emocional e estresse. Dessa feita, as emoções negativas geram entropia psíquica, levando a pessoa a ficar fechada em seus conflitos, alimentando sua espiral descendente.

Já as emoções positivas abrem o sistema para o pensamento lúdico, permitem o *flow*, termo inserido por Mihaly Csikszentmihalyi (1990), nome de incontestável relevância na Psicologia Positiva, que traduz um estado mental altamente focado em objetivos e motivações. Os estados emocionais presentes na espiral ascendente estão correlacionados ao contentamento, esperança, otimismo, fé, expectativas positivas, entusiasmo, paixão, e no topo: apreciação, amor, liberdade, empoderamento, sabedoria e alegria.

É no potencial das emoções positivas que evoluem na espiral ascendente que está o ponto-chave para recuperação e a condição de um campo mental e emocional capaz de enfrentar e superar os conflitos e patologias psíquicas. Por consequência, enquanto as emoções negativas limitam, as emoções positivas aumentam a atenção, a cognição e a capacidade de adaptação e resolução de conflitos.

Assim, a Psicologia Positiva aplicada ao contexto terapêutico, além de se valer do conjunto de técnicas associadas a princípios terapêuticos básicos, como acolhimento, empatia, confiança, sinceridade e vínculo, sugere atividades e técnicas específicas, que podem aumentar as emoções positivas e ajudam a vivenciar e criar, com maior frequência, espirais positivas ascendentes, construídas com os recursos internos e propondo mudanças duradouras para o cliente.

Potencializando o campo emocional positivo

Fredrickson e Losada (2005) consideraram que as emoções positivas estariam associadas à saúde mental ideal que abrange os aspectos do bem-estar físico, psíquico, social e espiritual e a evidente ausência de doenças fisiológicas ou mentais. Ryff e Keyes (2009) consideram que "o funcionamento ideal da saúde mental completa estabelece-se a partir do bem-estar emocional, presença do afeto positivo e ausência do negativo; do bem-estar social, aceitação, realização, contribuição, coerência e integração; e do bem-estar psicológico, autoaceitação, crescimento pessoal, propósito de vida, domínio de ambiente, autonomia e relações positivas com outras pessoas. (SNYDER, 2009).

A partir dessas considerações, nos processos psicoterapêuticos, faz sentido, assim, rever as tendências dos canais de compreensão e autorreferência que alimentam o **emotionalset,** para revitalizar possibilidades e considerar a possibilidade do florescimento dos clientes.

Na experiência vivenciada na prática terapêutica, com resultados favorecedores aos clientes na evolução positiva de seus quadros iniciais, uma sugestiva forma de detectar esses conteúdos é utilizar a técnica das narrativas emocionais de Pennebaker, que se atém a convidar o cliente a "abrir-se por escrito" (SNYDER, 2009, p. 154), ou dispor de filmes curtos, imagens ou textos breves que instiguem os contextos usuais, a renovação dos padrões de pensamento e construir uma percepção ampliada do *emotionalset* de forma o mais positiva possível. Isso considerando o que apontam em sua concepção Estrada, Isen e Young: "As emoções positivas ajudam a enxergar opções para solucionar problemas e descobrir pistas para tomar boas decisões". (SNYDER, 2009, p. 126).

Concluindo, de maneira geral, inicialmente, é primordial tomar o vínculo terapêutico como a produção de um *setting* de confiança e apresentar a ideia de que cada "passo", mesmo que pequeno, é condição natural do processo e que as emoções positivas ampliam a capacidade de alcance do ponto de equilíbrio emocional. Há, assim, uma inesgotável revelação de recursos para mudanças significativas na vida e novas configurações do *emotionalset* na compreensão do comportamento e da personalidade, do autoconhecimento, do crescimento pessoal e do propósito que move a vida. A tentativa é responder à questão: que emoções habitam sua alma, permeiam suas atitudes e definem sua felicidade ou seu drama pessoal? Tomar o cenário único, individual e intransferível do *emotionalset* pessoal leva a reconhecer o campo de ação que essa configuração produz na condução das escolhas e decisões práticas do cotidiano, dos impulsos e pontos de referência para determinados comportamentos.

Assisto a esse trabalho terapêutico dar um aporte para a manifestação da consciência, ampliação da percepção e reforço ao autodesenvolvimento. Essas tomadas de visão têm trazido esvaziamentos e aberto novos espaços para preenchimentos. A reflexão sobre as atitudes mentais e comportamentais encontra suas razões, suas causas no campo vasto das emoções nutridas, encarceradas, esquecidas, excluídas... e, no singular momento do emocionar-se, reconhecem estados de funcionamento dinâmico, nos quais a vida espelha a verdade de cada um. Nasce uma chance de renovar a conduta, aprimorar a forma, recuperar a estima, reverberar a excelência da alma.

A conquista da percepção do *emotionalset* atende ao autoconhecimento e à compreensão do *self*, engajado e maturado, disposto a ser amplificado e integrado. Considerando o que Seligman aponta em sua Teoria do Bem-estar (2011), neste ensaio destaco que, de acordo com meu olhar e perspectiva desenvolvidos segundo minha experiência profissional, florescer prevê o autocuidado e uma busca incansável do êxito pessoal. As emoções positivas, a meu ver, são, assim, como as flores que se sobrepõem às ervas daninhas enfraquecedoras do fluxo de realizações. Florescer está no deixar-se "ser" pleno de seus talentos e qualidades exclusivas. Ser um FLOWer, ser pleno no seu fluxo de existência. O *emotionalset* é como um "croqui", um esboço, um traçado de um projeto de um jardim emocional, inerente a cada ser humano, mas que, a cada um, cabe a sua arquitetura particular.

"Positive emotions open the bounderies of your mind."
("Emoções positivas abrem os limites da sua mente".*)*
Barbara Fredrickson

Capítulo 16

Rosane Velloso

O otimismo favorecendo emoções positivas em pacientes que sofreram AVC

Ao ser convidada para trabalhar em uma clínica de reabilitação neurológica senti uma enorme felicidade e motivação, pois teria a possibilidade de desenvolver um trabalho num ambiente em que até então não havia atuado. Ao mesmo tempo, sabia que iria deparar-me com situações totalmente novas, tanto em relação ao trabalho interdisciplinar, como no atendimento de pacientes com problemas neurológicos e suas famílias.

Após aceitar o desafio, não tive dúvidas em utilizar os conhecimentos científicos e as ferramentas da Psicologia Positiva para o atendimento desse público. Certamente, teria que fazer algumas adaptações, levando em consideração as dificuldades apresentadas de maneira individual pelos pacientes.

A Psicologia Positiva nos oferece um leque de possibilidades, uma vez que sustenta, em seu arcabouço teórico-prático, inúmeras estratégias para resgatar ou desenvolver o propósito de vida dos indivíduos, por exemplo: a Teoria sobre o Otimismo Aprendido de Seligman (2012), as teorias sobre emoções positivas propostas por Fredrickson (2009), a prática de Atividades Intencionais proposta por Lyubomirsky (2008), e tantas outras.

Para o presente estudo, referenciarei o otimismo proposto por Seligman (2012) para enfatizar as possibilidades de melhora na qualidade de vida dessas pessoas, partindo do princípio de que possam olhar a vida de forma diferente e mais positiva, dando outro significado para a problemática que as acometeram.

Além das limitações físicas, existem as dificuldades emocionais e as sociais a que esses pacientes estão expostos e, para melhor ajudá-los, a abordagem psicológica foi individual e a Terapia Sistêmica Familiar (TSF) usada para dar o suporte necessário ao núcleo familiar desses pacientes.

Inúmeros questionamentos surgiram, por exemplo: como fazer psicoterapia com um paciente que não fala ou que pronuncia as palavras com dificuldade? Como tratar de um paciente que não tem coordenação motora dos membros superiores, com limitações de locomoção importantes ou que tenha comprometimento cognitivo?

Dessa forma, este capítulo apresentará fragmentos de casos clínicos que tiveram como objetivos oferecer ao portador de AVC possibilidades para viver com mais qualidade. Para tanto, descreverei o que é o AVC, como ocorre, quais as sequelas mais comuns e as suas repercussões. Como utilizei a TSF mostrando a importância da participação da família de forma funcional na recuperação do paciente e, por fim, a aplicação das estratégias da Psicologia Positiva, apontando o otimismo como instrumento para aumentar as emoções positivas do paciente.

Acidente Vascular Cerebral

O termo acidente vascular cerebral ou AVC é usado para descrever sinais e sintomas neurológicos, geralmente focais e agudos resultantes de doenças, envolvendo os vasos sanguíneos. Essas doenças estão entre as desordens mais graves e comuns. Desordens da circulação cerebral incluem qualquer doença do sistema vascular que cause isquemia ou infarto do cérebro ou hemorragia espontânea. (CARR & SHEPHERD, 2008).

O AVC pode ocorrer em qualquer idade e tem inúmeras causas: doenças cardíacas, infecção, trauma, má formação vascular e desordens imunológicas. Os três fatores de risco mais reconhecidos incluem: hipertensão, cardiopatia, *diabetes mellitus* e a hipertensão arterial sistêmica, que é o mais importante desses fatores. (CARR & SHEPHERD, 2008).

O AVC pode ser de dois tipos: os decorrentes de isquemia e os de hemorragias cerebrais. Tanto um quanto o outro impedem que áreas do cérebro sejam irrigadas e que recebam nutrientes, causando a morte neural na região. Os sintomas mais frequentes são: a alteração da força no braço ou na perna; alteração da fala ou compreensão; perda da visão completa ou de apenas uma das vistas; perda da consciência; convulsões; cefaleia súbita.

O AVC é responsável por grandes prejuízos neurológicos e incapacidades funcionais que dificultam a realização das atividades diárias, prejudicando a qualidade de vida e o desempenho ocupacional. Pode ocorrer de repente e deixar sequelas, dependendo da área do cérebro afetada: algias (dores), *deficits* visuais e motores, alterações do tônus, disfunção ou interrupção dos movimentos, alterações do controle postural, alteração cognitiva, disfunção da bexiga e intestino. (ALMEIDA, 2012). Algumas dessas sequelas fazem com que o paciente venha a perder sua independência, o que influencia na sua qualidade de vida e na dinâmica familiar. (GOMEZ & SANTOS, 2006). Os sintomas psicológicos estão relacionados à vulnerabilidade, ao medo, à vergonha e à insegurança diante dos novos desafios, e, por vezes, depressão. (GOMEZ & SANTOS, 2006).

Cabe ressaltar, no que diz respeito ao relacionamento familiar, que esse é um momento no qual a família é extremamente importante, pois a pessoa necessitará de suporte, compreensão e motivação para que consiga ultrapassar as barreiras a cada novo desafio. A TSF é uma abordagem que favorecerá para que essa compreensão e acolhimento ocorram.

Terapia Sistêmica Familiar

A ideia central da Terapia Sistêmica Familiar é de que a família seja vista como um sistema de interação, como um todo orgânico, de articulações relacionais de diferentes componentes individuais e também de subsistemas. É como um circuito de retroalimentação, uma vez que o comportamento de cada pessoa afeta e é afetado pelo comportamento de cada uma das outras pessoas. (RODRIGUES, 2009). Segundo a compreensão de Féres-Carneiro (1983, p.18), "as famílias funcionais empregam efetivamente seus recursos para solucionar os problemas do grupo familiar, ao mesmo tempo em que se preocupam com as necessidades emocionais de cada membro".

Atuar com famílias nas quais um de seus membros sofreu AVC requer investir na sua funcionalidade, observar seus papéis, as relações e os afetos entre os familiares. Cada membro tem uma função e uma missão na família, em que cada um deve buscar sua diferenciação, manter a hierarquia, as fronteiras e os padrões relacionais dentro desse sistema.

O trabalho terapêutico está em ajudar a família a perceber o lugar que cada um exerce no sistema, melhorar a qualidade da comunicação para diminuir os conflitos e as tensões emocionais ocasionadas pela falta de entendimento. Visa fortalecer a família para mudar sua engrenagem disfuncional geradora de problemas, utilizando para isso os princípios da TSF (FÉRES-CARNEIRO, 1983) e da Psicologia Positiva, mais especificamente a Teoria do Otimismo Aprendido de Seligman (2012) como embasamento do modelo de atendimento.

O otimismo como instrumento de mudança

E como fazer com que o indivíduo que sofreu um AVC sinta-se motivado e tenha pensamentos positivos? Como ajudá-lo a se tornar otimista no processo de recuperação para que, consequentemente, tenha qualidade de vida?

O foco central do meu trabalho está na descoberta e efeitos das emoções positivas do dia a dia; no reforço dos pensamentos positivos e na potencialização das capacidades, criando assim um círculo virtuoso, afastando os pensamentos negativos que possam prejudicar a recuperação física e emocional.

O otimismo ocupa um lugar importante em todos os domínios da vida. Ele pode proteger o indivíduo contra a depressão, aumentar a capacidade de realização individual, melhorar o bem-estar físico, sendo um estado mental agradável de se experimentar. Ao contrário de muitas qualidades pessoais, o pessimismo não é um estado inalterável. Pode-se aprender uma série de caminhos para a libertação do pessimismo e com isso permitir ao indivíduo criar um padrão de pensamentos e comportamentos otimistas para lidar com as adversidades. (SELIGMAN, 2012).

Segundo Seligman (2012), existem dois tipos de estilos atributivos de valor dos quais lançamos mão para nomear e avaliar os acontecimentos em nossas vidas: o otimista e o pessimista. A forma com que o indivíduo pensa e explica os eventos ocorridos em sua vida é que determina seu estilo explicativo. Existem três dimensões em cada estilo explicativo: a permanência, a abrangência e a causa externa ou interna. Enquanto os otimistas entendem os eventos adversos como passageiros, específicos e externos em sua maioria, os pessimistas os consideram como permanentes, abrangentes, incontroláveis e de causas internas, afetando todas as áreas da sua vida. (SELIGMAN, 2012).

Diante de um evento adverso como o AVC, o trabalho terapêutico consiste em ajudar o paciente a conseguir enxergar a situação de forma mais otimista possível para buscar a superação dos obstáculos impostos pelas limitações advindas do quadro.

Seligman (2012) afirma que os estados psicológicos realmente afetam a saúde. Depressão, sofrimento e pessimismo parecem contribuir para piorar a saúde tanto em curto quanto em longo prazo. Maus acontecimentos fazem a pessoa sentir-se desamparada, porém, o estilo atributivo de valor otimista torna as pessoas mais resilientes, com disposição para enfrentar as situações como um desafio a ser vencido, além de gozarem de melhor saúde. (SELIGMAN, 2012).

De acordo com esses estudos, no atendimento de pacientes que sofreram um AVC, onde a depressão pode aparecer pelos efeitos da hospitalização ou pelo desencanto com o processo de reabilitação (CARR & SHEPHERD, 2008), é extremamente importante ajudar os pacientes a se tornarem mais otimistas, a fim de atingirem um nível alto de bem-estar e, assim, melhorar a qualidade de vida. Lyubomirsky (2008) demonstra que uma das vantagens de se tornar mais feliz é que existe uma probabilidade de se prosperar, mesmo diante das adversidades.

Fragmentos de atendimentos individuais e familiares

A partir da junção dos conhecimentos sobre o quadro neurológico do AVC (GOMEZ & SANTOS, 2006), a Terapia Sistêmica Familiar (FÉRES-CARNEIRO, 1983) e a Teoria do Otimismo Aprendido (SELIGMAN, 2012), as sessões de terapia com os pacientes tiveram como objetivos principais: torná-los mais otimistas, mudando o foco dos pensamentos negativos para positivos, estimulá-los para as sessões de Fisioterapia, alcance de metas, ter mais saúde e qualidade de vida para serem mais felizes.

Algumas técnicas e estratégias para o trabalho com esses pacientes foram adaptadas do livro "A Ciência da Felicidade" (LYUBOMIRSKY, 2008), do livro "Terapia Cognitiva Teoria e Prática" (BECK, 1997) e do livro "Florescer" (SELIGMAN, 2011).

Inicialmente, foram usadas estratégias para aumentar as emoções positivas, tornando-os mais otimistas, aumentando a autoestima, confiança, motivação e capacidade de interação, visando uma melhora no desenvolvimento global. A seguir, a descrição de fragmentos de atendimentos de dois pacientes e seus familiares.

Atendimento individual[1]

Paciente M., do sexo feminino, 58 anos, sofreu um AVC há seis anos.

Criei o "Diário das Emoções Positivas"[2] para a paciente registrar emoções positivas através de figuras representativas. Criado com base de madeira retangular e feltro, com os dias da semana e com figuras de cuidados pessoais e atividades diárias. A paciente teria de colocar essas figuras nos dias em que tivesse realizado as atividades. Ao completar todos os dias da semana, ganharia uma estrela. O resultado foi uma maior motivação para realizar suas atividades, melhorando sua autoestima.

Atividade adaptada baseada no exercício "Melhores Eus Possíveis"[3]. Apresentei a Caixa de Areia[4] com miniaturas de figuras e objetos diversos e pedi que a paciente imaginasse como seria a sua vida daqui a cinco anos e montasse uma cena dentro da "Caixa de Areia"[4]. Mensalmente, era montada uma nova caixa para acrescentar ou modificar a cena, tendo como objetivo fortalecer o pensamento positivo quanto ao futuro.

Baseada no exercício "Identificando Estados de Humor"[5], desenvolvi a atividade "Passaporte para a Felicidade". Confeccionei um passaporte com folhas em branco, onde cada dia a paciente e os fisioterapeutas usa-

---
[1] Os pacientes autorizaram, por escrito, o uso das informações descritas neste estudo de caso.
[2] Adaptação do Diário de Autodeclaração Positiva. **Terapia Cognitiva, teoria e prática**. BECK, J., 1997. p. 232.
[3] LYUBOMIRSKY, S. **A Ciência da Felicidade**. 2008. pag.90
[4] Caixa de Areia ou Sandtray Therapy é uma técnica Jungiana de expressão não verbal que tem como objetivo acessar sentimentos, percepções e memórias, trazendo-os para a realidade externa, possibilitando sua concretização. AMMANN, R. **A Terapia do Jogo de Areia** – imagens que curam a alma e desenvolvem a personalidade. 2002.
[5] GREENBERGER E PADESKY. **Identificando Estados de Humor**. A Mente Vencendo o Humor. 1999. p. 33.

vam o carimbo com carinhas correspondentes ao seu estado de humor e desempenho na realização de exercícios. O objetivo era que ela obtivesse o maior número de carimbos com expressões positivas para potencializar as emoções positivas, o pensamento.

Atendimento com paciente e sua família

Paciente P., de 51 anos, sexo masculino, que sofreu um AVC há cinco anos. Sessões realizadas com esposa e filho.

Estratégia denominada "Pulando Obstáculos". Folha de papel pardo com um caminho a ser percorrido no qual cada membro da família iria colocar objetos que representassem as dificuldades vivenciadas. Para cada objeto, a família discutiria alternativas para a superação do problema, substituindo o objeto por um cartão com soluções positivas. O objetivo da atividade foi que, a cada sessão, a família conseguisse pular mais obstáculos, enfrentando as adversidades.

Atividade baseada na "Resolução de Problemas"[6]. Uma calça comprida em feltro com dois bolsos; um bolso para vantagens e outro para as desvantagens para potencializar o pensamento otimista e minimizar o pensamento pessimista. Cada membro escreveria em cartões as vantagens e desvantagens de pensar otimistamente sobre as dificuldades e colocaria dentro dos bolsos correspondentes. A cada dia, o bolso do otimismo deveria ficar mais cheio.

Conclusão

Considero que uma das tarefas do terapeuta é oferecer intervenções terapêuticas que tornem os pacientes menos ansiosos, deprimidos ou impactados pelo sofrimento causado pelo AVC. E isso se coaduna com a Psicologia Positiva, que vai para além do alívio de sintomas, trabalhando com os aspectos positivos dos indivíduos. (SELIGMAN, 2011).

Nesses atendimentos terapêuticos, a experiência mostrou a possibilidade de mudança do paciente no que se refere ao estado emocional

---

6 BECK, J. **Relatório de Resolução de Problemas**. Terapia Cognitiva, teoria e prática. 1997. p. 203.

pessimista para o otimista, tendo como resultado esperado a melhora do quadro depressivo apresentado no início do tratamento psicológico.

Inegável é a contribuição das teorias de Seligman sobre o otimismo, de Fredrickson sobre as emoções positivas e de Lyubomirsky sobre a importância de se ter ações intencionais para o aumento da felicidade para se tratar a saúde de forma mais abrangente. A partir do aumento das emoções positivas, com as mudanças dos pensamentos pessimistas para pensamentos otimistas e seus comportamentos correspondentes, alcançou-se melhora significativa na qualidade de vida de pacientes acometidos pelo AVC.

Conclusão

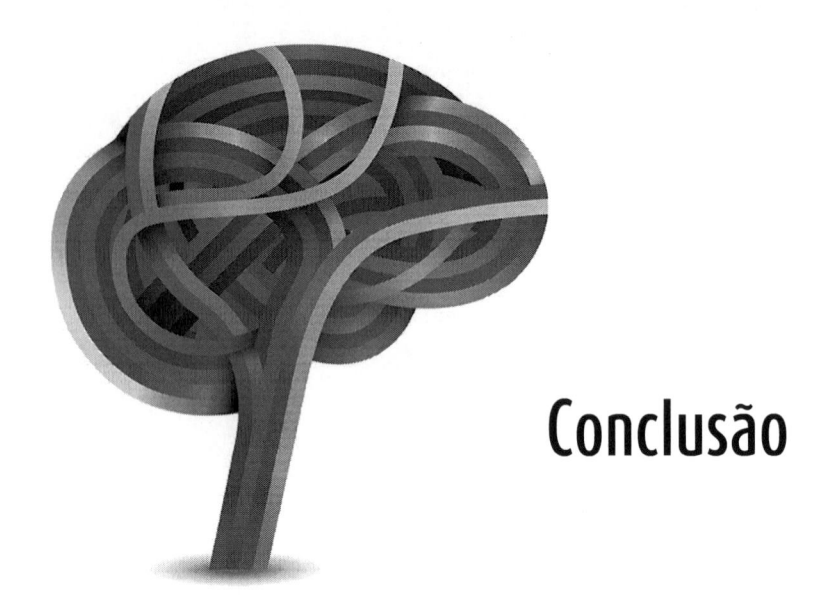

Chegar ao final de uma obra inovadora no Brasil no campo da Psicologia Positiva e da Psicologia Clínica é um momento de imensa satisfação. Não apenas pelo ineditismo da obra, mas pela coragem de sair em campo e identificar, com cuidado e um olhar aguçado, os profissionais que desenvolvem um trabalho sério e legítimo com a Psicologia Positiva na clínica. E esse grupo de coautores representa isso neste livro.

É claro que o que apresentamos aqui foi apenas uma pequena amostra, diante das imensas contribuições que os temas da Psicologia Positiva podem trazer aos casos que aglomeram os consultórios de Psicoterapia. Fora isso, devido ao caminhar ainda embrionário da Psicologia Positiva na clínica no contexto nacional, temos plena convicção de que muito ainda podemos fazer e aplicar, de forma a favorecer a saúde mental e emocional de muitas pessoas.

Com a vida multifuncional que vivemos atualmente, e que parece que irá intensificar-se cada vez mais, sabemos que os quadros de estresse, ansiedade, depressão e outros transtornos continuarão surgindo, e precisarão, cada vez mais, de novas abordagens, para que sejam sanados ou, ao menos, amenizados.

A cientificidade contida no trato das temáticas da Psicologia Positiva traz a esse futuro uma legitimidade de aplicação e favorece tanto os profissionais da Psicologia Clínica quanto seus clientes. Temos imensa convicção de que esses rigorosos critérios de evidenciação empírica, aplicados a estudos nas melhores universidades do mundo, favorecerão o aumento da autoeficácia dos psicoterapeutas, considerando as generalizações possíveis, a partir dos experimentos realizados, com resultados favorecedores da saúde emocional e psicológica. Ter em mãos intervenções e *assessments* credibilizados pela ciência quanto a seus benefícios para a melhora da vida humana, em termos de bem-estar, instrumentaliza, com muita qualidade, os psicólogos e psiquiatras no cenário terapêutico.

A partir dos casos e propostas contidas nesta obra, acreditamos que o leitor, antes desconhecedor da Psicologia Positiva, teve acesso a contribuições de profissionais que conhecem e aplicam com sucesso cada um dos temas abordados. É claro que não consideramos nem indicamos que, com esta leitura apenas, o leitor profissional da área já estará capacitado a atuar com a Psicologia Positiva na clínica. Absolutamente!

É preciso - e damos destaque a isso neste momento da obra - que o

Conclusão

leitor entenda que a qualidade da aplicação de todas essas temáticas não depende apenas destas poucas páginas. Antes de atuar com a Psicologia Positiva em seu trabalho é importante, acima de tudo, viver a Psicologia Positiva, nos domínios de sua vida cotidiana, caro leitor. Entender o favorecimento que seus temas podem trazer à "vida ótima", como bem se expressam Seligman e Csikszentmihalyi (2000), requer bem mais do que somente uma leitura breve nos traz. É necessário muito aprofundamento, estudo, dedicação, autoaplicação, prática e autopercepção com todas essas temáticas, para poder guiar os clientes, de forma clara e convicta, quanto a que eles podem alçar o florescimento humano.

Esse seu aprofundamento e essa sua vivência é que permitirão, ao profissional da Psicologia Clínica, acreditar que o cliente que o procura, com um olhar focado apenas no negativo, no problema, na dor, no tormento, no sofrimento, na angústia, nos defeitos, pode enxergar-se sob a ótica do espectro do positivo; pode descortinar a sua luz por trás das sombras; pode fazer emergir sua melhor faceta, diante de um espelho que só enxerga colapso; pode desabrochar um belo ser, onde só se percebe aridez; pode levantar-se com firmeza num solo que só fornece desequilíbrio; pode empoderar-se em suas melhores qualidades humanas diante de crenças desqualificáveis; pode ver que a felicidade é algo que pode ser vivido, acima de tudo, por qualquer pessoa.

Sonho? Mundo encantado? Lâmpada mágica?

Nada disso. Trata-se de seriedade, cientificidade e muita qualidade dos estudos realizados no campo da Psicologia Positiva que, hoje, permitem o favorecimento do bem-estar, e da qual você, leitor, pode tornar-se um multiplicador, nutrido com muita paixão pela ciência da felicidade e das qualidades humanas, assim como nós organizadoras desta obra, germinando sementes de florescimento humano em seus clientes.

Desejamos e vislumbramos um mundo em que não apenas tornemos nossa sociedade não adoecida, mas que a felicidade impere na vida de todos.

Vem com a gente?

Fica aqui o convite!

Coautores

Adriana Santiago (cap. 1)

Diretora do Núcleo de Aplicação e Pesquisa da Psicologia Positiva (NUAPP). Psicoterapeuta com 26 anos de prática clínica. Supervisora clínica, esp. em Neurociências (UFRJ), Psicologia Positiva (CPAF), Terapia Cognitivo-Comportamental e Transtornos Alimentares (UFRJ). Mestranda em Psicologia Clínica na Universidade Europeia do Atlântico. Professora esp. em Terapia do Esquema e Psicologia Positiva. Colunista e diretora da "Revista Papo Cabeça". Coautora de diversos capítulos de livros que se referem ao bem-estar subjetivo. Palestrante internacional.

www.nuapp.com.br

Blog: Papo Cabeça com Adriana Santiago.

adrianasantiagopsi@gmail.com

(21) 98662-2565.

Ana Clara Gonçalves Bittencourt (abertura parte II e cap. 2)

Diretora do Cadeph-QV e Psicologia Positiva – Centro de Atendimento e Desenvolvimento das Potencialidades Humanas para Qualidade de Vida e Psicologia Positiva. Especialista em Psicologia Positiva: Uma interação com o Coaching, pelo CPAF-RJ/Ucam. Idealizadora dos projetos: "A Escola Positiva em Foco: Desenvolvendo Emoções Positivas para Potencializar Competências", para treinamento de equipes pedagógicas, e o "Café com Gotas de Felicidade", para o ensino da aplicação da Psicologia Positiva na Psicoterapia. Graduada em Psicologia pela Universidade Católica de Petrópolis (UCP). Terapeuta Cognitivo-Comportamental. Palestrante motivacional e realizadora de *workshops* utilizando os preceitos da Psicologia Positiva.

anaclarapsipositiva@yahoo.com.br
www.cadeph-qv.com.br

Andréa Perez (parte I)

Membro-fundadora do Instituto Brasileiro de Psicologia Positiva; professora de pós-graduação do IPOG; palestrante de temas sobre Psicologia Positiva; crítica editorial e organizadora da Coletânea Biblioteca Positiva na Editora Leader; mestra em Sistemas de Gestão; especialista em Psicologia Positiva. Formações em Coaching. Coautora de livros, entre eles: "Coaching de Psicologia Positiva" (no prelo); organizadora e coautora do livro publicado "Psicologia Positiva - Teoria e Prática"; e dos livros no prelo: "Educando Positivamente" e "Conexões Positivas". Ainda atua como colunista na revista "Make It Positive – Magazine", e é idealizadora da Rede Felicidade Agora é Ciência, do Psicologia Positiva em 1 Minuto, Positive Meeting, do Positive Mentoring e de Games com Psicologia Positiva com a Leader.

Coautores

Angelita Corrêa Scardua (cap. 11)

Psicóloga, mestre e doutora pela USP-SP. Na Psicologia Clínica, é especializada em desenvolvimento adulto. Na Psicologia Social, pesquisa os fatores históricos e culturais que contribuem para a felicidade de indivíduos, grupos e nações. Na docência, atua como professora de pós-graduação, orientadora e supervisora de novos profissionais. Membro da International Positive Psychology Association, da International Association for Jungian Studies e da Sociedade Brasileira de Neurociências e Comportamento.

Edita os blogs:

http://angelitascardua.com e

http://projetohestia.com

Ariadne Nunes (cap. 5)

Pós-graduada em Terapia Cognitivo-Comportamental com ênfase em Neurociências e Psicologia Positiva pelo Psi+. Professora e supervisora Clínica no projeto "A vez do Mestre", da Universidade Cândido Mendes (CPAF-RJ), sócia-fundadora do projeto Calopsitudo, Orientadora Profissional, palestrante com ênfase em Habilidades Sociais para crianças e adolescentes e terapeuta Cognitivo-Comportamental em consultório particular.

Beatriz de Paula Machado (cap. 12)

Psicóloga, graduada pela Universidade Estácio de Sá, especializada em Terapia Sistêmica Familiar e de Casal (Núcleo-Pesquisas), Psicoterapia Focal (Santa Casa de Misericórdia, RJ), Terapia Cognitivo-Comportamental (CPAF- RJ), pós-graduada em Psicologia Positiva – Uma Integração com Coaching (Ucam), membro da Associação de Psicologia Positiva da América Latina (Appal).

Bianca Silva Janssens (cap. 6)

Mestre em Psicologia pela Universidade Federal Rural do Rio de Janeiro (UFRRJ), psicóloga formada pela Universidade Presbiteriana Mackenzie, com formação em Psicologia Positiva pelo IBRPP e em formação pela SBWCoaching. Possui 16 anos de experiência profissional, sendo cinco voltados para Atendimento Focado em Bem-Estar, cujo direcionamento está em promover a saúde emocional a partir de um assunto específico e tempo delimitado. Ministra palestras relacionadas a bem-estar nos cursos Preparação para Aposentadoria e Treinamento em Gestão de Competência-UFRRJ.

bianca_cris@hotmail.com

Elaine Machado Chagas (cap. 7)

Psicóloga clínica com formação em Terapia Cognitivo-Comportamental e Terapia Cognitivo-Comportamental com Crianças e Adolescentes. Diretora da Associação Brasileira de Neurologia e Psiquiatria Infantil, ABENEPI-Rio. Professora e supervisora do Instituto Cognitivo-Comportamental, ICCP. Coautora de publicações na área da Psicologia Positiva. Sócia-diretora do InTCC-Rio. Atualmente desenvolve trabalhos em Psicologia Positiva e Terapia Cognitivo-Comportamental e Terapia Cognitivo-Comportamental com Crianças e Adolescentes.

Isabella de Lemos Gelli (cap. 13)

Psicóloga clínica graduada pela UFRJ, com formação em Terapia Cognitivo-Comportamental (CPAF-RJ), especialização em Reabilitação Neuropsicológica (HCFM – USP) e certificações em Psicologia Positiva, Psicologia Focada na Compaixão. Atuação em consultório particular. Professora convidada e supervisora de estágio do Curso de Pós-Graduação *lato sensu* - Especialização em Psicologia Clínica, com ênfase em Psicoterapia Breve, da FMP/Fase.

www.isabellagelli.com.br
isabellagelli@gmail.com

Marcia Cristina Oliveira Fernandes (cap. 15)

Psicóloga Clínica com experiência de 30 anos em atendimentos individuais e em grupo. Psicoterapeuta Psicodramatista, Positiva e Sistêmica. Como docente universitária e supervisora, coordenou e ministrou cursos de graduação e pós-graduação na área das Ciências da Saúde e Bem-Estar (Universidade Anhembi Morumbi, Facis, FMU, USP e Unifesp). Facilitadora de projetos em Florescimento Humano e de Programas de Qualidade de Vida em ambiente clínico, hospitalar e corporativo. Consteladora Sistêmica e MBA em Coaching. Coautora do livro "Psicologia Positiva Teoria e Prática" (org. Andréa P. Corrêa), Editora Leader.

José Roberto R. Bastos (cap. 3)

Psicólogo, com graduação e mestrado pela PUC-Rio. Pós-graduado em Gerontologia pela Universidade Cândido Mendes. Ex-professor e coordenador do Departamento de Psicologia da Universidade Santa Úrsula. Psicoterapeuta desde 1985 com participação em diversos congressos de Psicanálise e Neurociências.

Joy Stedile Chagas (cap. 14)

Psicóloga graduada (UCS). Especialização em Formação de Coordenadores de Grupo (RC-RS), Hipnoterapia Educativa e Ericksoniana (IHE-SP), Terapia Regressiva (INTVP-SP), Terapia Cognitiva (ITC-SP) e em Psicologia Positiva Integrada ao Coaching (PSIMAIS AVM-RJ). Mestrado em Reiki Terapia (Satya Reiki Communion-RS). Cursos de Transtornos Alimentares, Obesidade e Psicoterapia Cognitivo-Comportamental (Projecto-RS). Membro-fundadora do Motivação Centro de Psicologia e do Instituto Positivamente. Atua há mais de 20 anos na área clínica, é palestrante, coordena grupos de Meditação e desenvolve cursos sobre Psicologia Positiva.

devajoy@terra.com.br
(54) 99983-4561

Renata Livramento (abertura parte III)

Fundadora e presidente do Instituto Brasileiro de Psicologia Positiva. Doutora e mestre em Administração, especialista em Psicologia Clínica, e graduada em Psicologia e em Administração. Coordenadora do MBA em Psicologia Positiva e da pós-graduação em Educação Positiva, ambos pelo Centro Universitário UNA. Certificada em Disciplina Positiva pela Positive Discipline Association. É *master coach,* incluindo o Positive Psychology Coaching com dr. Tal Ben Shahar, e Appreciative Coaching com dra. Ann Clancy. Idealizadora dos Programas Felicidade em Ação® e Doe sentimentos Positivos®. Coordenadora do Action for Happiness em BH.

Rosane Velloso (cap. 16)

Psicóloga Clínica, com especialização em Terapia Sistêmica Familiar e de Casal (Núcleo–Pesquisas), especialização em Terapia Cognitivo-Comportamental (CPAF-RJ), especialização em Psicoterapia Focal (Santa Casa da Misericórdia – RJ), especialização em Psicodrama Bipessoal (Integrare). Pós-graduada em Psicologia Positiva - uma Integração com o Coaching (Ucam), pós-graduanda em Neurociência Clínica. Membro da Associação de Psicologia Positiva da América Latina (Appal). Trabalha em consultório particular e no Centro Integrado de Reabilitação e Terapia Aquática (Cirta).

Sofia Bauer (cap. 8)

Médica psiquiatra, formada pela UFMG 1983. Título de Especialista em Psiquiatria pela ABP (86158). Membro da Associação Brasileira de Psiquiatria. Formação em Psicanálise pelo IEPSI (1982 a 1988). Formação em Hipnoanálise com o professor Malomar Edelweiss de 1983 a 2000. Formação em Hipnoterapia Ericksoniana na Milton Erickson Foundation, Phoenix, EUA. Cursos de Formação e Treinamento em Hipnoterapia com Jeffrey Zeig, S. Gilligan, Michael Yapko, Joyce Mills, S. Lankton, 1994 a 2005, nos EUA. Certificação em Psicologia Positiva com Tal Ben-Shahar, CiPP 2013 EUA. Curso de EMDR com Francine Shapiro 2000 em NY, EUA. Curso de Especialização em Psicologia Positiva com Barbara Fredrickson, Universidade da Carolina do Norte-Chapel Hill (2016).

Sônia Ramos (cap. 9)

Psicóloga, especialista pós-graduada em Psicologia Positiva e Coaching pela UCAM/RJ, professora especialista na pós-graduação e no MBA em Psicologia Positiva, com MBA em Gestão Empresarial, pela FGV-RJ. Possui Certificação em NeuroCoaching, Executive Coaching, Team Coaching e Intuitive Coaching, pelo NeuroLeadership Group, e Certificação em Wellness & Health Coaching, pela SBWCoaching. Atua há mais de 25 anos como consultora em desenvolvimento organizacional em empresas de grande porte nos segmentos Financeiro, Segurador e Serviços. Atual executiva de RH em empresa do mercado segurador. Publicações: capítulo no livro "Psicologia Positiva – Teoria e Prática" e neste "Psicologia Positiva aplicada à Psicologia Clínica".

Verônica da S. Rodrigues Hipólito (cap. 4)

Psicóloga Clínica, especialista em Neuropsicologia pela Santa Casa da Misericórdia do Rio de Janeiro, especialização em Terapia Cognitivo-Comportamental pelo CPAF/Ucam. Desenvolveu um trabalho de atendimento psicológico na ONG Voz da Comunidade (São João de Meriti). Psicologia Positiva: Uma Integração com o Coaching pela Universidade Cândido Mendes/CPAF-RJ/AVM. Palestrante em Psicologia Positiva. Professora do Curso de Formação em Arteterapia no Rio de Janeiro.

psicviana@gmail.com
Facebook: Foco e Atenção

Wani Aida Braga (cap. 10)

Psicóloga especialista em Clínica e Psicomotricidade, 35 anos como psicoterapeuta de família e individual. Graduada, pós-graduada e licenciada em Psicologia pelo CEUB/DF. Psicodramatista/Febrap-SP. EMDR pelo Institute Inc. Coaching pela International Association of Coaching Institutes. Formação em Modificabilidad Cognitiva Y Enriquecimiento Instrumental/Research Institute Jerusalem. Especialização em Psicomotricidade/Cesir-SP. Pós-graduanda em Psicologia Positiva/Ipog-DF. Atuou em coordenação de equipe diagnóstica e atendimento psicológico/SEC-DF.

wanibraga@gmail.com
(61) 99298-9450

Referências Bibliográficas

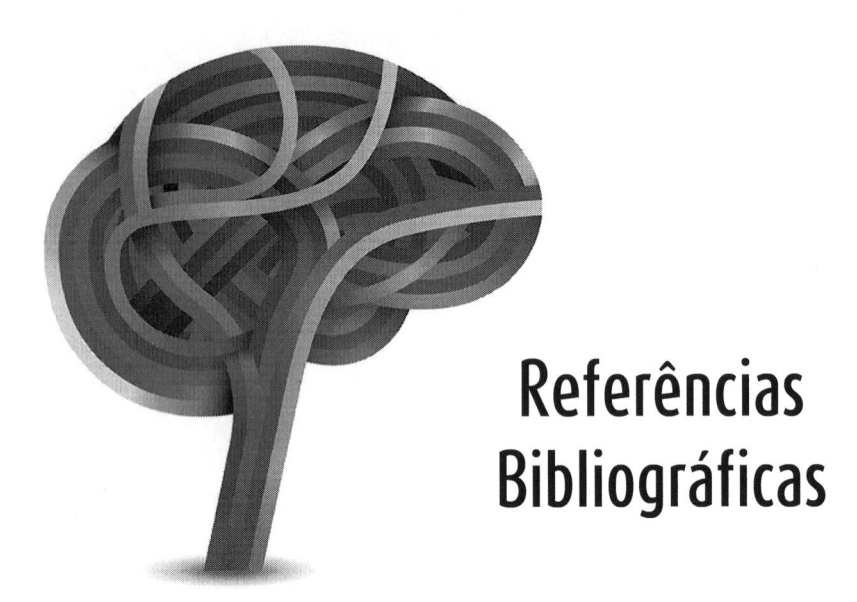

Parte I

AUTHENTIC HAPPINESS. **Wellcome to Authentic Happiness**. Disponível em: <www.authentichappiness.sas.upenn.edu/Default.aspx>. Acesso em: 26 jun 2013.

CORRÊA, A. P. **Coaching e Psicologia Positiva Reciprocamente Contributivos e Intencionalmente Catalisadores da Melhoria do Bem-estar**. Rio de Janeiro, 2013. Trabalho de Pós-Graduação - AVM Faculdade Integrada.

CORRÊA, A. P. **Psicologia Positiva: Teoria e Prática**. São Paulo: Editora Leader, 2016.

CORRÊA, A. P. *Positive Upgrade Coaching*. In: CORRÊA, A. P.; LEVY, D.; LIVRAMENTO, R. **Coaching de Psicologia Positiva**. São Paulo: Editora Leader, no prelo.

CSIKSZENTMIHALYI, M. *Finding Flow - The Psychology of Engagement with Everyday Life*. New York: Basic Books, 1997.

CSIKSZENTMIHALYI, M. *Flow – The Psychology of Optimal Experience*. New York: Harper & Row, 1990.

CSIKSZENTMIHALY, M.; SELIGMAN, M. E. P. *Positive Psychology – An Introduction*. In: **American Psychologist – Special Issue on Happiness, Excellence, and Optimal Human Functioning**. Washington, DC: American Psychological Association, 2000.

DIENER, E. *Positive Psychology*: Past, Present and Future. In: **The Oxford Handbook of Positive Psychology**. New York: Oxford University Press, 2011.

DINIZ, D. A Banalização do Coaching no Brasil. (2017) **Você RH. Exame**. Disponível em: <https://exame.abril.com.br/negocios/a-banalizacao-do-coaching/>. Acesso em: 18 out 2017.

FREDRICKSON, B. **Positividade** – Descubra a força das emoções positivas, supere a negatividade e viva plenamente. Rio de Janeiro: Rocco, 2009.

FREDRICKSON, B. *What Good are Positive Emotion?* **Review of General Psychology**, v. 2, n. 3, 333-319. Educational Publishing Foundation, 1998.

FREDRICKSON, B. *The Role of Positive Emotions in Positive Psychology*. The *Broaden-and-Build Theory of Positive Emotion*. In: **American Psychologist**, v. 56, n. 3, 218-226. American Psychological Association, 2001.

FREDRICKSON, B. *The Value of Positive Emotions. The Emerging Science of Positive Psychology is Coming to Understand Why It's Good to Feel Good*. Sigma Xi, The Science Research Society. In: **American Scientist**, v. 91, 2003.

BROWN, N. J. L.; SOKAL, A. D.; FRIEDMAN, H. L. *The Complex Dynamics of Wishful Thinking*: The Critical Positivity Ratio. **American Psychologist**, v. 68, 2013.

BROWN, N. J. L.; SOKAL, A. D.; FRIEDMAN, H. L. *The Persistence of Wishful Thinking*: Response to "Updated Thinking on Positivity Ratios". **American Psychologist**, 69, p. 629-632, 2014.

FREDRICKSON, B. **Update Thinking on Positivity Ratios**. American Psychologist, 2013.

FREIDLIN, P; LITTMAN-OVADIA, H; NIEMIEC, R. M. *Positive psychopathology*: Social anxiety via character strengths underuse and overuse. **Personality and Individual Differences**, 108, 50-54. Disponível em: <https://www.viacharacter.org/www/Portals/0/Overuse-underuse-optimal%20use%20%20SAD%20-%20Freidlin%20Littman-Ovadia%20%20Niemiec%20(2017).pdf?ver=2016-12-12-134223-750>. Acesso em: 18 nov 2017.

GABLE, S. L.; HAIDT, J. *What (and Why) Is positive Psychology?* **Review of General Psychology**, v. 9, n. 2, 103-110, 2005.

GOOGLE. Busca "psicologia positiva". Disponível em:
<https://www.google.com.br/search?rlz=1C1AVFC_enBR744BR744&-q=%22psicologia+positiva%22&oq=%22psicologia+positiva%22&gs_l=psy--ab.3..0l10.1018662.1024076.0.1025169.21.20.0.0.0.0.332.2500.0j-10j3j1.14.0....0...1.1.64.psy-ab..7.13.2167...0i67k1j0i131k1.0.O7ZmwUpTHRo>. Acesso em: 17 out 2017.

GOOGLE. Busca "positive psychology". Disponível em: <https://www.google.com.br/search?q=%22positive+psychology%22&rlz=1C1AVFC_enBR744BR744&oq=%22positive+psychology%22&aqs=chrome..69i57j0l5.12040j0j8&sourceid=chrome&ie=UTF-8>. Acesso em: 17 out 2017.

GOOGLE ACADÊMICO. Busca: *How Do Simple Positive Activities Increase Well-being?* Disponível em: <https://scholar.google.com.br/scholar?rlz=1C1AVFC_enBR-744BR744&um=1&ie=UTF-8&lr&cites=4742629838640643760>. Acesso em: 07 nov 2017.

JOSEPH, S. *Applied Positive Psychology 10 Years On*. In: JOSEPH, S. **Positive Psychology in Practice**. *Promoting Human Flourishing in Work, Health, Education, and Life*. Hoboken, NJ: John Wiley & Sons, 2015.

JOSEPH, S. Preface. In: JOSEPH, S. **Positive Psychology in Practice**. *Promoting Human Flourishing in Work, Health, Education, and Life*. Hoboken, NJ: John Wiley & Sons, 2015.

LAYOUS, K; CHANCELLOR, J; LYUBOMIRSKY, S. *Positive activities as protective factors against mental health conditions*. **Journal of Abnormal Psychology**, *123*(1), 3-12., 2014.

LINLEY, P. A.; JOSEPH, S.; MALBTBY, J.; ARRINGTON, S.; WOOD, A. M. *Positive Psychology Applications*. In: LOPEZ, S. J. ; SNYDER, C. R. **The Oxford Handbook of Positive Psychology**. New York: Oxford University Press Inc., 2009.

LUTHANS, F.; YOUSSEF, C. M.; AVOLIO, B. J. **Psychological Capital.** *Developing the Human Competitive Edge*. New York: Oxford University Press, 2007.

LYUBOMIRSKY, S.; KING, I; DIENER, E. *The benefits of frequent positive affect: Does Happiness lead to success?* Psychological Bulletin, 2005. In: LYUBOMIRSKY, S.; LAYOUS, K. **How Do Simple Positive Activities Increase Well-being?** Association of Psychology Science, 2013.

LYUBOMIRSKY, S. **A Ciência da Felicidade** – Como Atingir a Felicidade Real e Duradoura. Rio de Janeiro: Elsevier, 2008.

LYUBOMIRSKY, S.; LAYOUS, K. **How Do Simple Positive Activities Increase Well-being?** Association of Psychology Science, 2013.

LYUBOMIRSKY, S.; LEPPER, H. S. *A measure of subjective happiness*: Preliminary reability and construct validation. **Social Indicators research**, v. 46, 137-155, 1999.

LYUBOMIRSKY, S.; SHELDON, K. M.; SCHKADE, D. *Pursing Happiness*: The Architecture of Sustainable Change. **Review of General Psychology**, v. 9, n. 2, 111-131. Education Publishing Foundation, 2005.

LYUBOMIRSKY, S. **The Myths of Happiness** – *What Should Make You Happy, but Doesn't. What Shouldn't Make You Happy, but Does*. London: Penguin Books, 2013.

McGRATH, R. E. **Technical Report** – *The VIA test suite for adults: Development and*

Preliminary Evaluation. Cincinnati, OH: Via Institute on Character. Disponível em: <www.viachacaracter.org.>. Acesso em: 17 out 2017.

NEWS DAILY. **Three IPPA Tributes to Chris Peterson from Park, Fredrickson, Seligman**. Newsletter. Recebido em: 26 jul 2013.

NIEMIEC, R. M. **Mindfulness and Character Strengths**: A Practical Guide to Flourishing. Cambridge, MA: Hogrefe Publishing, 2014.

NIEMIEC, R. M. **Character Strengths Interventions**. Toronto: Hogrefe Publishing Peterson, 2017.PETERSON, C. **A Primer in Positive Psychology**. New York: Oxford University Press, 2006.

PETERSON, C. *The Values in Action (VIA) Classification of Strengths*. In: M. CSIKSZENTMIHALYI, M.; CSIKSZENTMIHALYI, I. S. (Eds.), **A life worth living: Contributions to positive psychology** (p. 29-48). New York: Oxford University Press, 2006.

PETERSON, C. **A Primer in Positive Psychology.** New York: Oxford University Press, 2006.

PETERSON, C. **Pursing The Good Life** – *100 Reflections on Positive Psychology*. New York: Oxford University Press, 2013.

PETERSON, C.; SELIGMAN, M. E.P. **Character Strengths and Virtues**. A Handbook and Classification. New York: Oxford University Press, American Psychology Association, 2004.

SELIGMAN, M. E.P. *Building Human Strength*: Psychology's Forgotten Mission. In: **APA Monitor**, American Psychological Association, 1998.

SELIGMAN, M. E. P. **Felicidade Autêntica** – Usando a Psicologia Positiva para a Realização Permanente. Rio de Janeiro: Objetiva, 2009.

SELIGMAN, M. E. P. **Florescer**. Uma Nova Compreensão sobre a Natureza da Felicidade e do Bem-estar. Rio de Janeiro: Objetiva, 2011.

SELIGMAN, M. *Positive psychology, positive prevention, and positive therapy*. In: C. Snyder e S. Lopez (Eds.). **Handbook of Positive Psychology**. New York: Oxford, 2002.

SOLANO, A. C. *Concepciones teóricas acerca de la Psicologia Positiva*. In: SOLANO, A. C.; CONSENTINO, A.; OMAR, A.; SÁEZ, M. T.; DE TOSCANO, G. T. **Fundamentos de Psicología Positiva**. Buenos Aires: Paidós, 2010.

SOLANO, A. C.; PERUGINI, M. L. L. *The Latin-American View of Positive Psychology*. **Journal of Behavior Health & Social Issues, v**. 5, n. 2, p. 15-31, 2014.

SNYDER, C.R. ; LOPEZ, S. J. **Psicologia Positiva**. Uma abordagem Científica e Prática das Qualidades Humanas. Porto Alegre: Artmed, 2009.

LOPEZ, S. J. ; GALLAGHER, M. W. *A Case for Positive Psychology*. In: **The Oxford Handbook of Positive Psychology**. Washington: Oxford University Press, 2011.

VIA INSTITUTE ON CHARACTER. **History**. 2013b. Disponível em: <**Erro! A referência de hiperlink não é válida.**> Acesso em: 9 jul 2013.

VIA INSTITUTE ON CHARACTER. *Surveys*. 2013c. Disponível em: <**Erro! A referência de hiperlink não é válida.**> Acesso em: 9 jul 2013.

VIA INSTITUTE ON CHARACTER. **Learn Your Character Strengths**. Disponível em: <http://www.viacharacter.org/www/Character-Strengths-Survey>. Acesso em: 19 out 2017.

VIA®ME. VIA®M! *Character Strengths Porfiles & Reports*. 2013. Disponível em: <http://www.viame.org/www/en-us/personalizesreport.aspx>. Acesso em: 10 jul 2013.

WARREN, M. A.; DONALDSON, S. I. *Scientific Advances in Positive Psychology*. Santa Bárbara: Praeger, 2017.

Capítulo 1

BOWLBY, J. (1989). **Uma base segura:** aplicações clínicas da teoria do apego (S. M. Barros, trad.). Porto Alegre: Artes Médicas. (Trabalho original publicado em 1988).

EMMONS, R. A.; STERN, R. *Gratitude as a Psychotherapeutic Intervention.* **Journal of Clinical Psychology:** IN SESSION, v.. 69 (8), 846-855,2013. Disponível em <https://www.ncbi.nlm.nih.gov/pubmed/23775470>. Acesso em: 8 nov 2017.

FREUD, S. (1940 [1938]) **Esboço de psicanálise**. Edição Standard Brasileira das Obras Completas de Sigmund Freud, v.. XXIII. Rio de Janeiro: Imago, 1996.

KOFFKA, K. **Princípios da Psicologia da Gestalt**. São Paulo: Cultrix e USP, 1975.

LEDOUX, J. **O Cérebro Emocional**. Rio de janeiro: Ed. Objetiva, 1996.

NEISSER, U. **Cognitive Psychology**. New York: AppletonCentury-Crofts, 1967.

NEUFELD *et al*. **Bases Epistemológicas da psicologia cognitiva experimental.** Disponível em <http://www.scielo.br/scielo.php?script=sci_arttext&pid=S0102-37722011000100013>. Acesso em: 20 jun 2017.

OGDEN, T. H. (2004). **Uma nova leitura das origens da teoria das relações de objeto.** Alter, 22 (2), 175-195.

PIAGET, J.; INHELDER, B. **A gênese das estruturas lógicas elementares** (A. Cabral, trad.). Rio de Janeiro, RJ: Zahar, 1975. (Original publicado em 1959).

SCHULTZ, D. P.; SHULTZ, S. E. **História da Psicologia Moderna**. São Paulo: Ed. Cultrix, 1981.

SCHULTZ, D. P.; SHULTZ, S. E. **História da Psicologia Moderna**. São Paulo: Ed. Cultrix, 1981.

SELIGMAN et al. **Positive Psychotherapy**. Positive Psychology Center, University of Pennsylvania. Disponível em <http://www.hiram.edu/wp-content/uploads/2017/03/SeligmanRashidParks2006.pdf >. Acesso em: 1 mai 2017.

SELIGMAN, M. **Felicidade Autêntica:** usando a nova Psicologia Positiva para a realização permanente. Rio de Janeiro: Objetiva, 2009.

SELIGMAN, M. **Florescer:** uma Nova Compreensão Sobre a Natureza da Felicidade e do Bem-Estar. Rio de Janeiro: Objetiva, 2011.

SNYDER, C. R.; LOPEZ, S. J. **Psicologia positiva:** uma abordagem científica e prática das qualidades humanas. Porto Alegre: Artmed, 2009. p. 124.

WAINER, R. O Desenvolvimento da Personalidade e suas Tarefas Evolutivas. In: Terapia Cognitiva Focada em Esquemas. Integração em Psicoterapia. Porto Alegre: Artmed, 2016.

WEINER, R. **Terapia Focada em Esquemas.** Integração em Psicoterapia. Porto Alegre: Artmed, 2016.

YOUNG, J. E. **Terapia do Esquema:** guia de técnicas cognitivo-comportamentais inovadoras. Porto Alegre: Artmed, 2008.

YOUNG, J. E. **Terapia Cognitiva para transtornos da personalidade:** Uma abordagem focada em esquemas. (3. ed.). Porto Alegre: Artmed, 2003.

Capítulo 2

ATKINSON, R. L.; ATKINSON, R.. C.; SMITH, E. E.; BEM, D. J.; NOLEN-HOEKSEMA, S. **Introdução à Psicologia de Hilgard.** Porto Alegre: Editora Artmed, 2007.

AUTENTHIC HAPPINESS, 2017. **Positive Health. What is Positive Health?** Disponível em: <https://www.authentichappiness.sas.upenn.edu/learn/positivehealth>. Acesso em: 17 set 2017.

EIZIRIK, C. L.; LIBERMANN, Z.; COSTA, F. A Relação Terapêutica: Transferência, Contratransferência e Aliança Terapêutica. In: CORDIOLI, A. V.; **Psicoterapias. Abordagens Atuais.** Porto Alegre: Editora Artmed, p.67-97, 1998.

FELDMAN, R. S. **Introdução à Psicologia.** Porto Alegre: Editora Artmed, p. 419-433, 2015.

FREDRICSON, B. **Positividade** – Descubra a força das emoções positivas, supere a negatividade e viva plenamente. Rio de Janeiro: Editora Rocco, 2009.

FENICHEL, O. **Teoria Psicanalítica das Neuroses**. Rio de Janeiro: Editora Atheneu, p.. 24, 25, 1981.

LYUBOMIRSKY, S. **A Ciência da Felicidade** – Como Atingir a Felicidade Real e Duradoura: Um Método Científico para Alcançar a Vida que Você Deseja. Rio de Janeiro: Editora Elsevier, 2008.

MORO, M. R.; LACHAL, C. **As psicoterapias** - Modelos, métodos e indicações. Petrópolis: Editora Vozes, 2008.

PETERSON, C.; PARK, N. (2009). *Classifying and measuring strengths of character.* In: LOPEZ, S.J.; SNYDER, C.R. (eds.), **Oxford handbook of positive psychology,** 2. ed. (p.. 25-33). New York: Oxford University Press. www.viacharacter.org.

PETERSON, C.; SELIGMAN, M. E. P. (2004). **Character strengths and virtues: A handbook and classification.** New York: Oxford University Press and Washington, DC: American Psychological Association. www.viacharacter.org.

RIBEIRO, J. P. **Teorias e Técnicas Psicoterápicas.** Petrópolis: Editora Vozes, 1998.

SCORSOLINI-COMIN, F.; POLETTO, M. Psicologia Positiva na prática clínica: Princípios, reflexões e questionamentos. In: SEIBEL, B. L.; POLETTO, M.; KOLLER, S. H. **Psicologia Positiva** – Teoria, Pesquisa e Intervenção. Curitiba: Editora Juruá, 2016.

SEIBEL, B. L.; POLETTO, M.; KOLLER, S. H. **Psicologia Positiva** – Teoria, Pesquisa e Intervenção. Curitiba: Editora Juruá, 2016.

SELIGMAN, M. E. P. **Florescer** - uma nova compreensão sobre a natureza da felicidade e do bem-estar. Rio de Janeiro: Editora Objetiva, 2011.

SELIGMAN, M. E. P. (2004). *Using the new positive psychology to realize your potential for lasting fulfillment.* In: **Authentic happiness.books.google.com.** Disponível em: <https://books.google.com/books/about/Authentic_Happiness.html?id=3L0>Psycnet.apa.org>. Acesso em 20 set 2017.

SHEEFFER, R. **Aconselhamento Psicológico.** São Paulo: Editora Atlas, 1976.

SNYDER, C. R.; LOPEZ, S. J. **Psicologia Positiva** – Uma abordagem científica e prática das qualidades humanas. Porto Alegre: Editora Artmed, 2009.

Capítulo 3

FREUD, S. **Novas Conferências Introdutórias.** A dissecção da Personalidade Psíquica, v.. XXII. Editora Imago, 1994.

FREUD, S. **Psicologia de Grupo e Análise do Ego**. V. XVIII. Editora Imago, 1976.

GARCIA-ROZA, L. A. **Psicologia Estrutural em Kurt Lewin**. Editora Vozes, 1974.

PIAGET, J. **Seis Estudos de Psicologia**. Editora Forense Universitária, 1976.

SELIGMAN, M. E. P. **Florescer**. Uma Nova Compreensão sobre a Natureza da Felicidade e do Bem-estar. Editora Objetiva, 2011.

SELIGMAN, M. E. P. *Building Human Strength: Psychology's Forgotten Mission.* In: **APA Monitor**, American Psychological Association, 1998.

FESTINGER, L. *A Theory of Cognitive Dissonance.* Stanford University Press, 1957.

NIETZSCHE, F. **Além do Bem e do Mal**. Editora Escala, 2011.

CSIKSZENTMIHALYI, M.; SELIGMAN, M.E.P. *Positive Psychology: An Introduction.* In: **American Psychologist: Special Issue on Happiness, Excellence, and Optimal Human Functioning.** Washington, DC. American Psychological Association. 2000.

Capítulo 4

BECK, J. S. **Terapia Cognitivo-Comportamental:** Teoria e prática. Porto Alegre: Editora Artmed, 2013.

EMMONS, R. **Agradeça e seja feliz!** São Paulo: Best Seller, 2009.

KERNIS, M. H. *Measuring self-esteem in context: The importance of stability of self-esteem in psychological functioning.* **Journal of Personality**, v. 73, n. 6, p. 1569 -1605. 2005. Disponível em: <https://www.ncbi.nlm.nih.gov/pubmed/16274446>

LINLEY, A. P.; NIELSEN, K. M.; GILLETT, R.; BISWAS-DIENER, R. **Using signature strengths in pursuit of goals:** *Effects on goal progress, need satisfaction, and well-being, and implications for coaching psychologists*. Disponível em: <http://www.enhancingpeople.com/paginas/master/Bibliografia_MCP/Biblio05/USING%20SIGNATURE%20STRENGTHS%20IN%20PURSUIT%20GOALS.pdf>.

PETERSON, C.; PARK, N.; SELIGMAN, M. E. P. *Strengths of character and well-being.* **Journal of Social and Clinical Psychology,** v. 23, n. 5, p. 603-619, 2004. Disponível em: <https://doi.org/10.1521/jscp23.5.628.50749>

PETERSON, C.; SELIGMAN, M. E. P. **Character strengths and virtues:** *A handbook and classification*. New York: Oxford University Press and Washington D. C.: American Psychological Association. www.viacharacter.org. 2004.

PETERSON, C.; PARK, N. *Classifying and measuring strengths of character.* In: LOPEZ, S. J. & SNYDER C. R. (eds.). ***Oxford handbook of positive psychology,*** 2. ed. (p. 25-33). New York: Oxford University Press, 2009. www.viacharacter.org.

PETERSON, C; SELIGMAN, M. E. P. (2004). ***Character strengths and virtues:*** *A handbook and classification.* New York: Oxford University Press and Washington, DC: American Psychological Association. www.viacharacter.org.

PORTELLA, M. **A ciência do bem-viver**: Proposta e técnicas da Psicologia Positiva. Rio de Janeiro: CPAF-RJ, 2011.

PORTELLA, M. **Teoria da potencialização da qualidade de vida**: Propostas e técnicas da Psicologia Positiva. Rio de Janeiro: CPAF-RJ, 2013.

ROSENBERG, M. **Society and the adolescent self-image.** Middletown, CT: Wesleyan University Press, 1989.

SEIBEL, B. L. Forças de caráter: de sua proposição aos dias de hoje. In: SEIBEL, B. L.; POLETTO, M.; KOLLER, S. H. (orgs). **Psicologia Positiva:** Teoria, Pesquisa e Intervenção. Curitiba: Editora Juruá, p.73-83, 2016.

SCORSOLINI-COMIN, F. Psicologia Positiva na prática clínica: Princípios, Reflexões e questionamentos. In: SEIBEL, B. L.; POLETTO, M.; KOLLER, S. H. (orgs). **Psicologia Positiva:** Teoria, Pesquisa e Intervenção. Curitiba: Editora Juruá, p.191-2008, 2016.

SELIGMAN, M. E. P. **Felicidade autêntica**: Usando a Psicologia Positiva para realização permanente. Rio de Janeiro: Objetiva, 2009.

SELIGMAN, M. E. P. **Florescer.** Uma nova compreensão sobre a natureza da felicidade e do bem-estar. Rio de Janeiro: Objetiva, 2011.

SNYDER, C. R.; LOPEZ, S. J. *The Hope Theory: Rainbows in the mind.* **Psychological Inquiry,** v. 13, n. 4, p. 249-275, 2002. <http://dx.doi:org/10.1207/515327965PLI1304.01>

SNYDER, C. R.; LOPEZ J. **Psicologia Positiva**. Uma abordagem científica e prática das qualidades humanas. Porto Alegre: Artmed, 2009.

STRATTON, P.; HAYES, N. **Dicionário de Psicologia**. São Paulo: Pioneira Thomson Learning, 2002.

Capítulo 5

AMERICAN PSYCHIATRIC ASSOCIATION. **DSM-5**: manual diagnóstico e estatístico de transtornos mentais. 5. ed. Porto Alegre: Artmed, 2014. 992p.

BECK, J. S. **Terapia cognitiva**: teoria e prática. 3. ed. Porto Alegre: Artes Médicas, 1997.

Conselho Federal de Medicina (CFM). **Associação Brasileira de Psiquiatria (ABP)**. Suicídio: informando para prevenir. Brasília, 2017.

DUAILIBI, K.; SILVA, A. S. M. Depressão: critérios do DSM-5 e tratamento. **Rev. Bras. Clin. Terap. 2014**; São Paulo, v.40, n.1, p. 27-32. ago. 2014. Disponível em: < http://www.moreirajr.com.br/revistas.asp?fase=r003&id_materia=5879> Acesso em: 20 jun. 2017.

EISENSTEIN, E. Adolescência: definições, conceitos e critérios. **Adolescência e Saúde**, Rio de Janeiro, v.2, n.2, p. 6-7, Abr/Jun 2005.

HERCULANO-HOUZEL, **O cérebro em transformação**. 1. ed. Rio de Janeiro: Editora Objetiva, 2005. p. 20-30

LIMA, D. Depressão e doença bipolar na infância e adolescência. **Jornal de Pediatria**. *v.* 80. n.2. set. 2004. p. 11-20.

LYUBOMIRSKY, S. **A Ciência da Felicidade**: Como atingir a felicidade real e duradoura. 2. ed. Rio de Janeiro: Elsevier, 2008.

LOHOFF. F.W. *Overview of the genetics of major depressive disorder.* **Curr. Psychiatry Rep**., v.10, n.6, pag. 539–546, dez 2010.

BBC. **A adolescência termina aos 25 anos?** Disponível em: <http://www.bbc.com/portuguese/noticias/2013/09/130925_adolescencia_termina_25anos_an>. Acesso em: 24 jun. 2017.

LUSKIN, F. **O poder do Perdão**. Uma receita provada para a saúde e a felicidade. Tradução Carlos Szlak. 7. ed. São Paulo: Editora Francis, 2007.

OMELETE. *13 Reasons Why.* **Com produção de Selena Gomez, série da Netflix discute suicídio adolescente**. Disponível em: <http://www.omelete.com.br>. Acesso em: 20 jun. 2017.

O GLOBO. **O que se sabe até agora sobre o jogo da "Baleia azul"**. Disponível em: <http://oglobo.globo.com/>. Acesso em: 15 jun. 2017.

PETERSON, C.; SELIGMAN, M. E. P. ***Character strengths and virtues***: A classification and handbook. 1. ed. New York: Oxford University Press/Washington, DC: American Psychological Association. 2004. p. 432 - 435.

PETERSON, C. ***Primer in Positive Psychology***. 1. ed. Oxford: Oxford University

Press, 2006.

PSYCHOLOGY TODAY. **Adolescence and the problems of puberty**. Disponível em: <https://www.psychologytoday.com/blog/surviving-your-childs-adolescence/201004/adolescence-and-the-problems-puberty>. Acesso em: 21 Jun. 2017.

TOUSSAINT L.; WEBB, JR. *Theoretical and empirical connections between forgiveness, mental health and well-being*. In: Worthington WL Jr. (ed.). **Handbook of forgiveness**. New York: Routledge; 2005. p. 349–62.

VERSIANI, M.; REIS, R.; FIGUEIRA, I. Diagnóstico do transtorno depressivo na infância e adolescência. **Jornal Brasileiro de Psiquiatria**, Rio de Janeiro, v. 10, n. 12, p. 367-38.

OMS. **Mapa da Violência 2017**, 2017. Disponível em: <http://bvsms.saude.gov.br/>. Acesso em: 20 jul. 2017.

Capítulo 6

ABREU, R. Gratidão e Generosidade: uma abordagem prática aplicada ao bem-estar. In: CORRÊA, A. P. (Org.). **Psicologia Positiva. Teoria e Prática.** (1. ed., cap. 20, 274-280). São Paulo: Editora Leader, 2016.

ALVES, A. M. V. **Gratidão:** um estudo longitudinal sobre o impacto pessoal e relacional. 2010. MESTRADO INTEGRADO EM PSICOLOGIA. Secção de Psicologia Clínica e da Saúde. Núcleo de Psicoterapia Cognitivo-Comportamental e Integrativa. Disponível em <http://repositorio.ul.pt/bitstream/10451/3050/1/ulfp037537_tm.pdf>. Acesso em: abr. 2017.

EMMONS, R. A. **Obrigado!** Como a gratidão pode torná-lo mais feliz. Alfragide: Estrela Polar, 2009.

EMMONS, R. A.; MCCULLOUGH, M. E. *The Grateful Disposition: A Conceptual and Empirical Topography*. In: **Journal of Personality and Social Psychology by the American Psychological Association,** v. 82, No. 1, 112–127. 2002. Disponível em <http://www.psy.miami.edu/faculty/mmccullough/Papers/The%20Grateful%20Disposition_JPSP.pdf > Acesso em: fev. Acesso em: abr. 2017.

_____. *Counting blessings versus burdens: An empirical investigation of gratitude and subjective well-being in daily life*. In: **Journal of Personality and Social Psychology**, 84, 377-389. 2003. Disponível em: <http://greatergood.berkeley.edu/pdfs/GratitudePDFs/6Emmons-BlessingsBurdens.pdf>

EMMONS, R. A.; SHELTON, C. S. *Gratitude and the science of positive psycho-*

logy. In: C. R. Snyder and S. J. Lopez (Eds.), **Handbook of positive psychology** (p. 459-471). New York: Oxford University Press, 2002. Disponível em http://emmons.faculty.ucdavis.edu/wp-content/uploads/sites/90/2015/08/2002_2-gratandsc.-of-pos_2002.pdf.

FONSECA, Y. Gratidão – Intervenções e práticas clínicas e terapia cognitivo-comportamental. In: CORRÊA A. P. (Org.). **Psicologia Positiva. Teoria e Prática**. (1ª ed., cap. 27, 336-342). São Paulo: Editora Leader, 2016.

FREDRIKSON, B. L. **Amor 2.0**. 1. ed. São Paulo: Companhia das Letras, 2015.

KAUFFMAN, C; BONIWELL, I.; SILBERMAN, J. *The Positive Psychology Approach to Coaching*. In: ***The Complete Handbook of Coaching***. COX. E.; BBACHKIROVA, T.; CLUTTERBUCK, D. 2. ed. Washington: Sage. Disponível em <https://books.google.com.br/books?hl=pt=-BR&lr=&id6=qyHAwAAQBAJ&oi=fnd&pg=P157A&dq-KAUFFMAN,+C%3B+BONIWELL,+I.%3B+SILBERMAN,+J.+The+Positive+Psychology+Approach+to+Coaching&ots=uEDX8DZI19&sig=g7fEbNuJC0uAg2hSLnr3E_wDF2A#v=onepage&q&f=false>. Acesso em: out. 2017.

PALUDO, S. S.; KOLLER, S. H. (s/d). **Gratidão em contexto de risco:** uma relação possível? Psicodebate 7, Psicologia, Cultura e Sociedade. Disponível em: <http://www.palermo.edu/cienciassociales/publicaciones/pdf/Psico7/7Psico%2004.pdf>.

PIETA, M. A. M.; FREITAS, L. B. L. **Sobre a gratidão**. Arq. bras. psicol. v.61 n.1 Rio de Janeiro, abr. 2009. Disponível em <http://pepsic.bvsalud.org/scielo.php?script=sci_arttext&pid=S1809-52672009000100010>. Acesso em: abr. 2017.

SELIGMAN, M. **Felicidade Autêntica:** usando a nova psicologia positiva para a realização permanente. Rio de Janeiro: Objetiva, 2009.

SELIGMAN, M.; STEEN, PARK, PETERSON. ***Positive Psychology Progress: Empirical Validation of Interventions.*** 2005. Disponível em: <http://www.psykologtidsskriftet.no/pdf/2005/874-884.pdf>. Acesso em: jun. 2017.

WOOD, A. M., et al. (2010). *Gratitude and well-being: A Review and theoretical Integration*. **Clinical Psychology Review.** Doi:10.1016/j.cpr.2010.03.005. Disponível em: <https://greatergood.berkeley.edu/pdfs/GratitudePDFs/2Wood-GratitudeWell-BeingReview.pdf.> Acesso em: fev. 2017

Capítulo 7

BECK, J. S. ***Cognitive Behavior Therapy***. New York: The Guilford Press, 2011.

DZUNG, VO D. X. **The Mindfull teen:** Powerful skills to help you handle stress one moment at a time. Oakland: New Harbinger, 2015.

GERMER, C. K.; SIEGEL, R. D.; FULTON, P. R. **Mindfulness e psicoterapia.** 2. ed. Porto Alegre: Editora Artmed, 2016.

HAYES, S. C.; STROSAHL, K. D.; WILSON, K. G. **Acceptance and Commitment Therapy:** The Process and Practice of Mindful Change. New York: The Guilford Press, 2012.

KENDALL, P. C. **Child and adolescent therapy** – Cognitive-Behavioral Procedures. New York: The Guilford Press, 2012.

LINEHAN, M. M. **Terapia Cognitivo-Comportamental para transtorno da personalidade Borderline**: guia do terapeuta. Porto Alegre: Editora Artmed, 2009.

LUOMA, J. B.; HAYES, S. C.; WALSER, R. D. **Learning ACT An Acceptance & Commitment Therapy Skills** - Training Manual for Therapists. Oakland: New Harbinger Publications, 2007.

MELO, W. V. **Estratégias Psicoterápicas e a Terceira Onda em Terapia Cognitiva.** Novo Hamburgo: Editora Sinopsys, 2014.

MENEZES, C. B.; KLAMT-CONCEIÇÃO, I. Mindfulness. In: MELO, W. V. (Org.). **Estratégias Psicoterápicas e a Terceira Onda em Terapia Cognitiva.** Novo Hamburgo: Sinopsys, p. 209-237, 2014.

SELIGMAN, M. E. P. **Felicidade Autêntica:** Usando a Psicologia Positiva para a Realização Permanente. Rio de Janeiro: Editora Objetiva, 2002.

SELIGMAN, M. E. P. **Florescer**. Rio de Janeiro: Editora Objetiva, 2011.

SNYDER, C. R.; LOPEZ, S. J. **Psicologia positiva**: uma abordagem científica e prática das qualidades humanas. Porto Alegre: Editora Artmed, 2009.

SODRÉ, J. L. **Baralho Mindfulness:** O jogo da Atenção Plena. Novo Hamburgo: Sinopsys Editora, 2016.

STALLARD, P. **Ansiedade: terapia cognitivo-comportamental para crianças e jovens.** Porto Alegre: Editora Artmed, 2010.

TATTON-RAMOS, T. P.; MENEZES, C. B. Meditação, *mindfulness* e a psicologia positiva. In: SEIBEL, B. L.; POLETTO, M.; KOLLER, S. H. (org.). **Psicologia Positiva: Teoria, Pesquisa e Intervenção.** In: p. 117. Curitiba: Editora Juruá, p. 117-134, 2016.

TATTON-RAMOS, T. P. O que é *Mindfulness*? In: LUCENA-SANTOS, P.; PINTO-GOUVEIA, J.; OLIVEIRA, M. da S. (Org.). **Terapias Comportamentais de Terceira**

Geração. Novo Hamburgo: Editora Sinopsys, 59-80, 2015.

TELES, L. N. **Psiquiatria da Infância e Adolescência:** guia para iniciantes. Novo Hamburgo: Sinopsys Editora, 2014.

VANDERBERGUE, L.; SOUSA, A. C. A. *Mindfulness* nas terapias cognitivo-comportamentais. **Revista Brasileira de Terapias Cognitivas**, Rio de Janeiro, v.2, n.1. p. 35-44, junho. 2006. Disponível em: <http://pepsic.bvsalud.org/scielo.php?script-t=sci_arttext&pid=S1808-56872006000100004&lng=pt&nrm=iso>.

WILLIAMS, M.; PENMAN, D. **Atenção Plena:** Mindfulness, como encontrar a paz em um mundo frenético. Rio de Janeiro: GMT Editores, 2015.

Capítulo 8

ACHOR, S. **O Jeito Harvard de Ser Feliz.** São Paulo: Editora Saraiva, 2012.

BAUER, S. **A Cartilha do Otimismo.** Rio de Janeiro: Wak Editora, 2013.

FREDRICKSON, B. *Love 2.0.* New York: Hudson Street Press, 2013.

LANGER, E. *Mindfulness*. Boston: Da Cappo Press, 2014.

KABAT-ZIN, J. *Wherever You Go There You Are*. New York: Hyperion Press, 1994.

SELIGMAN, M. **Florescer.** Rio de Janeiro: Editora Objetiva, 2011.

SHAHAR, B. T. **Seja Mais Feliz.** São Paulo: Editora Academia, 2008.

Capítulo 9

AMERICAN PSYCHIATRIC ASSOCIATION. **Manual diagnóstico e estatístico de transtornos mentais DSM-5**. 2014.

BECK, J. S. **Terapia cognitivo-comportamental**: teoria e prática. Porto Alegre: Editora Artmed, 2013.

ORGANIZAÇÃO MUNDIAL DA SAÚDE. Relatório Mundial da Saúde. **Saúde mental: nova concepção, nova esperança.** Lisboa, 2002.

SNYDER, C. R.; SHANE, J. L. **Psicologia positiva**: uma abordagem científica e práticas das qualidades humanas. Porto Alegre, RS: Editora Artmed, 2009.

SELIGMAN, M. E. **Florescer**: uma nova compreensão sobre a natureza da felicidade e do bem-estar. São Paulo: Editora Objetiva, 2011.

WRIGTH, J. H.; BASCO, M. R.; THASE, M. E. **Aprendendo a terapia cognitivo-comportamental**: um guia ilustrado. Porto Alegre, RS: Editora Artmed, 2008.

YOUNG, J. E.; KLOSLO, J. S., WEISHAAR, M. E. **Terapia do esquema**: guia de técnicas cognitivo-comportamentais inovadoras. Porto Alegre, RS: Editora Artmed, 2008.

Capítulo 10

AMERICAN PSYCHIATRIC ASSOCIATION. **Manual Diagnóstico e Estatístico de Transtornos Mentais DSM-5**, 5. ed. Porto Alegre, 2014.

FRANKL, V. E. **Em Busca do Sentido.** 40. ed. Rio de Janeiro: Editora Vozes, 2016.

MCCULLOUGH, M. E.; SNYDER, C. R. *Classical source of human strength: Revisiting an old home and building a new one*. **Journal of Social And Clinical Psychology,** v. 19, n. 1. P. 1-10, 2000.

NIEMIEC, R.; WEDDING, D. **Psicologia Positiva dos Filmes:** Usando filmes para construir Virtudes e Características Fortes. São Paulo: Novo Século, 2012.

PETERSON, C.; SELIGMAN, M. E. P. ***Character Strengths and Virtues:*** *A Handbook and Classification*. New York: Oxford University Press and Washington, DC: American Psychological Association, 2004.

RASHID T.; SELIGMAN, M. E. P. ***Positive Psychotherapy:*** *A Treatment Manual*. New York: Oxford University Press, 2011.

SELIGMAN, M. E. P. **Felicidade Autêntica:** Usando a Psicologia Positiva para a realização Permanente. Rio de Janeiro: Objetiva, 2009.

SELIGMAN, M. E. P. **Florescer.** Uma Nova Compreensão Sobre a Natureza da Felicidade e do Bem-Estar. Rio de Janeiro: Objetiva, 2011.

SNYDER, C. R.; LOPEZ, S. J. **Psicologia Positiva:** Uma Abordagem Científica e Prática das Qualidades Humanas. Porto Alegre: Artmed, 2009.

WILLIAMS, M.; PENMAN, D. **Atenção Plena: Mindfulness.** Como Encontrar a Paz em um Mundo Frenético. Rio de Janeiro: Sextante, 2015.

Capítulo 11

BENARD, B. ***Fostering Resiliency in Kids***: *Protective Factors in the Family, School, and Community*. Portland, OR: Western Center for Drug-Free Schools and Communities, 1991.

BENSON, P. L. *All kids are our kids: What communities must do to raise caring and responsible children and adolescents*. San Francisco: Jossey Bass, 2006.

CSIKSZENTMIHALYI, M. *The Evolving Self*. New York: HarperCollins, 1993.

DIENER, E. F.; EMMONS, R. A.; LARSEN, R. J.; GRIFFIN, S. *The satisfaction with life scale*. **Journal of Personality Assessment**. V. 49, n. 1, p. 71–75, 1985.

ERIKSON, E.; ERIKSON, J. M. **O Ciclo de Vida Completo**. Versão ampliada. Porto Alegre: Médicas, 1998.

LYUBOMIRSKY, S.; LEPPER, H. S. *A measure of subjective happiness: preliminary reliability and construct validation*. **Social Indicators Research**, v.. 46, n. 2, p. 137–55, 1999.

MALONE, J. C.; LIU, S. R.; VAILLANT, G. E.; WALDINGER, R. J. *Midlife Eriksonian Psychosocial Development: Setting the Stage for Late-Life Cognitive and Emotional Health*. **Developmental Psychology**, v.. 52, n. 3, p. 496-508, 2015.

McADAMS, D. P. *The Positive Psychology of Adult Generativity: Caring for the Next Generation and Constructing a Redemptive Life*. In: SINNOT, Jan D. (Ed.), **Positive Psychology: Advances in Understanding Adult Motivation**. New York: Springer, p. 191-205, 2013.

PETERSON, C.; SELIGMAN, M. E. P. *Character Strengths and Virtues: A Classification and Handbook*. Washington, DC: American Psychological Association, 2004.

PETERSON, C.; PARK, N.; SELIGMAN, M. E. P. *Assessment of character strengths*. In: KOOCHER, G. P.; NORCROSS, J. C.; HILL, S. S. (eds.). **Psychologists' Desk Reference**, New York: Oxford Univ. Press, p.93–98, 2005.

RYFF, C. D. *Happiness is everything, or is it? Explorations on the meaning of psychological well being*. **Journal of Personality and Social Psychology**, V..57, n.6, p.1069-1081, 1989.

SCARDUA, A. V. C. Felicidade e individuação: um estudo exploratório do desenvolvimento adulto baseado na psicologia positiva e na teoria de Jung. 2003. 234 f. **Dissertação (Mestrado em Psicologia Social)**. Instituto de Psicologia, Universidade de São Paulo.

SELIGMAN, M. E. P. **Florescer** - uma nova e visionária interpretação da felicidade e do bem-estar. Rio de Janeiro: Objetiva, 2011.

SELIGMAN, M. E. P. **Felicidade Autêntica**. Rio de Janeiro: Ponto de Leitura, 2003.

SELIGMAN, M. E. P; CSIKSZENTMIHALYI, M. *Positive Psychology*: An introduction. **American Psychologist**, v.. 55, n. 1, p. 5-14, 2000.

TUGADE, M. M.; FREDRICKSON, B. L. *Resilient individuals use positive emotions to bounce back from negative emotional experiences*. **Journal of Personality and Social Psychology**, v.. 86, n. 2, p. 320-33, 2004.

VAILLANT, G. E. **Aging Well**: Surprising Guideposts to a Happier Life from the Landmark Harvard Study of Adult Development. Boston: Little, Brown and Company, 2003.

VAILLANT, G. E. **Triumphs of Experience**: The Men of the Harvard Grant Study. Massachusetts: Belknap Press, 2015.

Capítulo 12

AGAZARIAN, Y. **Systems-Centered Therapy for Groups**. Guilford, London: 1997.

HAWLEY, D. R.; DEHAAN, L. *Towards a definition of Family resilience: Integrating life-span and Family perspectives*. In: **Family Process.** San Diego: v.. 35, n. 3, set, 1996.

KALFF, D. **Sandplay: a psychotherapeutic approach to the psyche.** Cloverdale: Temenos Press, 2004.

LYUBOMIRSKY, S. **A ciência da felicidade:** como atingir a felicidade real e duradoura: um método científico para alcançar a vida que você deseja. Rio de Janeiro: Editora Elsevier, 2008.

MOISÉS, G.; LOBO, M. V.; CAVOUR, R. M. **Histórias dramáticas:** terapia breve para famílias e terapeutas. Rio de Janeiro: Editora: Rosa dos Tempos, p. 186 e 187, 2003.

MILANÊS, V. Disponível em: <https://www.pensador.com> autores. Acesso em: 2 dez. 2016.

OSORIO, L. C.; VALLE, M. E. P. **Manual de terapia familiar**. Porto Alegre: Editora Artmed, 2009.

PORTELLA, M. **Teoria da potencialização da qualidade de vida:** propostas e técnicas da psicologia positiva. Rio de Janeiro: CPAF-RJ, p. 23, 2013.

SNYDER, C. R.; LOPEZ, S. J. **Psicologia positiva:** uma abordagem científica e prática das qualidades humanas. Porto Alegre: Editora Artmed, 2009.

VITALE, M. A. F. **Laços Amorosos.** Terapia de Casal e Psicodrama. São Paulo: Ágora, p. 234-250, 2004.

WALSH, F. **Fortalecendo a resiliência familiar**. São Paulo: Editora Roca, 2005.

Capítulo 13

BANDURA, A. **Psychological modeling:** *Conflicting theories*. Chicago: Aldine Atherton, 1971.

BOWLBY, J. **Attachment.** Vol. 1: **Attachment and loss.** Londres: Hogarth Press, 1969.

CAMINHA, M. G.; CAMINHA, R. M. **Intervenções e treinamento de pais na clínica infantil.** Porto Alegre: Editora: Sinopsys, 2011.

DAVIDSON, R. J.; KABAT-ZINN, J.; SCHUMACHER, J. *et al. Alterations in brain and immune function produced by mindfulness meditation.* **Psychosomatic Medicine,** v.. 65, p. 564–570, 2003.

DIAS, M. G. **Crianças felizes:** O guia para aperfeiçoar a autoridade dos pais e autoestima dos filhos. Lisboa: Editora A Esfera dos Livros, 2015.

FREDRICKSON, B. L. **Positivity:** *Groundbreaking research to release your inner optimism and thrive*. Oxford: Oneworld Publications, 2011.

GILBERT, P. **Compassion:** *conceptualizations, research and use in psychotherapy*. Routledge, 2005.

GILBERT, P. *Introducing compassion-focused therapy*. **Advances in psychiatric treatment,** v.. 15, p. 199-208, 2009.

GILBERT, P. **The compassionate mind.** Oaklands: New Harbinger Publications, 2009.

GILBERT, P. *The nature and basis for compassion focused therapy*. **Hellenic Journal of Psychology,** v.. 6, p. 273-291, 2009.

HART, S.; HODSON, V. K. **Respectful parents respectful kids:** *7 keys to Family conflict into co-operation.* Encinitas: Puddle Dancer Press, 2006.

LAMA, D. **An open heart:** *practising compassion in everyday life*. Boston: Back Bay Books, 2001.

LAMA, D. **The power of compassion.** New York: HarperCollins, 1995.

MATSUMOTO, L. S.; LOTUFO JR; ZENON e LOTUFO NETO, F. (2015). Terapia Focada na compaixão. In: Federação Brasileira de Terapias Cognitivas, NEUFELD, C. B.; FALCONE, E. & RANGÉ, B. (Orgs). **PROCOGNITIVA Programa de Atualização em Terapia Cognitivo-Comportamental: Ciclo 2.** (p. 33-55). Porto Alegre: Artmed Panamericana. (Sistema de Educação Continuada a Distância, v.1).

ÖVÉN, M. **Educar com Mindfulness.** Porto: Editora Porto, 2015.

PETERSON, C.; PARK, N. *Classifying and measuring strengths of character*. In: LOPEZ, S.; SNYDER, C. (eds.), **The Oxford handbook of positive psychology**, 2. ed. (p. 25-33). New York: Oxford University Press, 2009.

PETERSON, C.; SELIGMAN, M. E. P. *Character strengths and virtues*: A handbook and classification. New York, Oxford University Press and Washington, DC: American Psychological Association, 2004.

RODRIGUES, M. **Baralho das Forças Pessoais:** A Psicologia Positiva Aplicada às Crianças. Novo Hamburgo: Editora Sinopsys, 2015.

SELIGMAN, M. E. P. **Florescer:** uma nova compreensão sobre a natureza da felicidade e do bem-estar. Rio de Janeiro: Editora Objetiva, 2011.

SNYDER, C. R. **Handbook of Hope:** Theory, measures & applications. Londres: Academic Press, 2000.

VILLAR, F. Um Projeto Educativo Positivo Familiar. In: CORRÊA, A. P. *et al.*, **Psicologia Positiva: teoria e prática**. São Paulo: Editora Leader, 2016.

Capítulo 14

ACHOR, S. **O Jeito Harvard de Ser Feliz**. São Paulo: Saraiva, 2012.

BECK, J. **Terapia Cognitiva** - Teoria e Prática. Porto Alegre: Artmed, 1997. Reimpressão 2007.

CARVALHO, M. R. Método Socrático: questionamento sistemático. **CPCS, São Paulo - IPq - AMBAN OVERHOLSER** (1993).

FREDRICKSON, B. I. *What good are positive emotions?* **Review of general psychology**, 2, 300-319 (1998).

FREDRICKSON, B. *The role of positive emotions in positive psychology: The broaden-and-build theory of positive emotions.* **American Psychologist**, 56, 218-226 (2001)

FRANKL, V. E. **Psicoterapia e Sentido da Vida**. São Paulo: Quadrante, 1973.

GABLE, S.; HAIDT, J. *Positive psychology*. **Review of General Psychology**, 9, 1089-2680. 2005.

LAMBERT, M. J., HARMON, C.; SLADE, K. (2007). *Directions for Research on Homework*. In: KAZANTZIS, N. e L'ABATE, L. (eds.), **Handbook of Homework Assignments in Psychotherapy: Research, Practice and Prevention**. (p. 407-424). New Jersey: Springer.

LYUBOMIRSKY, S. **A Ciência da felicidade**: Como Atingir a Felicidade Real e Duradoura. Rio de Janeiro: Elsevier, 2008.

MAHONEY, A. *et al*. **Psicologia da Educação**. 2005. Disponível em: <pepsic.bvsalud.org>. Acesso em: 18 maio 2015.

MAHONEY, A. *et al*.; ALMEIDA, L. R. **Psicologia da Educação**. Disponível em: <pepsic.bvsalud.org>. 2005.

NAKAMURA, J.; CSIKSZENTMIHALYI, M. 2002. *The Concept of Flow*. In: C. R. SNYDER e S. J. LOPES (eds.). *The Handbook of positive psychology* (p.89-105). New York Oxford University Press.

SELIGMAN, M. E. P. **Florescer**. Rio de Janeiro: Objetiva, 2011.

SELIGMAN, M. E. P. **Felicidade Autêntica**. Rio de Janeiro: Objetiva, 2011.

SELIGMAN, M. E. P.; CSIKSZENTMIHALYI, M. *Positive psychology: An introduction*. **American Psychologist**, 55(1), 5-14. 2000.

SNYDER, C. R.; LOPEZ, S. J. **Psicologia Positiva**: Uma abordagem científica e prática das qualidades humanas. Porto Alegre: Artmed, 2009.

SNYDER, C. R.; LOPEZ, S. J. *Handbook of positive psychology*. Oxford: Oxford University Press, 2002.

Capítulo 15

BENNETT-GOLEMAN, T. **Alquimia Emocional**. A mente pode curar o coração. Rio de Janeiro: Editora Objetiva, 2001.

CSIKSZENTMIHALYI, M. *Flow the psychology of optimal experience*. Harper & Row, 1990.

DWECK, C. S. **Mindset**. *The new Psychology of Success*. NY, USA: Balantine Books, 2008.

GARLAND E. L.; FREDRICKSON, B.; KRING, A. M.; JOHNSON, D. P. P.; MEYER, S.; PENN, D. L. *Upward spirals of positive emotions counter downward spirals of negativity*: *Insights from the broaden-and-build theory and affective neuroscience on the treatment of emotion dysfunctions and deficits in psychopathology*. Elsevier, 2010.

FREDRICKSON, B. L. *The broaden-and-build theory of positive emotions*. **Philosophical Transactions of the Royal Society of London, Series B: Biological Sci-**

ences, 359, 1367-1377, 2004.

FREDRICKSON, B. L. **Positividade**: Descubra a força das emoções positivas, supere a negatividade e viva plenamente. Trad. LIBÂNIO, P. Rio de Janeiro: Ed. Rocco, 2009.

FREDRICKSON, B. L. *Positivity: Groundbreaking Research Reveals How to Embrace the Hidden Strength of Positive Emotions, Overcome Negativity, and Thrive*. USA: Hardcover, 2009.

FREDRICKSON, B. L.; LOSADA M. F. ***Positive affect and the complex dynamics of human flourishing***. USA: Am Psychol, 2005.

GOLEMAN, D. **Inteligência Emocional**. Rio de Janeiro: Editora Objetiva, 1990.

HELD, B. *The negative side of positive psychology*. **Journal of Humanistic Psychology**, v.. 44, n. 1. USA: Winter 2004.

HICKS, E.; HICKS, J. *Ask and it is given*. Hayhouse, 2004.

LINLEY, P. A.; JOSEPH, S. ***Positive Psychology in Practice***. USA: John Wiley and Sons, Inc., 2004.

LOMAS, T.; IVTZAN, I. *Second Wave Positive Psychology: Exploring the position: NY: Springerve-negative dialects of wellbeing*. **Journal of Happiness Studies**, 2015.

SELIGMAN, M. E. P. **Florescer**: uma nova compreensão sobre a natureza da felicidade e do bem-estar. Trad. LOPES, C. P. Rio de Janeiro: Objetiva, 2011.

SELIGMAN, M. E. P. **Felicidade autêntica**: usando a nova psicologia positiva para a realização permanente. Trad. CAPELO, N. Rio de Janeiro: Objetiva, 2009.

SNYDER, C. R.; LOPEZ, S. J. **Psicologia Positiva**: uma abordagem científica e prática das qualidades humanas. Trad. COSTA, R. C. Porto Alegre: Artmed, 2009.

WONG, P. T. P. *Positive psychology 2.0: Towards a balanced interactive model of the good life*. **Canadian Psychology**, 52(2), 69-81, 2011.

Capítulo 16

ALMEIDA, S. R. M. Análise Epidemiológica do Acidente Vascular Cerebral no Brasil. **Revista Neurociências**. São Paulo. V. 20, n. 4, p. 481- 482, out/dez, 2012.

AMMANN, R. **A Terapia do Jogo de Areia** - imagens que curam a alma e desenvolvem a personalidade. Trad. SERPA, M. São Paulo: Editora Paulus, 2002.

BECK, J. S. **Terapia Cognitiva.** Teoria e Prática. Trad. COSTA, S. Porto Alegre: Editora Artmed, 1997.

CARR, J. H.; SHEPHERD, R. B. **Reabilitação Neurológica:** otimizando o desempenho motor. Trad. OLIVEIRA, A. S. B. Barueri, São Paulo: Editora Manole, 2008.

FÉRES-CARNEIRO, T. **Família:** diagnóstico e terapia. Petrópolis, Rio de Janeiro: Zahar Editores, 1983.

FREDRICKSON, B. L. **Positividade:** descubra a força das emoções positivas, supere a negatividade e viva plenamente. Rio de Janeiro: Editora Rocco, 2009.

GOMEZ, J. A.; SANTOS, F. H. **Reabilitação Neuropsicológica**. Da Teoria à Prática. São Paulo: Editora Artes Médicas, 2006.

GREENBERGER, D.; PADESKY, C. A. **A Mente Vencendo o Humor.** Trad. CALEFFI, A. Porto Alegre: Editora: Artmed, 1999.

LYUBOMIRSKY, S. **A Ciência da Felicidade.** Rio de Janeiro: Editora Elsevier, 2008.

RODRIGUES, M. **Técnicas em aconselhamento e terapia de família.** Rio de Janeiro: Editora Sophia, 2009.

SELIGMAN, M. E. P. **Aprenda a ser Otimista**. 4. ed. Rio de Janeiro: Editora Nova Era, 2012.

SELIGMAN, M. E. P. **Florescer:** uma nova compreensão sobre a natureza da felicidade e do bem-estar. Rio de Janeiro: Editora Objetiva, 2011.

Coletânea
Biblioteca
POSITIVA

Editora
Leader.